SOFISTAS, S
E SOCRÁTICOS MENORES

Giovanni Reale

Sofistas, Sócrates e Socráticos menores

História da Filosofia Grega e Romana
Vol. II

Tradução
Marcelo Perine

Edições Loyola

Título original:
Storia della filosofia antica, in cinque volumi
1ª edição da obra completa: 1975-1980
9ª edição: janeiro de 1992

Largo Gemelli, 1 – 20123 Milano
ISBN 88-343-2561-3

Dados Internacionais de Catalogação na Publicação (CIP)
(Câmara Brasileira do Livro, SP, Brasil)

Reale, Giovanni
História da filosofia grega e romana, vol. II : Sofistas, Sócrates e socráticos menores / Giovanni Reale ; tradução Marcelo Perine. -- 2. ed. -- São Paulo : Edições Loyola, 2013.

Título original: Storia della filosofia antica, in cinque volumi.
ISBN: 978-85-15-00059-3

1. Filosofia antiga – História 2. Sócrates 3. Sofistas (Filosofia grega) I. Título.

13-11562 CDD –109–183.2

Índices para catálogo sistemático:

1. Filosofia : História 109
2. Socrátes : Filosofia antiga 183.2

Capa: Mauro C. Naxara
Obra *A Escola de Atenas* (detalhe),
Raphael Sanzio

Edições Loyola Jesuítas
Rua 1822, 341 – Ipiranga
04216-000 São Paulo, SP
T 55 11 3385 8500/8501 • 2063 4275
editorial@loyola.com.br
vendas@loyola.com.br
www.loyola.com.br

ISBN 978-85-15-00059-3

2ª edição: 2013

108955

"δεῖν γὰρ περὶ αὐτὰ ἕν γέ τι τούτων διαπράξασθαι, ἢ μαθεῖν ὅπῃ ἔχει ἢ εὑρεῖν ἤ, εἰ ταῦτα ἀδύνατον, τὸν γοῦν βέλτιστον τῶν ἀνθρωπίνων λόγων λαβόντα καὶ δυσεξελεγκτότατον, ἐπὶ τούτου ὀχούμενον ὥσπερ ἐπὶ σχεδίας κινδυνεύοντα διαπλεῦσαι τὸν βίον, εἰ μή τις δύναιτο ἀσφαλέστερον καὶ ἀκινδυνότερον ἐπὶ βεβαιοτέρου ὀχήματος, λόγου θείου τινός, διαπορευθῆναι."

"*... É necessário, pois, a propósito disso, fazer uma das coisas seguintes: não perder a ocasião de instruir-se, ou procurar aprender por si mesmo, ou então, se não se for capaz nem de uma nem de outra dessas ações, ir buscar em nossas antigas tradições humanas o que houver de melhor e menos contestável, deixando-se assim levar como sobre uma jangada, na qual nos arriscaremos a fazer a travessia da vida, uma vez que não a podemos percorrer, com mais segurança e com menos riscos, sobre um transporte mais sólido: quero dizer, uma revelação divina.*"

Platão, *Fédon*, 85 c-d.

SUMÁRIO

Segunda parte

SÓCRATES E OS SOCRÁTICOS MENORES: A FUNDAÇÃO DA FILOSOFIA MORAL

Primeira seção / Sócrates e a descoberta da essência do homem

Segunda seção / Os socráticos menores

À memória de minha mãe, Giuseppina,
e de meu pai, Ernesto.

ADVERTÊNCIA

Esta História da filosofia grega e romana — *que a partir da quinta edição (1987) realizou plenamente aquilo a que nos propúnhamos — é fruto de mais de trinta anos de pesquisas científicas e de paralela atividade didática.*

Ela foi antecipada — mas só em medida limitada e parcial, e por razões de caráter didático — nos Problemas do pensamento antigo *(2 vols., Celuc, Milão 1971-1973), como uma espécie de "ensaio geral", depois radicalmente refeita e completada em cinco volumes, entre 1974 e o início de 1979, retocada gradativamente nos anos oitenta, e, na parte referente a Platão, totalmente reescrita na edição de 1987.*

Dos sofistas damos uma interpretação que se beneficia da reavaliação essencial do seu pensamento feita no século XX eles representam a crise de crescimento que dirige a descoberta e a fundação da filosofia moral. *Como hoje em dia é reconhecido por muitos, Sócrates seria impensável sem a sofística: ele é, antes, a sua realização verdadeira.*

De Sócrates apresentamos uma exegese não habitual, que retoma, mas com radical reforma, a tese de J. Burnet e de A. E. Taylor, segundo a qual Sócrates é quem por primeiro deu ao termo psyché *o significado ocidental de* alma, *significado que ainda hoje damos ao termo. E em função dessa descoberta da alma como sede da inteligência e da moralidade do homem (e, portanto, como essência do homem) relemos as várias doutrinas socráticas, ou seja, toda a ética e a própria metodologia, fornecendo abundante documentação. Ademais, parece-nos que, com base nos testemunhos que nos chegaram, pode-se falar de uma teologia e de uma teleologia de Sócrates, construídas sobre bases éticas e intuitivas, de notável importância e alcance. Damos a Sócrates um relevo marcante, convictos de que a sua palavra e o seu espírito foram de incidência e alcance só comparáveis aos de Platão e Aristóteles. Não só Platão é impensável sem Sócrates, mas toda a filosofia helenística é profundamente impregnada de espírito socrático e, só na era imperial, a filosofia antiga esquece Sócrates. (Importantes confirmações desta nossa interpretação foram desenvolvidas pelo nosso aluno F. Sarri na obra* Socrate e la genesi storica dell'idea occidentale di anima, *2 vols., Edizioni Abete, Roma 1975, à qual remetemos os leitores pelas ricas e precisas documentações).*

As doutrinas dos socráticos menores são interpretadas como reduções diferentes e unilaterais das múltiplas valências do pensamento socrático e como antecipações de algumas instâncias que explodirão na era helenística. Introduzimos, nas últimas edições, as referências a G. Giannantoni, Socraticorum Reliquiae, *4 vols., Edizioni dell'Ateneo, Roma 1983-1985, em coedição com a editora Bibliopolis de Nápoles, que recolhe e comenta todos os testemunhos sobre os socráticos e se impõe como irrenunciável ponto de referência. (Giannantoni reeditou esta obra, recolhendo num volume também os depoimentos antigos sobre Sócrates, apresentando-a sob o novo título de* Socratis Socraticorum Reliquiae, *4 vols., Bibliopolis, Nápoles 1990-1991.*

O apêndice é dedicado a uma série de esclarecimentos do conceito grego de filosofia, e é indispensável para compreender toda a obra, à medida que, aprofundando e motivando o que dissemos no prefácio e na introdução, explicita e documenta aquela que, a nosso ver, é justamente a chave para reler e entender a mensagem especulativa dos gregos, a mensagem do "theorein".

* * *

Agradecemos vivamente à direção da editora Vita e Pensiero, que planejou e promoveu as últimas edições desta nossa obra.

GIOVANNI REALE

PREFÁCIO

Não se pode verdadeiramente dizer que as Histórias da filosofia antiga sejam numerosas. São pouquíssimas.

Nos últimos anos, uma espécie de desconfiança na filosofia, sobretudo na filosofia classicamente entendida, parece ter-se apoderado de muitos estudiosos, a ponto de se levantar a interrogação, vinda de diversas partes, sobre se a filosofia classicamente entendida não terá chegado às colunas de Hércules e não estará definitivamente concluída e acabada, talvez para sempre. Vivemos num momento em que se inseriu na crise da filosofia uma espécie de filosofia da crise da filosofia, vale dizer, uma filosofia que teoriza o fim da filosofia. E à crise da filosofia juntou-se a crise da teologia, esta também agora, em algumas de suas frentes mais avançadas, tão persuadida da crise dos valores filosóficos, que chega a não considerar como válido tudo quanto o pensamento cristão, ao se estruturar, extraiu da filosofia, particularmente, da filosofia antiga. Assim compreende-se que dessas correntes se proclame em alta voz a necessidade da des-helenização do cristianismo, como se o cristianismo, ao subsumir determinadas categorias especulativas da filosofia clássica, tenha-se tornado seu prisioneiro, a ponto de se desnaturar, vindo a se tornar, de algum modo, ele mesmo helênico.

Pois bem, em todas essas tendências se esconde, na realidade, um autêntico enfraquecimento do sentido e do alcance da dimensão especulativa, isto é, da dimensão mais propriamente filosófica: teoriza-se o fim da filosofia porque se está perdendo o sentido da filosofia. A mentalidade técnico-científica habituou-nos a crer que só é válido o que é verificável, acertável, controlável pela experiência e pelo cálculo e o que é fecundo de resultados tangíveis. Ao mesmo tempo, a nova mentalidade política nos habituou a crer que só tem relevância aquilo que faz mudar as coisas: não a teoria, mas a práxis — diz-se — é o que conta; de nada adianta contemplar a realidade, mas nela mergulhar ativamente. E, assim, de um lado, à filosofia se quer impor um método extraído das ciências, que a faz cair inexoravelmente no cientismo; de outro, quer-se impor à filosofia um condicionamento de tipo ativista que a faz degenerar no praxismo. Tanto num como noutro caso, pretende-se absurdamente fazer filosofia, matando a filosofia.

Esclareçamos melhor este ponto, a nosso ver determinante. Veremos amplamente no curso da nossa exposição que o problema filosófico nasceu e se desenvolveu como tentativa de apreender e explicar o todo, ou seja, a totalidade das coisas ou, pelo menos, como *problemática da totalidade*. E a filosofia só permanece tal se e enquanto tenta medir-se com o todo e busca projetar para si mesma o sentido da totalidade. Ao contrário, as ciências nasceram como consideração racional restrita a partes ou a setores do real e elaboraram metodologias e técnicas de pesquisa que, moduladas em função das estruturas dessas partes, só podem valer para elas, e não podem, de modo algum, valer para o todo.

A precisão dos métodos científicos supõe necessariamente restrições de âmbitos e simplificações estruturais. Consequentemente, a aplicação ou a pretensão de aplicar os métodos das ciências à filosofia (isto é, ao todo, pois a filosofia é sempre e somente, como dissemos, consideração do todo) produz o *monstrum* que chamamos de cientismo.

E assim, quando a filosofia renuncia a contemplar para agir, renuncia, mais uma vez, a si mesma. Com efeito, o empenho prático leva-a a ser, fatalmente, mais que desinteressada visão e consideração do verdadeiro, elaboração interessada de ideias submetidas a escopos pragmáticos e, por consequência, de filosofia, ela se transforma em ideologia.

Quanto às novas correntes da vanguarda teológica, deve-se salientar que o seu erro é, em certo sentido, mais dramático. Elas arriscam-se, querendo renunciar indiscriminadamente ao *lógos* grego, a renunciar ao *lógos* como tal. É verdade que, em parte, o pensamento cristão subsumiu conceitos estreitamente ligados à cultura helênica e, portanto, historicamente condicionados; mas é também verdade que, junto com eles, subsumiu outros que, além de serem helênicos, são conceitos racionais universalmente válidos, fruto da razão enquanto razão e não enquanto razão grega. E sob o processo de des-helenização da teologia se esconde um neoirracionalismo, quando não se esconde até mesmo determinada filosofia (antitética à grega), que não é reconhecida como tal, pelo fato de ser sub-repticiamente acolhida.

Ora, contra essas tendências, a presente *História da filosofia grega e romana* quer contribuir para recuperar, de um lado, o sentido do especulativo e, de outro, mostrar como algumas das categorias elaboradas pelo pensamento grego permanecem estruturalmente indispensáveis para explicitar qualquer problemática teológica, embora, como veremos, a visão grega do mundo e da vida se mantenha essencialmente distinta da visão cristã. Com efeito, não são certamente as categorias próprias da ciência e da ideologia que podem, de algum modo, lançar luz sobre o problema do todo e menos ainda sobre o problema teológico.

Em substância, hoje, muitos filósofos ou cultores da filosofia, ou os que se dizem tais, apresentam-se, para dizer com uma imagem da moda, em larga medida como personagens mascarados, isto é, inautênticos, incapazes de assumir a fundo a própria responsabilidade; personagens que não se decidem por renunciar nem à ambição filosófica nem às vantagens empiricamente mais apreciáveis e concretas da ciência e da política. E com isso não se diz nada nem contra a ciência nem contra a política. Pelo contrário, afirma-se que tanto a ciência como a política são, de longe, mais necessárias que a filosofia, mas não são alternativa à filosofia, têm outros escopos, outra natureza, outras categorias: são um momento do todo, enquanto a filosofia permanece estruturalmente ligada ao todo.

Mas, para que serve filosofar, hoje, num mundo onde ciência, técnica e política parecem dividir entre si os poderes, num mundo onde cientistas, técnicos, políticos, transformados em novos magos, movem todos os fios?

O propósito, a nosso ver, continua sendo o mesmo que a filosofia teve desde a origem: *desmitizar*. Os antigos mitos eram os da poesia, da fantasia, da imaginação; os novos mitos são os da ciência, da técnica e das ideologias, vale dizer, os mitos do poder.

É certo que se trata de uma desmitização muito mais difícil do que a antiga. Com efeito, nas origens, bastou que a filosofia contrapusesse o *lógos* à fantasia para destruir os mitos da poesia; ao invés, os novos mitos de hoje são construídos com a própria razão, pelo menos em grande parte. Ciência e técnica se apresentam como o triunfo da razão. Mas trata-se de uma razão que, uma vez perdido o sentido da totalidade, uma vez que se elevem as "partes" ao lugar do "todo", periga fazer sucumbir o sentido de si mesma.

E, então, a tarefa da filosofia será, hoje, contestar o "cientismo" que inspira as ciências e a maioria dos cientistas (e que só a epistemologia contemporânea procura, em parte, redimensionar). Da matriz da filosofia ocidental, como bem se sabe, nasceram as várias ciências ocidentais; mas, depois, muito amiúde essas ciências pretenderam tomar o lugar da mãe: não souberam ser elas mesmas, única e exclusivamente elas mesmas, ou seja, compreensão limitada (e limitante) de determinado setor da realidade, e muitas vezes quiseram estender além do seu âmbito suas categorias, de valor delimitado e determinado, à totalidade das coisas e ao sentido último da vida. E pior ainda se comportou a mentalidade politicista, a qual muitas vezes considerou a verdade *ad libitum* manipulável, com a finalidade de tornar a realidade das coisas o mais plástica possível, para submetê-la aos objetivos que ela estabelecia.

Ora, com isso está afirmado não só o sentido que pode ter o filosofar hoje, que é o de recuperar o sentido do todo para poder situar as coisas nele, em seu justo lugar; mas afirma-se também a urgência premente dessa recuperação.

Como dizíamos acima, só uma recuperação do sentido do especulativo puro pode dissolver as muitas ambiguidades das quais padecemos, e pode fazer compreender que existem ou podem existir no céu e sobre a terra (parafraseando o célebre mote shakespeariano) muito mais coisas do que as ciências, as técnicas e certas ideologias políticas permitem crer.

Nessa recuperação, podem os gregos, melhor que todos, nos guiar, eles que, por primeiro, ensinaram ao mundo como se filosofa. Portanto, demos a esta *História da filosofia grega e romana* uma entonação prevalentemente centrada sobre os problemas, vistos no seu nascimento, desenvolvimento e dissolução. Tentamos ao máximo dizer não o *quê*, mas o *porquê* das afirmações dos filósofos. Muito amiúde as várias histórias da filosofia limitam-se a dizer-nos *que* tal filósofo pensou isto ou aquilo e não nos dizem *por que* o pensou, que relação tem aquele pensamento com o que precede, que função de solicitação exerce quanto ao pensamento que segue. Não fazendo isto, as noções permanecem desvinculadas dos problemas que as geraram e, a partir de noções desconexas, é quase fatal a queda no nocionismo, contra o qual de tantos lados hoje justamente se polemiza.

Evitamos, portanto, ao máximo questões de erudição e, em geral, as insistências sobre partes e pormenores que podem fazer perder a visão das linhas mestras. Ao invés, fornecemos sempre o documento ou a referência ao documento. Ao traçar a síntese, constantemente nos preocupamos em nunca cair no genérico ou no aproximativo: a verdadeira síntese supõe acuradas análises e a sua percuciência depende sempre da exatidão com que foram previamente conduzidas.

Mas para voltar à questão teórica geral acima citada e para concluir o discurso, acrescentaremos, por honestidade para com o leitor, que a nossa posição teórica pessoal é neoclássica, não já enquanto nos reconhecemos nas doutrinas deste ou daquele pensador clássico, mas enquanto nos parece que a dimensão metafísica da filosofia proclamada pelos clássicos, como dissemos acima, é a única a dar sentido ao filosofar (alguns, a partir das nossas obras precedentes, acreditaram, erroneamente, que a nossa posição fosse aristotélico-tomista, enquanto as nossas simpatias dirigem-se antes a Platão, a Plotino e a Agostinho, e, em todo caso, ao modo como estes filósofos põem e resolvem os problemas e não às suas soluções particulares).

Portanto, esta *História da filosofia grega e romana* não será uma asséptica reconstrução, que trata os antigos como peças de museu, as quais, submersas pela poeira dos séculos, não têm mais nada a dizer. E aos que afirmam (e hoje não são poucos) que a filosofia antiga não passa de museu e os filósofos antigos de peças desse museu, queremos recordar a esplêndida epígrafe ditada por Paul Valéry, que se lê sobre e entrada do “Museu do Homem” em Paris, a qual, com poucas palavras, toca o fundo do problema e o resolve:

Il dépend de celui qui passe
que je sois tombe ou trésor
que je parle ou me taise
ceci ne tient qu'à toi
ami n'entre pas sans désir.

Este baixo-relevo — proveniente de Pompeia e atualmente parte do acervo do Museu Arqueológico Nacional de Nápoles — representa Sócrates em diálogo com uma mulher, que se supõe seria a sacerdotisa Diotima de Mantineia. (O discurso de Sócrates com Diotima constitui o ponto focal e o vértice do diálogo *Banquete* de Platão, no qual está expressa a essência do amor.) Alguns estudiosos, porém, pensam que a mulher aqui representada seja Aspásia, segunda mulher de Péricles, dotada de inteligência excepcional e cujos dotes intelectuais Sócrates admirou. Mas a mensagem emblemática registrada neste baixo-relevo, no qual a mulher parece "ensinar" a Sócrates, corresponde exatamente a tudo quanto Platão afirma de Diotima no *Banquete*.

PRIMEIRA PARTE

OS SOFISTAS: DA FILOSOFIA DA NATUREZA À FILOSOFIA MORAL

"πολλὰ τὰ δεινὰ
κοὐδὲν ἀνθρώπου δεινότερον πέλει."

"Muitas são as maravilhas do mundo,
mas não há coisa mais admirável que o homem."

Sófocles, *Antígona*, 332s.

Esta é uma representação dos Sete Sábios, no centro dos quais está Sócrates. Mosaico de Apameia.

PRIMEIRA SEÇÃO

GÊNESE E NATUREZA DO PROBLEMA MORAL

"χαλεπὸν τὸ ἑαυτὸν γνῶναι."

"*É difícil conhecer a si mesmo*".

Máxima atribuída aos Sete Sábios.

Este é um dos dois mais célebres mosaicos, que representa os sete filósofos. O primeiro é do século I d.C. e se conserva no Museu Nacional de Nápoles. Este é do século II e se conserva em Roma, na Villa Albani. Por muito tempo, esses mosaicos foram tidos por representações dos Sete Sábios. K. Gaiser demonstrou que se tratava, na verdade, do registro de uma aula de astronomia na Academia platônica. Reproduzimos aqui este segundo mosaico dos filósofos pela vinculação do passado entre estes personagens e os Sete Sábios e para, ao mesmo tempo, chamar a atenção do leitor para a nova interpretação de Gaiser, que se impõe por uma argumentação bem convincente.

I. POR QUE O PROBLEMA FILOSÓFICO DO HOMEM NÃO NASCEU CONTEMPORANEAMENTE AO PROBLEMA DO COSMO

A filosofia, que com Tales nasceu como tentativa de compreensão racional do cosmo, ou seja, como tentativa de encontrar o "princípio" que explica o todo, permaneceu ancorada nesta perspectiva por todo o século VI e parte do século V a.C. Ela tratou constantemente do cosmo e do ser encarado exclusiva ou prioritariamente como cosmo. Desse modo ela descuidou ou, pelo menos, deixou na sombra o *ser do homem,* e não se preocupou com a compreensão racional da *natureza específica do homem*; em consequência, não soube nem pôde compreender cientificamente a *areté*, ou seja, a excelência do homem, nem soube justificar filosoficamente as leis, as regras e as prescrições às quais o homem tenta conformar-se no seu agir.

Naturalmente, também o homem faz parte do cosmo, e a *physis*, buscada de Tales em diante, ao explicar todas as coisas, também explicava, em certo sentido, o homem; mas — e este é o ponto sobre o qual deve-se prestar atenção — explicava-o só como *coisa ao lado das outras coisas*, ou seja, como *objeto* e não como *sujeito*. De fato, no âmbito da filosofia da *physis*, não se atribuía ao homem lugar privilegiado, ou melhor, não se compreendia nem se justificava este lugar privilegiado.

Por mais que isso possa parecer estranho ao homem moderno, que realizou um itinerário muito longo na compreensão do sujeito humano, ao invés, resulta bem compreensível e quase óbvio, se nos reportarmos à situação do pensamento humano nas suas origens. Como bem o notaram os historiadores da filosofia, a condição que permite a algo tornar-se ou poder se tornar objeto de reflexão sistemática é que ele constitua ou, pelo menos, apareça como uma unidade orgânica e não como uma multiplicidade desagregada ou sem visíveis conexões. Ora, enquanto o mundo e os procedimentos cósmicos já aparecem à imediata representação sensorial como uma unidade orgânica, os homens e os procedimentos humanos aparecem, ao invés, em forma totalmente diferente: aparecem, precisamente, como uma multiplicidade na qual não se veem claros nexos e na qual, pelo contrário, parecem prevalecer cisões e separações.

Escreve Zeller numa página exemplar: "O mundo exterior já se apresenta à percepção sensível *como um todo*, ou seja, um edifício cujo solo é a terra e cujo teto é a abóbada celeste; no mundo moral, ao invés, o olhar não acurado vê em princípio *só um formigueiro de indivíduos ou de pequenos grupos, que se movem arbitrariamente e de maneira confusa*. Lá *as grandes relações* do edifício do mundo, as vastas ações dos corpos celestes, as alternadas fases da terra e o fluxo das estações e, em geral, os fenômenos universais que regularmente se renovam, são os que acima de tudo chamam a atenção; aqui, *as ações ou questões pessoais*. Lá a fantasia encontra-se incitada a integrar com a poesia cosmológica as lacunas do conhecimento natural; aqui o intelecto encontra-se estimulado a estabelecer as regras da conduta prática *para os casos particulares*. Enquanto, portanto, a reflexão cosmológica desde o início dirige-se *ao todo*, e esforça-se por tornar concebível a sua origem, a reflexão ética, ao invés, para nas *observações particulares* e nas regras de vida: o fundamento disso está, certamente, numa concepção homogênea das relações morais, mas não expressamente ou conscientemente reconduzidas a princípios universais; e só na forma indeterminada e imaginosa das representações religiosas ligam-se a considerações gerais sobre a sorte dos homens, o destino das almas no além e o divino governo do mundo"[1].

É claro, portanto, por que se formou antes uma cosmogonia e uma cosmologia filosófica e só posteriormente uma reflexão ética e, por último, uma filosofia moral. E é também claro por que a cosmogonia devia favorecer as origens da cosmologia filosófica muito mais eficazmente do que podia fazê-lo a reflexão ética pré-filosófica com relação à filosofia moral. Portanto, não é um fato anômalo que a filosofia moral só se tenha constituído cerca de um século e meio depois do nascimento da filosofia (da filosofia da *physis*).

1. Zeller-Mondolfo, I, 1, pp. 236s.

II. DISTINÇÕES TERMINOLÓGICAS E CONCEITUAIS ESSENCIAIS À COMPREENSÃO DO PROBLEMA ÉTICO

O antecedente da cosmologia filosófica, sabemos, foram as teogonias, obra de poetas. Assim também o antecedente da filosofia moral, vale dizer, a reflexão ética pré-filosófica, foi expressa sobretudo pelos poetas e, em parte, alimentada também pelos legisladores.

Mas para poder examinar, embora brevemente, as características da reflexão moral pré-filosófica e para compreender a fundo a diferença que a distingue da filosofia moral e o sentido e alcance da influência daquela sobre esta, é necessário que procedamos a algumas distinções terminológicas, da máxima importância[1].

a) uma coisa é *a moralidade ou conduta moral*;

b) outra são *as convicções morais* que os homens expressamente professam;

c) outra ainda é *a filosofia* moral.

a) *Moralidade ou conduta moral*, todos os homens a possuem indistintamente, mesmo os primitivos e os selvagens. De fato, não é possível viver sem se comportar de determinados modos, que, por mais rudes ou primitivos que sejam, subsistem e são bem reconhecíveis.

b) Também as *convicções morais* são uma herança espiritual de todos os homens. Estas se constituem, em primeiro lugar, do núcleo familiar, depois dos ambientes frequentados e, em geral, da sociedade em que se vive. Mesmo o homem primitivo possui convicções morais, embora muito rudes e informes, à medida que tem de respeitar e sabe que deve respeitar regras de convivência com a família e com a tribo, modos de se comportar com o inimigo etc. E à medida que se civiliza e apura a própria civilização, o homem determina e acresce progressivamente o patrimônio destas convicções, explicita-o e dá-lhe forma de máximas e de preceitos, canta-o, exalta-o, propõe-no diante de todos.

Ora, enquanto no nível da pura *conduta moral* a razão pode mesmo não intervir (ou intervém em grau mínimo), uma vez que pode bastar a imitação instintiva, a mimese de exemplos ou de para-

1. Para as distinções terminológicas que seguem devemos muito a S. Vanni Rovighi, *Lezioni di filosofia morale* (publicadas *pro-manuscripto*), Milão 1954.

digmas de vida intuitivamente colhidos, é claro que *na reflexão moral entra a razão.* Não se podem explicitar, determinar e exprimir regras de vida senão, justamente, comparando, sopesando, discriminando e, portanto, raciocinando. Mas — e este é o ponto ao qual queremos chegar — este tipo de reflexão e de razão permanece pré-filosófico, porque voltado para o particular, permanecendo ancorado e disperso nele, sem elevar-se a princípios universais.

c) E com isso já se esclarece a essência da *filosofia moral.* No nível da filosofia moral, a razão vai além do particular, busca estabelecer não regras que valham para casos particulares, mas, *em geral, busca estabelecer nexos e ligações universais e necessários.* O móvel da filosofia moral é dado, naturalmente, pelas convicções morais correntes, assim como o móvel da filosofia do cosmo é dado por aquilo que nos é fornecido pelos sentidos e pela experiência; mas logo esta submete tais convicções ao crivo crítico, perguntando-se se são verdadeiras ou falsas, vale dizer, se são fundadas ou infundadas e, portanto, se justificáveis ou injustificáveis. E como a filosofia do cosmo se constitui remetendo os vários fenômenos ao primeiro princípio e mostrando os nexos que eles têm com o princípio, assim a filosofia moral se constitui remetendo as normas de vida do homem a um princípio.

Que princípio?

Quem nos seguiu até aqui já terá compreendido que esse princípio não poderá ser dado senão pela *natureza ou essência do homem.* Por isso a condição para que surgisse uma filosofia moral era que fosse previamente determinada de modo orgânico e preciso a essência ou natureza do homem, a fim de que essa essência se diferenciasse e mostrasse em que se diferencia da essência de todos os outros seres. Só sobre esta base seria possível estabelecer em que consiste a tão falada *areté* humana, ou seja, a excelência, que é o que permite realizar plenamente a natureza humana, o que faz o homem ser plena e perfeitamente homem (não se pode, com efeito, saber que é que realiza perfeitamente uma natureza, se não se sabe, antes de tudo, em que consiste essa natureza). E somente sobre estas bases, vale dizer, em conexão com a essência do homem e a partir da sua verdadeira *areté,* seria possível estabelecer em que consistem os autênticos valores (o bem, o justo, o belo, o santo etc.).

III. A REFLEXÃO MORAL ANTERIOR AO SURGIMENTO DA FILOSOFIA MORAL

Mas, antes do surgimento da filosofia moral, como se desenvolveram as convicções morais dos gregos, e a que ponto chegou a reflexão moral?

Lugar relevante na formação das convicções morais e no desencadeamento de reflexões éticas tiveram, em primeiro lugar, os poemas homéricos; porém, mais pelos paradigmas e tipos humanos que eles representam do que pelas sentenças e máximas postas na boca dos personagens.

Com efeito, personagens como Aquiles, Heitor, Ulisses, Agamenon, Ajax, Nestor, Helena, Andrômaca, Penélope, Nausica e tantos outros que encontramos na *Ilíada* e na *Odisseia*, são esculpidos com tal plasticidade e eficácia, e respondem tão bem às exigências do espírito arcaico, que não é de admirar que se tenham tornado e permanecido por longo tempo verdadeiros paradigmas e modelos de vida, verdadeiros universais fantásticos, para usar termos fora de moda.

Na *Odisseia*, ademais, parece que já se delineia, embora de modo rudimentar, uma concepção ética mais geral, segundo a qual o homem reverente e obediente aos deuses tem sempre vantagem sobre os homens prepotentes e maus, os quais não podem fugir à vingança divina.

Contudo, é certo que, cantando ou ouvindo cantar a Homero, o grego ficará sempre fortemente impressionado pelo heroísmo de Aquiles, pela sabedoria de Nestor, pela engenhosidade e a audácia de Ulisses, pela fidelidade de Penélope, e assim por diante; e se perguntará até mesmo qual dos heróis é o melhor e, assim, porá problemas éticos e apurará progressivamente sua própria consciência moral.

Notável passo na direção da reflexão moral dá-se com Hesíodo, não só e não tanto porque o seu poema *Os trabalhos e os dias* acrescenta ao ideal da vida heroica da *Ilíada* o ideal da vida camponesa, elevando à mais alta dignidade moral o humilde sacrifício de cada dia, a cotidiana fadiga sem prêmio, o trabalho como tal; mas sobretudo porque o poema contém preceitos, máximas e sentenças.

A concepção ético-religiosa da vida delineia-se de maneira nítida em Hesíodo. Os males dos quais os homens sofrem são a punição infligida pelos deuses por causa da arrogância dos próprios homens. O duro trabalho vincula-se a culpas humanas, mas é a única via que resta ao homem para viver; quem não trabalha deve recorrer à injustiça, a qual reclama a expiação, a punição.

Hesíodo exorta a seguir a via da virtude, embora dura e difícil; recomenda parcimônia, moderação, prudência e benevolência. Mas, por elevados que sejam tais conceitos, em Hesíodo permanecem confiados a sentenças ou a reflexões de caráter intuitivo e, portanto, não justificadas ou, no máximo, só miticamente motivadas.

Um ulterior refinamento à reflexão ética trazem os poetas do século VII e, sobretudo, os poetas gnômicos do século VI a.C., tais como Sólon, Focílides e Teôgnis. Das sentenças destes poetas emerge, já bastante claramente, a norma da *justa medida*, do *estado médio* e da *medida média* como fundamento da vida sensata e da felicidade.

Veremos esta norma dominar a ética de Platão, de Aristóteles e as éticas filosóficas pós-aristotélicas: mas — e esta é uma observação que deve ser levada em conta — enquanto pelos poetas ela é apenas colhida e afirmada intuitivamente, pelos filósofos será, ao invés, fundada e justificada conceitualmente.

Enfim, devem-se recordar os assim chamados *sete sábios* (cujo elenco, como é sabido, é dado por várias fontes de diferentes modos), entre os quais se relaciona o próprio Tales.

Sobre estes *sete sábios* pode-se dizer bem pouco de historicamente seguro; das sentenças que lhes são atribuídas, algumas, certamente, não são autênticas e, além disso, é difícil estabelecer com exatidão quais das autênticas pertencem a um ou a outro dos sábios. Em todo caso, os *sete sábios assinalam o momento em que emerge ao primeiro plano o interesse moral anterior ao surgimento da filosofia*[1]. Platão[2] dá o seguinte elenco: Tales, Pítaco, Bias, Sólon, Cleóbulo, Míson, Quílon. Estobeu, seguindo Demétrio Falero, em lugar de Míson põe o nome de Periandro, e fornece-nos a mais rica coleção de sentenças atribuídas a esses sábios. Posto que essas sentenças nos dão o mapa da sabedoria moral dos gregos antes do sur-

---

1. Pensamentos morais muito profundos e precisas perspectivas morais oferecem também os trágicos, sobretudo Sófocles e Eurípedes, que, porém, são contemporâneos dos sofistas e de Sócrates e, portanto, a sua obra se desenvolve paralelamente ao desenvolvimento da filosofia moral.

2. Platão, *Protágoras*, 343 a (= Diels-Kranz, 10, fr. 2).

gimento da filosofia moral, seja no seu aspecto positivo, seja no seu aspecto negativo, é oportuno lê-las todas.

1) Cleóbulo líndio, filho de Evágoro, disse:

1. Ótima é a medida. 2. Deve-se respeitar o pai. 3. Está bem no corpo e na alma. 4. Sê ávido de escutar e não de tagarelar. 5. Sabe muito em vez de ser ignorante. 6. Tem uma língua que não blasfema. 7. Amigo da virtude e inimigo da maldade. 8. Odeia a injustiça, salvaguarda a piedade. 9. Aconselha o melhor aos cidadãos. 10. Domina o prazer. 11. Não faças nada com violência. 12. Educa os filhos. 13. Reza à sorte. 14. Compõe as inimizades. 15. Considera inimigo quem é contra o povo. 16. Não discutas com a mulher e não excedas em afeto na presença de estranhos: a primeira é demonstração de estultície, a segunda de insânia. 17. Não punas os servos sob efeito do vinho: caso contrário parecerás embriagado. 18. Toma mulher entre os teus iguais: se a tomares dentre os que são mais do que tu, terás senhores, não parentes. 19. Não rias de quem é desprezado: serás, com efeito, odioso aos que são desprezados. 20. Não te ensoberbeças quando as coisas são favoráveis e não te abatas quando há dificuldades.

2) Sólon ateniense, filho de Execéstide, disse:

1. Nada em demasia. 2. Não te assentes como juiz, caso contrário serás mal visto pelo acusado. 3. Foge do prazer, que gera aflição. 4. Conserva a probidade do caráter, mais digna de fé que o juramento. 5. Sela os discursos com o silêncio e o silêncio com a oportunidade. 6. Não mintas, sê verdadeiro. 7. Ocupa-te de coisas honestas. 8. Não digas coisas mais justas que os pais. 9. Não faças amizades apressadamente e não interrompas intempestivamente as que fizeste. 10. Aprendendo a obedecer, aprenderás a mandar. 11. Se consideras justo que os outros prestem contas, submete-te também tu. 12. Não aconselhes aos cidadãos as coisas mais prazerosas, mas as melhores. 13. Não te vanglories. 14. Não te deixes acompanhar pelos maus. 15. Mantém relações com os deuses. 16. Venera os amigos. 17. O que não sabes, não o digas. 18. Sabendo, cala. 19. Sê benévolo com os teus. 20. Dá testemunho das coisas invisíveis com as visíveis.

3) Quílon espartano, filho de Damageto, disse:

1. Conhece-te a ti mesmo. 2. Não tagareles muito quando beberes: acabarás dizendo bobagens. 3. Não ameaces homens livres: não é justo. 4. Não fales mal de teu próximo: caso contrário, escutarás coisas que te molestarão. 5. Aos banquetes dos amigos vai sem pressa, às suas desgraças, rapidamente. 6. Faze núpcias modestas. 7. Chama o morto de bem-aventurado. 8. Venera quem é mais velho. 9. Odeia quem se intromete nas coisas alheias. 10. Escolhe a perda mais que o ganho torpe: pela primeira te lamentarás uma só vez, pelo segundo, toda a vida. 11. Não rias do desgraçado. 12. Mesmo sendo violento, mostra-te tranquilo, para que experimentem antes respeito que temor. 13. Governa a tua casa. 14. Não corra a tua língua antes do pensamento. 15. Domina o impulso. 16. Não desejes o impossível. 17. Não te apresses em ir adiante pela estrada. 18. Não agites a mão: é gesto de loucos. 19. Obedece às leis. 20. Se sofreste injustiça, reconcilia-te, se sofreste insolência, vinga-te.

4) Tales milesiano, filho de Exâmio, disse:

1. Fiança traz desgraça. 2. Recorda-te dos amigos presentes e ausentes. 3. Não embelezes a tua aparência, mas sê belo no que fazes. 4. Não enriqueças de modo desonesto. 5. O teu discurso não te torne odioso aos que te são próximos confiadamente. 6. Não hesites em comprazer os pais. 7. Não acolhas do pai o que não vale nada. 8. Os benefícios que proporcionares aos pais, receberás na velhice dos filhos. 9. É difícil conhecer-se a si mesmo. 10. O que há de mais agradável é obter o que se deseja. 11. Má é a inação. 12. Danosa é a intemperança. 13. Grave é a falta de educação. 14. Aprende e conserva o que é melhor. 15. Não sejas inativo, nem mesmo se enriqueceres. 16. Esconde os males em casa. 17. Sê invejado mais que comiserado. 18. Usa de medida. 19. Não acredites em tudo. 20. Para começar embeleza-te a ti mesmo.

5) Pítaco de Lesbos, filho de Irra, disse:

1. Conhece o que é oportuno. 2. Não digas o que estás para fazer: se falhas suscitarás o riso. 3. Trata com pessoas convenientes. 4. O que atribuis ao próximo, não deves fazê-lo. 5. Não repreendas quem é ocioso: para estes existe a vingança dos deuses. 6. Restitui o depósito. 7. Suporta ser um pouco prejudicado pelos próximos. 8. Não fales mal do amigo, nem bem do inimigo: tal coisa

não é razoável. 9. É terrível conhecer o que acontecerá, mas conhecer o que aconteceu dá segurança. 10. Digna de confiança é a terra, não confiável é o mar. 11. O ganho não sacia. 12. Possui as coisas próprias. 13. Cultiva a piedade, a educação, a sabedoria, a prudência, a verdade, a confiança, a experiência, a habilidade, a amizade, a solicitude, o cuidado da casa, a arte.

6) Bias de Priene, filho de Teutamo, disse:

1. A maioria dos homens é má. 2. É necessário que te olhes no espelho e que, se pareces belo, faças coisas belas; se, ao invés, pareces feio, que corrijas com probidade as deficiências da natureza. 3. Com calma põe-te à obra, mas persevera no que começaste. 4. Odeia o fácil falar, para não errar: segue-se depois o arrependimento. 5. Não sejas tolo nem mau. 6. Não aceites a insensatez. 7. Ama a sabedoria. 8. Sobre os deuses, dize que existem. 9. Pensa no que fizeste. 10. Escuta muito. 11. Fala oportunamente. 12. Se és pobre não condenes os ricos, a menos que tenhas com isso grandes vantagens. 13. Não louves o homem indigno pela sua riqueza. 14. Obtém com a persuasão, não com a violência. 15. Atribui aos deuses, não a ti mesmo, o que fazes de bom. 16. Na juventude tem prosperidade; na velhice, sabedoria. 17. Com aplicação terás memória; com oportunidade, precaução; com caráter, nobreza de alma; com fadiga, temperança; com temor, piedade; com riqueza, amizade; com discurso, persuasão; com silêncio, compostura; com fama, hegemonia.

7) Periandro coríntio, filho de Sipselo, disse:

1. Ocupa-te de todos. 2. Bela é a tranquilidade. 3. Perigosa é a temeridade. 4. Torpe é o ganho. 5. * acusação da natureza. 6. A democracia é melhor que a tirania. 7. Os prazeres são mortais, as virtudes imortais. 8. Se tens sucesso, sê comedido, se tens insucesso, sê sábio. 9. É melhor morrer respeitado que continuar vivendo na necessidade. 10. Prepara-te para ser digno dos pais. 11. Sê louvado enquanto vivo e considerado bem-aventurado depois de morto. 12. Sê o mesmo com os amigos, na boa e na má sorte. 13. Mantém o que voluntariamente aceitaste, grave é transgredir. 14. Não divulgues discursos secretos. 15. Reprova de modo a te tornares logo amigo. 16. Serve-te de leis antigas, mas também de alimentos frescos. 17. Não punas só os que erram, mas também os que estão para errar. 18. Esconde as desgraças, para não dar alegria aos inimigos[3].

3. Estobeu, *Anthol.*, III, 1, 172 (= Diels-Kranz, 10, fr. 3).

Dizíamos que estas sentenças são verdadeiramente exemplares ao mostrar as características e os limites da reflexão moral pré-filosófica: são fruto de longa experiência e reflexão, mas desligadas umas das outras, não são sustentadas por um princípio, não são motivadas e, portanto, *não são justificadas*. Estão aquém da filosofia.

E o fato de Tales ser contado entre os sete sábios é particularmente significativo: ele fundou a filosofia (como cosmologia), mas não a filosofia moral, e as razões disso já conhecemos agora muito bem. Por outra parte, não só Tales, mas todos os filósofos pré-socráticos, como moralistas não foram além do plano da sentença intuitivamente apreendida e expressa, justamente *porque indagavam o princípio do cosmo, não a natureza do homem enquanto tal*. E aqueles filósofos que, como os pitagóricos e Empédocles, foram, em certa medida, além desse tipo de sabedoria moral, puderam fazer isso com base na visão do homem e da vida que extraíram da fé órfica, e não da sua doutrina da *physis*, ficando depois prisioneiros das aporias acima examinadas.

Portanto, para que nascesse a filosofia moral *era preciso que o homem como tal se tornasse objeto de reflexão da filosofia*; era preciso que fossem determinados a essência e o significado do homem enquanto homem; era preciso que desta essência se deduzisse o conceito de *areté*; enfim, era preciso que se provasse sistematicamente a tábua dos valores tradicionais e se acertasse teoricamente a sua consistência.

E esta foi a grande obra que os sofistas iniciaram e que Sócrates levou a termo, como veremos.

SEGUNDA SEÇÃO

OS SOFISTAS

"... πάντων χρημάτων μέτρον ἐστὶν ἄνθρωπος."

"... de *todas as coisas o homem é medida.*"

Protágoras, fr. 1.

C. ÄLTERE SOPHISTIK

79 [73b]. NAME UND BEGRIFF

1. Aristid. 46 (ii 407 Dind.) ἀρχὴν . . οὐδ' εἰδέναι μοι δοκοῦσιν οὐδ' αὐτὸ τοὔνομα τῆς φιλοσοφίας ὅπως εἶχε τοῖς Ἕλλησι καὶ ὅτι ἠδύνατο οὐδ' ὅλως τῶν περὶ ταῦτ' οὐδέν. οὐχ Ἡρόδοτος Σόλωνα σοφιστὴν κέκληκεν [i 29], οὐ Πυθαγόραν πάλιν [iv 95; s. oben i 97, 10]; οὐκ Ἀνδροτίων [fr. 39 FHG i 375] τοὺς ἑπτὰ σοφιστὰς προσείρηκε, λέγω δὴ τοὺς σοφούς, καὶ πάλιν αὖ Σωκράτην σοφιστὴν τοῦτον τὸν πάνυ; αὖθις δ' Ἰσοκράτης σοφιστὰς μὲν τοὺς περὶ τὴν ἔριν καὶ τοὺς ὡς ἂν αὐτοὶ φαῖεν διαλεκτικούς [13, 1], φιλόσοφον δ' ἑαυτὸν καὶ τοὺς ῥήτορας καὶ τοὺς περὶ τὴν πολιτικὴν ἕξιν φιλοσόφους; ὡσαύτως δὲ καὶ τῶν τούτωι συγγενομένων ὀνομάζουσί τινες. οὐ Λυσίας (fr. 281 O.A. ii 212a 9) Πλάτωνα σοφιστὴν καλεῖ καὶ πάλιν Αἰσχίνην; κατηγορῶν οὗτός γε, φαίη τις ἄν. ἀλλ' οὐχ οἵ γε ἄλλοι κατηγοροῦντες ἐκείνων τῶν ἄλλων ὅμως ταὐτὸν τοῦτο προσειρήκασιν αὐτούς. ἔτι δ' εἰ καὶ Πλάτωνος ἐξῆν κατηγοροῦντα σοφιστὴν προσειπεῖν, τί τούτους γ' ἂν εἴποι τις; ἀλλ' οἶμαι καὶ σοφιστὴς ἐπιεικῶς κοινὸν ἦν ὄνομα καὶ ἡ φιλοσοφία τοῦτ' ἠδύνατο φιλοκαλία τις εἶναι καὶ διατριβὴ περὶ λόγους, καὶ οὐχ ὁ νῦν τρόπος οὗτος, ἀλλὰ παιδεία κοινῶς . . καὶ τὸν σοφιστὴν δοκεῖ μέν πως κακίζειν ἀεὶ καὶ ὅ γε δὴ μάλιστα ἐπαναστὰς τῶι ὀνόματι Πλάτων εἶναί μοι δοκεῖ. αἴτιον δὲ τούτου καὶ τῶν πολλῶν αὐτὸν καὶ τῶν κατ' αὐτὸν ὑπερφρονῆσαι. φαίνεται δὲ καὶ ταύτηι εἰς ἅπασαν εὐφημίαν τῆι προσηγορίαι κεχρημένος. ὃν γοῦν ἀξιοῖ σοφώτατον εἶναι θεὸν καὶ παρ' ὧι πᾶν εἶναι τἀληθές, τοῦτον δή που 'τέλεον σοφιστὴν' κέκληκεν [Cratyl. 403 e].

2. Plat. Soph. 231 d τὸ πρῶτον εὑρέθη [näml. ὁ σοφιστής] νέων καὶ πλουσίων ἔμμισθος θηρευτής . . . τὸ δέ γε δεύτερον ἔμπορός τις περὶ τὰ τῆς ψυχῆς μαθήματα . . . τρίτον δὲ ἆρα οὐ περὶ τὰ αὐτὰ κάπηλος ἀνεφάνη; . . . καὶ τέταρτόν γε αὐτοπώλης περὶ τὰ μαθήματα ἡμῖν . . . πέμπτον δὲ . . . τῆς γὰρ ἀγωνιστικῆς περὶ λόγους ἦν τις ἀθλητής, τὴν ἐριστικὴν τέχνην ἀφωρισμένος . . . τό γε μὴν ἕκτον ἀμφισβητήσιμον μέν, ὅμως δ' ἔθεμεν αὐτῶι συγχωρήσαντες δοξῶν ἐμποδίων μαθήμασιν περὶ ψυχὴν καθαρτὴν αὐτὸν εἶναι. Vgl. Prot. 317 b [unten ii 256, 13].

---

2 vgl. ii 52, 22; Brandstätter *Leipz. Stud.* xv, 1, 129ff.; Th. Gomperz *Gr. Denk.* i[3] 337ff. 460ff. 6 Ἄνδρων Siebelis ohne Grund. Ist Etym. Mag. σοφιστής, wo Aristoteles [fr. 5 Rose] zitiert wird, identisch? Vgl. auch Iambl. V. P. 83 [58 C 4] 7 λέγων Reiske 9 φιλοσόφων δ' αὐτῶν Reiske 23 [καὶ] Cobet 26 ἡμῖν ⟨ἦν⟩ Heindorf: ἡμῖν nach ἀνεφάνη (Z. 25) C. F. Hermann

Esta é a página com que se inicia a documentação sobre os sofistas na célebre coletânea dos *Fragmentos dos pré-socráticos*, de H. Diels e W. Kranz.

I. ORIGENS, NATUREZA E FINALIDADE DO MOVIMENTO SOFÍSTICO

1. Significado do termo "sofista"

Antes de iniciar um discurso sobre a sofística, é indispensável esclarecer o significado original e autêntico do termo "sofista".

É sabido, com efeito, que sofista, na linguagem corrente, há tempo assumiu um sentido decididamente negativo: sofista é chamado aquele que, fazendo uso de raciocínios capciosos, busca, por um lado, enfraquecer e ofuscar o verdadeiro e, por outro, reforçar o falso, revestindo-o das aparências do verdadeiro. Mas este não é de modo algum o sentido original do termo, que significa simplesmente "sábio", "especialista no saber", "possuidor do saber". Significa não só algo positivo, mas altamente positivo[1].

A acepção negativa do termo sofista tornou-se corrente a partir talvez já de Sócrates e, certamente, dos discípulos de Sócrates, Platão e Xenofonte, que radicalizaram a batalha ideológica contra os sofistas, e depois com Aristóteles, que codificou tudo o que dissera Platão.

Eis como Platão define o sofista no diálogo homônimo:

> Em primeiro lugar, o sofista era um *caçador remunerado de jovens ricos* [...] em segundo lugar, uma espécie de *importador de conhecimentos* que interessam à alma [...] e em terceiro lugar, não se nos mostrou como um *biscateiro* destas mesmas coisas? [...] e em quarto lugar, um *mercador* dos próprios produtos científicos [...] e em quinto era uma espécie de *atleta da agonística aplicada aos discursos*, como quem tivesse reservado para si a arte de disputar [...] depois, em sexto lugar, era algo de controvertido; todavia convimos admitir que ele seja uma espécie de purificador espiritual das opiniões que impedem a alma de saber[2].

Xenofonte escreve:

1. Para a história do termo sofista ver M. Untersteiner, Nota sulla parola "sofista", em *Sofisti. Testimonianze e frammenti*, I, La Nuova Italia, Florença 1961², pp. XVIss.

2. Platão, *Sofista*, 231 d-e (= Diels-Kranz, 79 A 2).

Porque se alguém vende a sua beleza por dinheiro a qualquer que o deseje, chamam-no prostituto [...], analogamente, os que vendem por dinheiro a sabedoria a qualquer um, são chamados *sofistas*, que é o mesmo que dizer prostitutos[3].

E ulteriormente:

Os sofistas falam para induzir ao engano, e escrevem para o próprio ganho, e não beneficiam em nada a ninguém [...][4].

E Aristóteles conclui:

A sofística é uma sabedoria aparente, não real; o sofista é um mercador de sabedoria aparente, não real[5].

Como é bem evidente, são dois os pontos de acusação, e, de natureza diferente: *a*) a sofística é um saber aparente e não real e, além disso, ela *b*) é professada com fins lucrativos e de modo algum por desinteressado amor à verdade.

A estas acusações, aduzidas por filósofos, acrescentaram-se depois também as que surgiram da opinião pública. Esta viu nos sofistas um perigo, seja para a religião (como de resto o viu nos últimos físicos), seja para o costume moral, dado que, justamente, para este domínio os sofistas deslocaram a sua atenção. Os aristocratas em particular não perdoaram os sofistas por terem contribuído para a sua perda de poder e por terem dado forte incentivo à formação de uma nova classe, que não se valia mais da nobreza de nascimento, mas dos dotes e habilidades pessoais, e que era, justamente, aquela classe que os sofistas pretendiam criar ou, pelo menos, educar sistematicamente.

Resta, em todo caso, que a responsabilidade máxima em desacreditar os sofistas foi de Platão, e o foi, mais do que pelo que disse, pelo modo particularmente eficaz como o disse, com o instrumento da sua arte: e dado que Platão é a fonte mais importante para a reconstrução do pensamento sofístico, é claro que, fatalmente, por muito tempo os historiadores tomaram por boas não só as informações que ele nos fornece sobre os sofistas, mas também os juízos que dá sobre eles.

---

3. Xenofonte, *Memoráveis*, I, 6, 13 (= Diels-Kranz, 79 A 2a).

4. Xenofonte, *Cynegeticus*, 13, 8 (= Diels-Kranz, 79 A 2a).

5. Aristóteles, *Refutações sofísticas*, 1, 165 a 21 (= Diels-Kranz, 79 A 3).

Mas veremos logo que, se as razões que levaram ao descrédito dos sofistas aos olhos dos contemporâneos e de Platão podiam mostrar-se fundadas e indiscutíveis, ao invés, não o são (ou só são em mínima parte) para o intérprete que, historicamente formado, saiba pôr-se acima das partes e julgar de modo objetivo. E assim, só a partir do fim do século passado o apuramento do método historiográfico permitiu pouco a pouco libertar os sofistas daquela condenação, e possibilitou uma integral reavaliação e uma justa inserção deles na história das ideias. Todos os estudiosos mais qualificados são, hoje, concordes em afirmar que "... os sofistas são um fenômeno tão necessário quanto Sócrates ou Platão, antes, sem aqueles estes são efetivamente impensáveis"[6].

2. Razões do surgimento da sofística

Dizer que, sem os sofistas, Sócrates e Platão são totalmente impensáveis significa dizer que os sofistas representam algo totalmente novo e, de algum modo, operaram uma revolução com relação aos filósofos da *physis*: é esta revolução, junto com as razões que a produziram, que agora devemos esclarecer.

Em primeiro lugar, para compreender o surgimento e o desenvolvimento do fenômeno da sofística, é preciso ter presentes os resultados particulares aos quais chegou a especulação naturalista. Estes tinham então chegado ao ponto de se anularem mutuamente: os resultados do eleatismo contradiziam os do heraclitismo; os resultados dos pluralistas contradiziam os dos monistas; ulteriormente, as soluções dos pluralistas se excluíam mutuamente, se não nos fundamentos, pelo menos na determinação do pensamento. Parecia, então, que todas as possíveis soluções tinham sido propostas e não eram pensáveis outras: os princípios são um, muitos, infinitos ou até mesmo não existem princípios (eleatas); tudo é móvel, tudo é imóvel; tudo depende de um ordenamento inteligente de uma Mente, tudo deriva de um movimento mecânico; e assim se poderia prosseguir no elenco das

---

6. Jaeger, *Paideia*, I, p. 503.

antíteses às quais chegara a filosofia da *physis*. Até a tentativa de alguns pensadores de retomar e voltar a defender, com oportunas correções, o pensamento de um ou outro dos antigos mestres (por exemplo, a tentativa de Hípon de defender Tales, ou a de Diógenes de Apolônia de defender a doutrina do ar de Anaxímenes) demonstra, como vimos acima, que, então, todas as vias estavam batidas e que a pesquisa do princípio de todas as coisas tinha esgotado todas as possibilidades e tocado os próprios limites. Era fatal, portanto, que o pensamento filosófico deixasse de lado a *physis*, e deslocasse o próprio interesse para outro objetivo.

O novo objetivo foi, justamente, aquele que os naturalistas descuidaram por completo, ou só marginalmente tocaram, vale dizer, *o homem e tudo o que há de tipicamente humano*. Diz muito bem Nestle: "[...] para os sofistas o homem e suas criações espirituais estão no centro da reflexão. Também para eles vale aquilo que Cícero[7] diz de Sócrates: 'Ele fez descer a filosofia do céu sobre a terra, introduziu-a nas cidades e nas casas e obrigou-a a refletir sobre a vida e os costumes, sobre o bem e o mal'. Para o homem como ente individual e como membro da sociedade é que se volta a atenção da sofística"[8]. E por isso compreende-se que os temas dominantes da especulação sofística tenham se tornado a ética, a política, a retórica, a arte, a língua, a religião, a educação, tudo aquilo que nós hoje chamamos de *cultura humanista*. Com os sofistas, em suma, começa aquele que, com expressão correta, foi chamado de *período humanista da filosofia antiga*.

Nós, porém, não poderíamos explicar este radical deslocamento do eixo da filosofia, se nos limitássemos a chamar a atenção para este fator negativo, isto é, o esgotamento dos recursos da filosofia da natureza. Além e junto com isso agiram, e de modo decisivo, as novas condições históricas que foram amadurecendo progressivamente no curso do século V a.C., e os novos fermentos sociais, culturais e também econômicos que, em parte criaram, em parte foram criados, pelas novas condições históricas[9].

---

7. Cícero, *Tusc.*, V, 4, 10.

8. Nestle, em Zeller-Nestle, *Die Philos. der Griechen*, I, 2, p. 1292.

9. Cf. sobre este tema, o belo ensaio de M. Untersteiner, *Le origini sociali della sofistica*, em *Studi di filosofia greca in onore di Rodolfo Mondolfo*, dirigido por V. E. Alfieri e M. Untersteiner, Bari 1950, pp. 121-180 e agora em *I Sofisti*, Milão 1967[2], vol. II, pp. 233-283.

Recordemos, antes de tudo, a lenta, porém inexorável, crise da aristocracia, que vai *pari passu* com o poder sempre crescente do *demos*, do povo; o afluxo para as cidades, especialmente Atenas, sempre mais maciço dos metecos; a ampliação do comércio, que, superando os estreitos limites das cidades, levava cada uma delas ao contato com um mundo mais amplo; a difusão das experiências e conhecimentos dos viajantes que levavam ao inevitável confronto dos usos, costumes e leis helênicas com usos, costumes e leis totalmente diferentes. Todos estes fatores contribuíram fortemente para o surgimento da problemática sofística. A crise da aristocracia comportou também a crise da antiga *areté*, dos valores tradicionais, que eram justamente os valores prezados pela aristocracia. A crescente afirmação do poder do *demos* e a ampliação a círculos mais vastos da possibilidade de chegar ao poder fizeram ruir a convicção de que a *areté* dependesse do nascimento, isto é, que se nascia excelente e não se tornava tal, e trouxeram para primeiro plano o problema de como se adquiria a "excelência política". A ruptura do restrito círculo da *polis* e o conhecimento de costumes, usos e leis opostos, deviam constituir a premissa do relativismo, gerando a convicção de que o que era tido por eternamente válido era, ao invés, privado de valor em outros ambientes e em outras circunstâncias. Os sofistas souberam apreender de modo perfeito estas instâncias da época em que viveram, souberam explicitá-las, dar-lhes forma e voz. E isto explica por que obtiveram tanto sucesso, sobretudo junto aos jovens: eles respondiam às reais necessidades do momento, diziam aos jovens, que então não estavam mais satisfeitos nem com os valores tradicionais que a velha geração propunha nem com o modo pelo qual os propunha, a palavra nova que eles esperavam.

3. O método indutivo da pesquisa sofística

É bem evidente agora que, mudando o *objeto de pesquisa* relativamente aos naturalistas, a sofística devia mudar também o *método*. Enquanto os filósofos da natureza, estabelecido o princípio primeiro, *deduziam* dele as várias conclusões, procedendo com método prioritariamente *dedutivo*, os sofistas, como bem notou Nestle, seguem um procedimento prioritariamente *empírico-indutivo*: "A sofística [...] — escreve o estudioso alemão — tem seu ponto de partida na experiência e tenta ganhar o maior número possível de conhecimentos em todos os campos da vida, dos quais, depois, extrai algumas conclusões, em parte de natureza teórica, como por exemplo sobre a possibilidade do saber, sobre as origens, o progresso e o fim da cultura humana, sobre a origem e a constituição da língua, sobre a origem e a essência da religião, sobre a diferença entre livres e escravos, helenos e bárbaros; em parte, ao invés, de natureza prática, sobre a configuração da vida do indivíduo e da sociedade. Ela procede, portanto, segundo o modo empírico-indutivo"[10].

4. Finalidades práticas da sofística

O que expusemos até aqui permite-nos compreender os aspectos da sofística que no passado foram menos apreciados, ou até mesmo considerados totalmente negativos.

Insistiu-se muito, por exemplo, no fim *prático* e não mais puramente *teórico* da sofística e isto foi considerado como uma queda especulativa e moral. Os filósofos da natureza — diz-se — buscavam a verdade por si mesma, e o fato de terem ou não alunos era puramente acidental; ao contrário, os sofistas não buscavam a verdade por si mesma, mas tinham por objetivo o ensinamento, e o fato de terem discípulos era, ao invés, para eles, essencial. Em suma: os sofistas faziam do seu saber uma verdadeira *profissão*. Ora, por mais verdade que estes juízos contenham, erram o alvo, se não se tem bem presente o que segue. É verdade que os sofistas comprometeram em parte o aspecto teórico da filosofia; mas, dado que a temática por eles tratada não dizia respeito à *physis*, mas à vida dos homens e aos problemas ético-políticos concretos, não é menos verdade que, contrariamente aos naturalistas, eles deviam ser levados pela necessidade das coisas a finalizar praticamente as suas reflexões. Mas a finalização prática das suas doutrinas tem também um elevado significado: com eles, *o problema educativo e o empenho pedagógico emergiram ao primeiro*

10. Nestle, em Zeller-Nestle, I, 2, p. 1294.

plano e assumiram um novíssimo significado. Contra a pretensão da nobreza, que sustentava ser a virtude uma prerrogativa de nascimento e de sangue, os sofistas pretenderam fazer valer o princípio segundo o qual todos podem adquirir a *areté*, e esta, mais que na nobreza de sangue, funda-se *sobre o saber.* E à luz disso explica-se ainda melhor o fato de os sofistas quererem ser dispensadores do saber, e não simples indagadores, mas educadores (foi dito corretamente que, com os sofistas, nasce a ideia ocidental de educação, que se estrutura e se constitui justamente sobre o saber)[11]. E se é verdade que os sofistas não estenderam a todos o seu ensinamento, mas só à *elite* que devia ou queria chegar à direção do Estado, não deixa de ser verdadeiro que, com o seu princípio, romperam pelo menos o preconceito que via a *areté* necessariamente vinculada à nobreza de sangue.

5. O pagamento em espécie cobrado pelos sofistas

Estamos agora em condições de abordar e resolver também a espinhosa questão do pagamento que os sofistas exigiam pelo seu ensinamento e pela sua obra de educação. Platão e outros antigos assinalaram a venalidade dos sofistas e consideraram este costume de cobrar o ensinamento como um indiscutível sinal de baixeza moral. Mas note-se que Platão era, neste juízo, muito mais do que se crê, vítima do preconceito aristocrático (em geral a cultura era herança espiritual dos aristocratas e dos ricos, que, tendo solucionado todos os problemas de subsistência, davam-se à cultura como a sublime *otium* e consideravam-na totalmente destacada de tudo o que tem relação com o lucro e com o dinheiro, e como puro fruto de desinteressada comunhão espiritual). Mas — e este é o ponto a enfatizar — os sofistas não tinham morada fixa, nem renda, e, portanto, tendo concebido o seu saber e a sua obra tal como a explicamos, deviam necessariamente fazer deles uma profissão, e exigir um pagamento em dinheiro para viver. E poder-se-á certamente criticar os abusos dos quais eles se tornaram culpáveis; mas é preciso, em todo caso, ser muito cautelosos ao julgá-los demasiado severamente. Se Platão, de

11. Jaeger, *Paideia*, I, cf. o capítulo sobre os sofistas, *passim*.

fato, no *Ménon* nos diz que Protágoras "sozinho [...] ganhou mais com sua sabedoria do que Fídias [...] e outros dez escultores juntos"[12], não hesita, no diálogo intitulado *Protágoras*, a pôr na sua boca esta frase: "[...] estabeleci que o meu pagamento seja feito do seguinte modo: depois que alguém aprendeu de mim, pague-me a soma que lhe exijo; se não, entre num templo, preste juramento, e a soma que julgue valerem os meus ensinamentos, a deposite ali"[13]. Com base na fonte mais severa contra os sofistas podemos, pois, estabelecer que eles não foram absolutamente vulgares e desprezíveis aproveitadores da ciência, como muitas vezes se disse no passado. E como falamos de profissão, queremos reportar uma passagem de Gomperz que esclarece este ponto: "O mundo moderno não apresenta nenhuma forma de vida profissional que possa constituir um termo de comparação com a deles. O sofista se distingue do professor dos nossos dias tanto pela falta de qualquer relação [...] com o Estado, como pelo fato de nenhuma especialização limitar a sua atividade. Enquanto homens de ciência, pelo menos na maioria, eram especialistas em quase tudo o que então constituía o conhecimento, enquanto oradores e escritores, prontos e dispostos sempre, como eram, a empenhar-se em diatribes e polêmicas, o tipo hodierno que mais se lhes aproxima é o do jornalista. *Meio professores e meio jornalistas*, eis a fórmula talvez mais apta para nos dar uma ideia bastante aproximativa do que eram os sofistas no século V"[14]. Isso é verdade, porém, somente se temos presente que o professor e o jornalista são, *normalmente*, apenas veículos de informação e de formação de opinião, mas não criadores, enquanto os sofistas foram também criadores.

6. Espírito pan-helênico da sofística

Os sofistas foram também tachados de erradios, por irem de cidade em cidade e, portanto, infringirem a fidelidade à sua cidade, rompendo o laço que o grego (que se sentia, muito mais que indiví-

---

12. Platão, *Ménon*, 91 d (= Diels-Kranz, 80 A 8).

13. Platão, *Protágoras*, 328 b-c (= Diels-Kranz, 80 A 6).

14. Th. Gomperz, *Griechische Denker*, Leipzig 1896; trad. italiana de L. Bandini com o título: *Pensatori greci*, vol. II, Florença 1950³, p. 210.

duo privado, essencialmente cidadão de determinada cidade) considerava intocável. Pois bem, se para o homem de então a reprovação se compreende, esta se inverte e se torna mérito quando nos pomos numa perspectiva histórica mais ampla: os gregos, para salvar-se politicamente e sair das mortais lutas entre cidades, precisavam ancorar-se num sólido *ideal pan-helênico*; e os sofistas foram, justamente, expressão deste ideal: sentiram que os estreitos limites da *polis* não se justificavam mais, não tinham mais razão de ser e, mais que cidadãos de determinada cidade, sentiram-se *cidadãos da Hélade*. E nisso eles souberam ir até mesmo além de Platão e de Aristóteles, que continuarão a ver na *polis* o paradigma de Estado.

7. O iluminismo da sofística grega

Ligada às características acima examinadas, e até mesmo como mínimo denominador comum entre todas, aparece a *liberdade de espírito* própria da sofística. Eles subverteram as velhas concepções da *physis* nas quais o pensamento ameaçava cristalizar-se, criticaram a religião tradicional, abalaram os pressupostos aristocráticos sobre os quais se fundava a política passada, abalaram as instituições esclerosadas, contestaram a tradicional tábua de valores que então era defendida sem convicção. Essa liberdade de espírito e essa libertação espiritual de todas as tradições que foram próprias dos sofistas valeram-lhes o epíteto de "iluministas gregos"[15]: epíteto que, se entendido adequadamente, define-os muito bem. De fato, os sofistas conquistaram esta sua libertação na base da razão; e, como os iluministas, eles tiveram ilimitada confiança na razão e na inteligência: o que eles negaram foi a possibilidade de alcançar algum absoluto do modo como acreditaram alcançá-lo os naturalistas ou, pelo menos, do modo como a tradição acreditava possuí-lo. "Mas negar o absoluto do pensamento — diz bem Saitta — não significava para os sofistas negar o pensamento. O seu ataque contra as representações acabadas, que na sua generalidade afogavam as sensações e os particulares, era a exigência do pensamento crítico que quer exercitar o seu poder e o

15. G. Saitta, *L'illuminismo della sofistica greca*, Milão 1938.

seu domínio sobre todos. Assim, no próprio sentido do relativismo sofístico, o pensamento se demonstra feitor e, ao mesmo tempo, destruidor das representações e, como tal, não se revela mais como um poder limitado, circunscrito, finito. De fato, a preocupação dos sofistas foi constantemente dirigida a tornar os homens cultos, e a cultura devia ser para eles o resultado de uma consciência crítica, voltada, como a objetos primeiros, imediatos, para as leis, os costumes, as paixões, a religião. Com isso se dá a atitude original do pensamento sofístico, que não crê, mas investiga e critica e, desse modo, constrói o conceito da produtividade do espírito, que se torna consciente de que ele só pode colher o fruto de todas as coisas em plena liberdade"[16].

8. As diferentes correntes da sofística

Para concluir, devemos esclarecer um último ponto. Não existe um sistema sofístico ou uma doutrina sofística; é impossível reduzir o pensamento dos vários sofistas a proposições comuns. Mas também não é verdade que as doutrinas dos sofistas individuais constituam unidades incomensuráveis entre si. É verdade, ao invés, como disse bem um estudioso francês, que "[...] a sofística do século V representa um complexo de *esforços independentes* para satisfazer, com *meios análogos, necessidades idênticas*"[17], e, nós acrescentamos, implicando uma série de *problemas* idênticos. Veremos amplamente quais são essas necessidades: são as da sociedade do século V a.C., que evoluía para a democracia; os temas e os problemas idênticos, já os caracterizamos amplamente: concernem ao homem, à sua *areté*, à tábua dos valores morais; em poucas palavras, são os temas e problemas ético-políticos.

Devemos agora ver os vários esforços independentes realizados pelos sofistas individualmente e examinar os métodos análogos por eles empregados. Mas antes de proceder a este exame, é preciso ainda dizer que, para poder entender e avaliar corretamente os sofistas,

16. Saitta, *L'illuminismo...*, pp. 34ss.

17. L. Robin, *La pensé grecque et les origines de l'esprit scientifique*, Paris 1923; trad. italiana de P. Serini com o título: *Storia del pensiero greco*, Turim 1951, p. 177.

é preciso distinguir entre sofistas e sofistas, sem fazer de qualquer vara um feixe. A sofística, com efeito, sofreu uma evolução, antes, uma involução muito marcada, e entre os mestres da primeira geração e os discípulos da segunda geração existe uma diferença notável, como em parte o próprio Platão já observara. É preciso, portanto, distinguir pelo menos três grupos de sofistas: 1) os grandes e famosos mestres da primeira geração, de modo algum privados de discrição moral e, antes, como Platão reconhece, substancialmente dignos de respeito; 2) os "eristas", isto é, aqueles que, explorando o método sofístico e exaltando o seu aspecto formal sem qualquer interesse pelos conteúdos e sem a discrição moral dos mestres, transformaram a dialética sofística numa estéril arte de contendas através de discursos, e numa verdadeira arte da logomaquia; 3) enfim os "políticos sofistas", homens políticos e aspirantes ao poder político, que, desprovidos de qualquer discrição moral, usaram ou, melhor, abusaram de certos princípios sofísticos para teorizar um verdadeiro imoralismo, que desembocou no desprezo da "assim chamada justiça", de toda lei constituída, de todo princípio moral: mas estes, mais que o espírito autêntico da sofística, representam a excrescência patológica da própria sofística.

Vejamos as figuras e os grupos de sofistas.

II. PROTÁGORAS

1. O princípio do "homem-medida"

A proposição fundamental de Protágoras, o maior e mais famoso dos sofistas[1], foi o axioma: "O homem é a medida de todas as coisas, das que são pelo que são, e das que não são pelo que não são"[2]. E por "medida" Protágoras deve ter entendido a norma do juízo, enquanto por "coisas" deve ter entendido todos os fatos em geral. O axioma tornou-se logo celebérrimo, e foi considerado, e é efetivamente, a *magna carta* do relativismo ocidental. Com o princípio do *homem-medida,* Protágoras pretendia, indubitavelmente, negar a existência de um critério absoluto que discriminasse o ser e o não ser, o verdadeiro e o falso e, em geral, todos os valores: o critério é apenas relativo, é o homem, o *homem individual.*

Algum estudioso tentou interpretar o princípio protagoriano sustentando que o homem do qual ele fala não é o homem individual,

---

1. Protágoras nasceu em Abdera, provavelmente no decênio entre 491 e 481 a.C. Viajou pelas várias cidades gregas, segundo o costume de todos os sofistas, e esteve mais de uma vez em Atenas, onde alcançou triunfais sucessos de público. Foi muito apreciado também pelos políticos: Péricles confiou-lhe o encargo de preparar a legislação para a nova colônia de Turi (444 a.C.). Diógenes Laércio, IX, 52 (= Diels-Kranz, 80 A 1) refere que, por causa das opiniões professadas sobre os deuses (e das quais falaremos), os atenienses teriam banido Protágoras da cidade, sequestrado e queimado os seus livros em praça pública. Mas a notícia é duvidosa, dado que Platão, no diálogo dedicado ao Sofista (cf. *Protágoras*, 317 b), fá-lo dizer não ter nunca sofrido qualquer represália pelo fato de ser e se proclamar sofista (e, no diálogo, Protágoras é representado, então, pleno de anos e de experiência); e é bem difícil que, se fosse verdade o que diz Diógenes Láercio, Platão pudesse fazê-lo pronunciar afirmações daquele teor. Morreu em torno ao final do século. A obra maior de Protágoras deve ter sido *Sobre a Verdade*, que, provavelmente, tinha como subtítulo *Raciocínios demolidores*. Junto com esta obra, devia ocupar um lugar importante na produção protagoriana também o escrito intitulado *Antilogias*, que devia conter o método de discussão do Sofista. (Sobre a vida e obra de Protágoras, o leitor encontrará grande quantidade de informações e documentos em Zeller-Nestle, *Die Philos. der Griechen*, I, 2, pp. 1296-1304 e, sobretudo, em Untersteiner, *I Sofisti*, vol. I, pp. 13-43.)

2. Sexto Empírico, *Adv. math.*, VII, 60; Platão, *Teeteto*, 151 e-152 a (= Diels-Kranz, 80 B 1). Cf. também Diógenes Laércio, IX, 51 (= Diels-Kranz, 80 A 1).

mas a *espécie* homem, fazendo assim de Protágoras um precursor de Kant[3]; mas todas as nossas fontes antigas excluem decididamente a possibilidade desta exegese. O homem do qual Protágoras fala é exatamente o *indivíduo singular*. Platão, reportando o axioma, comenta:

> E não quer dizer com isso que, tal como as coisas individuais me aparecem, tais são para mim, e tais a ti, tais para ti, porque és homem como eu sou homem? [...] mas não acontece às vezes que, soprando o mesmo vento, um de nós sente frio e o outro não? e um sente pouquíssimo, e o outro muito? [...] E então, como chamaremos este vento: frio ou não frio? Ou deveremos acreditar em Protágoras, que para quem sente frio é frio, para quem não sente, não é?[4]

Que se trate dos indivíduos singulares, confirmam-no também Aristóteles[5] e Sexto Empírico:

> E por isso Protágoras só admite o que aparece aos *indivíduos singulares*, e assim introduz o princípio da relatividade[6].

Ademais, Protágoras não deve ter desenvolvido uma doutrina gnosiológica de modo sistemático, ou seja, uma doutrina geral do conhecimento; os diferentes valores gnosiológicos do princípio do *homem-medida* destacados por Platão e por Aristóteles são, mais do que outra coisa, explicitações e consequências tiradas por estes filósofos. E, analogamente, é quase certamente uma explicitação de Platão e de Aristóteles a ligação sistemática desse relativismo com a doutrina heraclitiana do perene fluxo de todas as coisas. Protágoras deve ter estabelecido o seu princípio de modo empírico, generalizando a constatação das opostas avaliações que os homens dão de todas as coisas, e não no quadro de um estudo sistemático da natureza do conhecimento: desse modo ele (assim como já tinham feito os naturalistas) contribuiu notavelmente para o nascimento da gnosiologia, mas *não fundou esta ciência* (para fazer isto ele deveria ter analisado sistematicamente o conhecimento sensível e o inteligível, ter posto o problema da natureza epistemológica do verdadeiro, e, em geral, dos

---

3. Cf. especialmente Gomperz, *Pensatori greci*, II, pp. 268-284.

4. Platão, *Teeteto*, 151 e-152 a (= Diels-Kranz, 80 B 1).

5. Aristóteles, *Metafísica*, K 6, 1062 13ss. (= Diels-Kranz, 80 A 19).

6. Sexto Empírico, *Esboços pirronianos*, I, 216 (= Diels-Kranz, 80 A 14).

problemas cognoscitivos; mas só com Platão e com Aristóteles estes problemas amadurecerão). Além disso, ele não estendeu sistematicamente a tudo o seu princípio, valendo-se dele, ao invés, como cânon fundamental para o seu ensinamento da *areté*, isto é, para a sua obra educativa, como agora veremos.

2. O princípio das duplas razões contraditórias e a sua aplicação

O relativismo expresso pelo princípio do *homem-medida* deve ter encontrado um aprofundamento na obra intitulada *As Antilogias*. Segundo Diógenes Laércio, Protágoras afirmava que "em torno a cada coisa existem dois raciocínios que se contrapõem entre si"[7], isto é, que sobre cada coisa é possível dizer e contradizer, aduzir razões que reciprocamente se anulam. E Aristóteles refere-nos que Protágoras ensinava a "tornar mais forte o argumento mais frágil"[8].

Destas simples afirmações também é fácil reconstruir o objetivo visado por Protágoras e por todos os que o imitaram. "Posto que o seu objetivo — escreve Robin — é o de armar o aluno para todos os conflitos de pensamento ou de ação dos quais a vida social pode ser a ocasião, o seu método será, portanto, essencialmente a *antilogia* ou a controvérsia, a oposição das várias teses possíveis sobre determinados temas, ou hipóteses, convenientemente definidas ou catalogadas; trata-se de ensinar a *criticar* e a *discutir*, a organizar um torneio de razões contra razões"[9].

Protágoras, portanto, com base nestas premissas, devia ensinar como sobre cada coisa (e, em particular, sobre aquelas que diziam respeito à vida ético-política) é possível aduzir argumentos pró e argumentos contra, e devia ensinar como é possível sustentar o ar-

---

7. Diógenes Laércio, IX, 51 (= Diels-Kranz, 80 A 1 = 80 B 6a; cf. também 80 A 20).

8. Aristóteles, *Retórica*, B 24, 1402 a 23 (= Diels-Kranz, 80 A 21, B 6b).

9. Robin, *Storia del pensiero greco*, p. 179. Refere, de resto, expressamente Diógenes Laércio, IX, 53 (= Diels-Kranz, 80 A 1): "Por primeiro ensinou o método de confutar termos dados, como afirma o dialético Artemiodoro no livro *Contra Crísipo*".

gumento mais frágil. O que certamente não significa que ele ensinasse a injustiça e a iniquidade contra a justiça e a retidão, *mas simplesmente que ensinava os modos com os quais era possível sustentar e levar à vitória o argumento* (qualquer que fosse o seu conteúdo) *que, na discussão, em determinadas circunstâncias, podia resultar o mais frágil.* E um eco desse procedimento protagoriano é, muito provavelmente, o escrito anônimo intitulado *Raciocínios duplos*, relativo aos valores éticos, à ensinabilidade ou não da virtude e ao critério da escolha dos cargos políticos. Escreve o Anônimo:

> Uma dupla ordem de raciocínios se faz na Grécia, pelos cultores da filosofia, em torno ao *bem* e ao *mal.* Alguns sustentam que o bem é uma coisa, o mal, outra; outros, ao contrário, que são a mesma coisa; o que para alguns seria bem, para outros é mal; e para o mesmo indivíduo, seria ora bem, ora mal. Quanto a mim, eu me aproximo destes homens; e buscarei as provas na vida humana [...][10].

E depois de ter aduzido uma série de razões inspiradas no relativismo protagoriano, do qual nos é dado testemunho paralelo por Platão[11], conclui o Anônimo:

> E assim não defino o que é o bem, mas empenho-me em ensinar isto, que o bem e o mal não são a mesma coisa, mas que cada um dos dois pode ser um ou outro[12].

A mesma coisa o Anônimo repete para o belo e o feio, o justo e o injusto, o verdadeiro e o falso, a loucura e a sabedoria. Não se define a essência dos valores, mas mostra-se toda a série de razões que fazem parecer uma coisa boa, bela e assim por diante, e a outra série de razões que a fazem parecer má, e assim por diante.

3. O ensino da "virtude" e o sentido desse termo

Estamos agora em condições de compreender em que consistia a *excelência* da qual Protágoras se professava *mestre* e que levava os

10. *Raciocínios duplos*, I, 1-2 [= Diels-Kranz, 90 (vol. II, p. 405)].

11. Cf. Platão, *Protágoras*, 333 d, 334 a (= Diels-Kranz, 80 A 22).

12. *Raciocínios duplos*, I, 17 [= Diels-Kranz, 90 (vol. II, p. 407)].

jovens a acorrerem a ele em multidão. No diálogo homônimo, Platão faz dizer o nosso Sofista:

> O meu ensinamento concerne à *astúcia, seja nos assuntos privados* — isto é, o melhor modo de administrar a própria casa — *seja nos assuntos públicos* — isto é, o modo de se tornar sumamente hábil no governo da coisa pública, nos atos e nas palavras[13].

Ora, esta "astúcia" (*euboulía*) é exatamente a habilidade no falar, sobretudo em público, diante dos tribunais e assembleias, e *Protágoras a considera ensinável, justamente mediante a técnica da antilogia e a consequente técnica que mostra como fazer prevalecer qualquer ponto de vista sobre o oposto.*

É claro, portanto, que devemos dar à *areté*, não o sentido cristão de *virtude*, mas o sentido original de habilidade (aquele mesmo sentido que Maquiavel retomará falando da *virtù* do Príncipe): de fato, é evidente que apresentar-se como mestre de virtude, entendida no primeiro sentido, é ridículo, enquanto não o é no segundo. E se Sócrates e Platão contestarão a possibilidade do ensino da virtude, será porque eles se recusarão a entendê-la como mera habilidade, como veremos adiante.

4. Limitação do alcance do princípio do "homem-medida"

Já dissemos qual o alcance e os limites do princípio do *homem-medida*. Estes resultarão ainda mais claros a partir do exame da forte redução do alcance do princípio, operada por Protágoras, no que diz respeito à sua aplicação ao campo da práxis. Se é verdade que não existem valores morais absolutos e, portanto, um bem absoluto, todavia é verdade que *existe algo que é mais útil, mais conveniente e por isso mais oportuno.* O sábio não é aquele que conhece os inexistentes valores absolutos, mas o que conhece o *relativo* mais útil, mais conveniente e mais oportuno, e sabe atuá-lo e fazê-lo atuar. Eis a página do *Teeteto* platônico, que define esplendidamente este modo de proceder protagoriano, que por boas razões poderemos chamar, com um termo moderno, de "pragmático".

---

13. Platão, *Protágoras*, 318 e (= Diels-Kranz, 80 A 5); cf. sobre isto, o nosso comentário ao *Protágoras*, Brescia 1969, p. 49.

Eu [Protágoras] afirmo, sim, que a verdade é exatamente como eu escrevi; que cada um de nós é medida das coisas que são e que não são; mas há uma diferença infinita entre homem e homem e, justamente por isso, as coisas aparecem e são para um de um modo, para outro de outro. E estou longe de negar que existam a sapiência e o homem sábio, mas, antes, chamo sábio aquele que, transformando aquilo pelo que em nós certas coisas aparecem e são más, consiga fazer que estas mesmas coisas apareçam e sejam boas. E tu não deves combater o meu raciocínio perseguindo-o nas suas palavras; mas deves antes tentar compreender, sempre mais claramente, o que quero dizer. Recorda o que já dissemos antes, que ao enfermo os alimentos parecem e são amargos, ao sadio, ao contrário, são e parecem agradáveis. Mas daí não é lícito inferir que destes dois, um seja mais sábio do que o outro — pois isso não é possível —, e nem se deve dizer que o enfermo, porque tem tal opinião, é ignorante, e é sábio o sadio porque tem opinião contrária; antes, é preciso mudar um estado no outro, porque o estado de saúde é melhor. E assim também na educação, é preciso transformar o homem de hábitos piores em homem de hábitos melhores. Ora, para estas transformações, o sofista usa os discursos como o médico usa remédios: mas ninguém jamais induziu quem quer que seja que tivesse opiniões falsas a ter opiniões verdadeiras; nem, de fato, é possível que alguém pense coisas que para ele não existem, ou coisas estranhas àquelas das quais tenha naquele momento determinada impressão, pois somente estas são sempre verdadeiras para ele. Pois bem, aquele que, por um estado de ânimo inferior, tem opiniões conformes com a natureza deste seu estado, pode ser induzido, creio, a um estado de ânimo superior e ter opiniões diferentes que sejam conformes com este estado superior; assim são, justamente, aquelas fantasias que alguns, por ignorância, dizem ser verdadeiras, e eu digo simplesmente que umas são melhores do que outras, nenhuma, porém, mais verdadeira. E quanto aos sábios, amigo Sócrates, estou longe de considerá-los desprezíveis; antes, com relação aos corpos, chamo-os médicos, com relação às plantas, agricultores. E digo que estes agricultores introduzem nas plantas, se alguma adoece, em vez de sensações más, sensações boas e salutares, não só verdadeiras; e os sábios e bons oradores fazem que às cidades pareça justo o bem antes que o mal. De fato, aquilo que para determinada cidade parece justo e belo, isto mesmo é, para aquela cidade, como justo e belo, enquanto ela assim o repute e considere: *mas é o homem sábio que, a cada coisa individual que aos cidadãos seja má, substitui outras coisas que são e aparecem como boas*. Pela mesma razão também o sofista que é capaz de educar de tal modo os seus alunos é homem sábio e merecedor de ser pago por eles com muito dinheiro. E assim alguns são mais sábios que outros, e ninguém tem opiniões erradas; e deves resignar-te, queiras ou não queiras, a ser medida das coisas: nisso que digo funda-se, justamente, a salvação da minha doutrina[14].

5. Fundo utilitarista da filosofia protagoriana

Do excerto lido emerge claramente isto: se o homem (*cada homem* como ser sensiente e perceptivo) é medida do *verdadeiro* e do *falso*, não é, ao contrário, medida do *útil* e do *prejudicial*. Noutros termos, parece que, enquanto o homem é medida com relação à verdade e à falsidade, é medido com relação à *utilidade*: parece, pois, que ao útil deve-se reconhecer uma *validade objetiva* (embora não absoluta). *O bem e o mal são, respectivamente, o útil e o prejudicial; o melhor e o pior são o mais útil e o mais prejudicial.*

Que Protágoras não advertisse nenhum contraste entre o seu relativismo gnosiológico e o seu pragmatismo baseado no útil (contraste que, ao invés, advertem muitos modernos intérpretes) depende do fato de que o útil, pelo menos no nível empírico, aparece sempre e somente no contexto de uma série de correlações, a ponto de não parecer possível determiná-lo, senão determinando, ao mesmo tempo, *o sujeito* ao qual o útil se refere, *o fim* para o qual é útil, *as circunstâncias* nas quais é útil, e assim por diante.

Um texto platônico, que imagina Sócrates em confronto com Protágoras, é particularmente indicativo:

— Admites [Protágoras] que existem coisas boas?

— Admito.

— E as coisas boas, disse eu, são as que são úteis aos homens?

— Certo, por Zeus!, disse. Mas eu chamo boas também as coisas que não são úteis aos homens.

— Falas, Protágoras, das coisas que não são úteis aos homens ou das que não são úteis absolutamente? E chamas boas também a estas?

— De modo algum, respondeu. Eu conheço muitas coisas que são nocivas aos homens: alimentos, bebidas, remédios e muitíssimas outras que também são úteis; outras, ao invés, que não são nem úteis nem prejudiciais aos homens, mas o são aos cavalos, e outras coisas que o são só aos bois ou aos cães; outras, enfim, que não são úteis a nenhum animal, mas o são às

14. Platão, *Teeteto*, 166 d ss. (= Diels-Kranz, 80 A 21).

plantas. E das coisas úteis às plantas, algumas são boas para as raízes, mas prejudiciais para os brotos, como por exemplo o fertilizante, que é bom se posto na raiz de todas as plantas, mas se o espalhas nos brotos e nos ramos novos os arruínas. E assim também o óleo é muito nocivo para todas as plantas e péssimo para os pelos de todos os animais, exceto para os do homem; para os pelos do homem e para todo o resto do corpo é, ao invés, salutar. O bom é algo tão variado e multiforme que, mesmo no caso citado, enquanto é boa para o homem, para as partes externas do seu corpo, a mesma coisa é danosíssima para as internas. Por isso, todos os médicos proíbem os enfermos de usar o óleo, senão em pequeníssima dose nas coisas que devem comer: o quanto basta para atenuar a desagradável impressão olfativa que pode vir dos alimentos e das bebidas[15].

É evidente, portanto, que Protágoras sente-se perfeitamente autorizado a reintroduzir o conceito de sábio (mesmo depois de ter eliminado o conceito absoluto de verdadeiro e de falso), justamente com base no útil e com relação a ele. Os agricultores são sábios, enquanto conhecem o bem e o útil das plantas e sabem produzi-lo; os médicos, enquanto conhecem o bem e o útil aos corpos e sabem produzi-lo; o sofista ou o retórico é sábio enquanto conhece o bem e o útil à cidade e faz com que este apareça como justo à cidade (o justo não é, portanto, o verdadeiro, mas o *útil público*), e educa consequentemente os cidadãos. E é igualmente evidente, por consequência, que Protágoras, ao sábio entendido deste modo, deve reconhecer o direito de supremacia, porque "é o homem sábio que, para cada coisa em particular que aos cidadãos seja má [= nociva], substitui outras coisas que são e aparecem como boas [= útil]"[16].

---

15. Platão, *Protágoras*, 333 d-334 c (= Diels-Kranz, 80 A 22).

16. Cf. *supra*, nota 14. Não é improvável que Protágoras tenha sustentado "uma teoria do Estado ideal, fundada no princípio de que a primazia deve ser atribuída aos sábios", entendida no sentido acima abordado (S. Zeppi, *Protagora e la filosofia del suo tempo*, Florença 1961, pp. 20s.). Poder-se-ia, deste modo, explicar (nota sempre Zeppi, pp. 22s.) o discutidíssimo testemunho de Diógenes Laércio, III, 37 (= Diels-Kranz, 90 B 5) que diz textualmente: "Euforião e Panécio referem que o princípio da *República* [de Platão] foi encontrado repetido outras vezes: diz Aristóxeno que se encontra quase inteiramente nas *Antilogias* de Protágoras". E ainda (III, 57 = Diels-Kranz, 90 B 5): "Que a *República* encontre-se quase por inteiro em Protágoras, nas suas *Antilogias*, o afirma Favorino no segundo livro das *Histórias*". Protágoras teria, em suma, antecipado a ideia de que o governo do Estado deve ser confiado aos filósofos. Mas veremos que além desta possível tangência entre o Estado protagoriano e o platônico, existe um abismo.

Trata-se de uma sapiência separada da verdade ontológica e que, considerando bem, assumiu na sua base a dimensão do empírico e — diremos com um termo moderno — do fenomenológico[17].

É quase desnecessário chamar a atenção para o fato de Protágoras ter-se movido na dimensão do fenomenológico por pura intuição: ele, com efeito, não tinha à disposição os instrumentos teóricos necessários para distinguir o ontológico do fenomenológico. E à medida que a sua posição é conquistada no nível da intuição, mantém-se teoricamente não-motivada e, portanto, aporética com relação à afirmação do princípio do *homem-medida*. De resto, a aporia de fundo emerge tão logo se confronte com esta contraprova: o útil das plantas é determinado pelo agricultor com relação aos critérios do crescimento e maturação; o útil do corpo humano é determinado pelo médico com relação ao critério da saúde, e assim por diante. Mas o que é útil ao homem (não entendido como puro corpo, mas na sua integralidade), quem o determina, e em relação a quê? E o útil da cidade, no que diz respeito não às simples necessidades materiais, mas à convivência ético-política dos cidadãos, quem o determina e em relação a quê? Ora, Protágoras não hesita em dizer que quem o determina é, justamente, o sofista; mas ele não sabe dizer *em relação a que* o sofista pode proceder a esta determinação. Para fazer isso ele deveria aprofundar a natureza do homem para determinar a essência e, então, ter-se-ia dado conta de que a redução do homem e da sua alma a mero sentir e perceber[18] estava em nítida antítese com a visão ético-política que ele extraía da análise fenomenológica, e assim, fatalmente, deveria ter modificado a primeira ou a segunda; mas isto teria comportado uma subversão de todo o seu pensamento.

6. Atitude de Protágoras acerca dos Deuses

As nossas fontes são concordes em referir que Protágoras se absteve de dizer se existem ou não deuses. As suas palavras são exatamente estas:

---

17. Cf. a passagem do *Protágoras* platônico lida no início do parágrafo.

18. Que para Protágoras a alma não fosse nada além da sensação, atesta-o expressamente Diógenes Laércio, IX, 51 (= Diels-Kranz, 80 A 1), com a referência explícita também a Platão, *Teeteto*, 152ss.

> Sobre os Deuses não tenho possibilidade de afirmar nem que são, nem que não são[19].

Provavelmente, em função do seu método antilógico, ele deve ter mostrado *os argumentos pró e contra a existência e a não existência dos deuses*. Mas é certamente inexato afirmar que, com isso, Protágoras pretendesse negar os deuses, como já algum autor antigo não hesitou em concluir. Diógenes de Enoanda, por exemplo, escreve:

> Protágoras de Abdera sustentou, como conceito, a mesma opinião de Diágoras [que era ateu]; mas a exprimiu com palavras diferentes, para evitar a excessiva audácia; de fato, disse que não sabia se os deuses são: o que equivale a dizer que não são[20].

Inferência, esta, que, sem dúvida, não podia ser de Protágoras, o qual não negava a existência dos deuses nem a crença na sua existência, *mas somente o conhecimento deles*. Portanto, a sua posição foi de *agnosticismo teológico*, ademais, largamente equilibrado pela sua atitude prática: de fato, ele deve ter admitido, em nível de crença, os deuses, como sabemos por Platão[21].

Mas é claro que — como o princípio do *homem-medida,* rigorosamente aplicado, devia levar ao ceticismo mais total e ao amoralismo —, também a atitude de marcado agnosticismo com relação aos deuses podia levar ao ateísmo. Se Protágoras não chega a estas conclusões, isto se deve a que ele não explicita as consequências às quais as suas premissas, por lógica intrínseca, deviam ou, pelo menos, podiam levar.

---

19. Diógenes Laércio, IX, 51 (= Diels-Kranz, 80 B 4). Eusébio nos refere, de modo plenamente correspondente, o seguinte. "Com relação aos deuses, não sei nem se são nem se não são, nem de que espécie são" [*Praep. ev.*, XIV, 3, 7 (= Diels-Kranz, 80 B 4)].

20. Diels-Kranz, 80 A 23; análogo é o juízo que dá Eusébio ao reportar B 4: "Protágoras, tornando-se seguidor de Demócrito, conquistou fama de ateu..."

21. A crença nos deuses é claramente pressuposta na atitude que Protágoras assume diante dos discípulos que contestavam o pagamento dos honorários, no homônimo diálogo platônico (cf. 328 b-c), e, de maneira intensa, no grande mito que lemos a partir de 320 d, no qual os deuses são protagonistas. Sobre Protágoras podem-se ler, à guisa de estimulantes antíteses, as duas reconstruções opostas de Untersteiner, *I Sofisti*, I, pp. 13-149, e A. Levi, *Storia della sofistica*, organizado por D. Pesce, Nápoles 1966, pp. 79-149, particularmente úteis, justamente nas suas perspectivas antitéticas, para fazer ver como a realidade dos sofistas é bem mais complexa do que os *clichés* da corrente manualística deixam suspeitar. Cf. também Zeppi, *Protagora e la filosofia del suo tempo, passim.*

III. GÓRGIAS

1. A negação da verdade

Enquanto Protágoras parte do *relativismo*, e sobre este implanta o seu método da antilogia, Górgias[1], pouco inferior a ele pela fama e habilidade, parte de uma posição de *niilismo*.

Num escrito seu — que certamente se pretendia a revolução sistemática da filosofia da *physis* e, de modo particular, do eleatismo, sobretudo como foi reproposto por Melisso, e que se intitula *Sobre a natureza ou sobre o não ser* (que é o título invertido do escrito de Melisso)[2] — ele sustentava três teses bem concatenadas entre si: *a*) *não existe o ser*, isto é, nada existe; *b*) mesmo que existisse o ser, ele *não seria compreensível*; *c*) e mesmo admitindo que fosse compreensível, ele *não seria comunicável nem explicável aos outros*[3]. A de-

1. Górgias nasceu em Leontina, na Sicília, em torno a 485/480 a.C. (cf. Diels-Kranz, 82 A 10) e viveu mais de um século em perfeita saúde física e espiritual. Foi discípulo de Empédocles. Viajou por todas as cidades da Grécia e, naturalmente, esteve em Atenas. Sabemos, ademais, que em Atenas esteve em 427, enviado pela sua cidade como embaixador (para obter ajuda militar contra Siracusa). Atingiu grandíssimo sucesso com a sua arte retórica. Filostrato (= Diels-Kranz, 82 A 1) nos refere: "Ele foi para os sofistas mestre de ímpeto oratório, de audácia inovadora de expressão, de dinamismo inspirado, de tom sublime para as coisas sublimes, de frases de efeito, de inícios imprevistos, todas essas coisas que tornam o discurso mais harmonioso e solene". A obra filosoficamente mais empenhativa deve ter sido *Sobre a natureza ou sobre o não ser*, um manifesto do niilismo ético. Entre as outras obras das quais nos chegaram notícias, as mais importantes devem ter sido: *O elogio de Helena* e *A apologia de Palamede*. (Ulteriores informações sobre a vida e as obras de Górgias podem ser vistas em Untersteiner, *I Sofisti*, I, pp. 153-167.)

2. Cf. Reale, *Melisso*, pp. 22s. e p. 24, nota 97.

3. Da obra chegaram-nos duas redações: uma conservada por Sexto Empírico (*Adv. math*., VII, 65ss., reportada em Diels-Kranz, 82 B 3) e uma transmitida pelo anônimo autor do *Sobre Melisso, Xenófanes, Górgias* (que nos chegou entre as obras de Aristóteles, mas certamente espúria), caps. 5-6, 979 a 11-980 b 21 da edição Bekker, não-reportado, erradamente, em Diels-Kranz, mas que se poderá ler seja em Untersteiner, *Sofisti. Testimonianze e frammenti*, fasc. II, Florença 1961[2], como fragmento B 3 bis, pp. 56ss. em grego e italiano, com comentário, e também na tradução de *I Sofisti* de Timpanaro Cardini, pp. 61ss. (e em *I Presocratici*, II, pp. 920ss.). Depois da reavaliação

monstração das três proposições (levada a efeito por uma série de dilemas cerradíssimos e em função de categorias e de uma técnica argumentativa extraída especialmente dos eleatas), longe de ser um jogo de habilidade retórica, como alguém acreditou[4], tem o preciso objetivo de excluir radicalmente a possibilidade da existência ou de se alcançar ou, pelo menos, exprimir uma verdade objetiva[5]. O próprio Sexto Empírico, que nos reportou uma das duas paráfrases que nos chegaram da obra, assim conclui:

> Diante de tais questões insolúveis, levantadas por Górgias, *desaparece, pelo que lhe concerne, o critério da verdade: porque do inexistente, do incognoscível, do inexprimível não há possibilidade de juízo*[6].

Por isso, se para Protágoras existia uma verdade relativa (no sentido de que tudo é verdadeiro, se assim o é para o homem), para Górgias *não existe absolutamente verdade e tudo é falso.*

Vejamos em pormenor os principais argumentos com os quais Górgias motivava as suas três teses, porque elas tiveram um papel considerável ao levar, por assim dizer, ao limite da exasperação a crise da filosofia da *physis.*

2. Nada existe

a) Que *nada existe* (ou seja, que o ser não é), Górgias o prova contrapondo entre si as concepções que os físicos sustentaram em torno do ser, que são tais a ponto de se anularem reciprocamente. Eis como o Anônimo nos resume esta parte do escrito de Górgias:

> Mediante a combinação das doutrinas sustentadas por outras categorias de filósofos que, nas suas tratações em torno ao problema dos entes, susten-

---

crítica moderna deste anônimo (cf. Zeller-Reale, pp. 1-54 e Reale, *Melisso*, pp. 27ss e 298ss.) é indispensável a leitura desta redação e necessária a sua inclusão entre os fragmentos gorgianos (em certas passagens esta é mais interessante que a de Sexto Empírico).

4. Cf. H. Gomperz, *Sophistik und Rhetorik*, Leipzig-Berlim 1912 (reimpresso também em Darmstadt 1965), pp. 1-49.

5. Pode-se ler uma clara exposição e interpretação desta obra gorgiana em Levi, *Storia della sofistica*, pp. 204-236.

6. Sexto Empírico, *Adv. math.*, VII, 87.

tam, como resulta das suas opiniões, princípios antitéticos entre si — uns demonstrando a *unidade* do ente em vez da *multiplicidade*, outros a sua *multiplicidade* em vez da sua unidade, outros que eles são *ingênitos*, outros ainda que são *gerados* — deduz, contra uns e contra outros, que nada existe. Daí segue logicamente, ele afirma, que se existe alguma coisa, não é *nem uno, nem múltiplo, nem ingênito, nem gerado*: nada existirá; de fato, se algo existisse, corresponderia a uma destas alternativas[7].

Em suma: os resultados das especulações dos físicos sobre o ser se anulam mutuamente, e, anulando-se, demonstram a impossibilidade daquele ser que têm por objeto[8].

Deve-se notar o tipo de procedimento que — entre outras coisas — Górgias adota para desmantelar as alternativas sobre as quais o ser foi afirmado. Ele utiliza, com efeito, como já observamos, as armas da lógica do eleatismo: ele quer mostrar, com este procedimento, que aquelas armas, que destroem todos os adversários do eleatismo, podem ser dirigidas contra o eleatismo e destroem, desse modo inapelavelmente, toda a filosofia da *physis*.

3. Mesmo que o ser existisse, permaneceria incognoscível

b) Também a segunda tese, que afirma o ser incognoscível e inconcebível pelo homem, é demonstrada sobretudo no contexto de uma polêmica antieleática: é Parmênides, de fato, o autor que afirmou como estruturalmente incindível o liame entre *ser* e *pensar*: o pensamento — afirmava ele — é sempre e somente *pensamento do ser*, de modo que, no limite, pode-se dizer que *pensamento e ser são o mesmo*, no sentido de que o pensamento existe à medida que dá o ser (pensar quer dizer apreender e dar o ser); vice-versa, o não ser é impensável e inexprimível justamente porque só o ser é pensável e exprimível.

Pois bem, Górgias inverte estas duas bases do eleatismo. Contra o princípio de que o pensamento é sempre e somente pensamento do

7. Ps. Aristóteles, *De Mel. Xenoph. Gorgia*, 5, 979 a 13ss. (= Untersteiner, fr. 3 bis).

8. Para um aprofundamento desta primeira tese gorgiana e para os confrontos entre as duas redações do Pseudo-Aristóteles e de Sexto Empírico, cf. M. Migliori, *La filosofia di Gorgia*, Milão 1973, pp. 23-62.

ser, Górgias demonstra que existem *pensados*, ou seja, *conteúdos de pensamento*, que não têm qualquer realidade e, portanto, não existem:

Que os conteúdos do pensamento [o pensado] não são existentes é de uma evidência universal. Se, de fato, os conteúdos do pensamento são existentes, todos os conteúdos do pensamento são existentes, em qualquer modo que se os pense. Mas esta dedução é absurda: com efeito, se alguém pensa um homem que voa e cocos correndo sobre as praias, nem por isso um homem voa e cocos correm na praia. Consequentemente os conteúdos do pensamento não são existentes [= o pensamento não é pensamento do ser][9].

Derrubado o primeiro princípio, cai *eo ipso* também o segundo, que não é mais que uma face do primeiro, como o próprio Górgias perfeitamente observa. Pois bem, que o não ser *não* é pensável é também desmentido pela evidência, porque nós podemos pensar Sila, a Quimera, e muitas outras coisas que não existem:

Absolutamente falando, se por aquilo que existe se deduz a predicação da pensabilidade, pelo que não existe se deduzirá a predicação da impensabilidade. Mas esta predicação é absurda: a prova é que Sila, a Quimera, e muitos seres que não existem são pensados[10].

Assim Sexto Empírico resume a posição gorgiana: se é verdade que existem não-existentes pensados, é também verdade o inverso, isto é, que o ser não é pensado; dito em termos mais concisos: "Se o pensado não existe, o ser não é pensado"[11].

O divórcio entre ser e pensamento não podia ter sido operado de modo mais radical[12].

4. Mesmo que fosse pensável, o ser permaneceria inexprimível

c) A terceira tese é demonstrada por Górgias, *contestando à palavra a sua capacidade de significar, de modo veritativo, qualquer*

9. Sexto Empírico, *Adv. math.*, VII, 78s. (= Diels-Kranz, 82 B 3).

10. Sexto Empírico, *Adv. math.*, VII, 80 (= Diels-Kranz, 82 B 3).

11. Sexto Empírico, *Adv. math.*, VII, 78 (= Diels-Kranz, 82 B 3).

12. Para um aprofundamento desta seção do tratado gorgiano cf. Migliori, *La filosofia di Gorgia*, pp. 63ss. e 70ss.

coisa que seja diferente de si. É importante ler por inteiro a página na qual o nosso Sofista exprimia este seu pensamento:

> Aquilo que alguém vê, como [...] poderia exprimi-lo com a palavra? Ou como isto poderia se tornar manifesto a quem o escuta, sem tê-lo visto? De fato, a vista não conhece os sons, e o ouvido não ouve as cores, mas os sons; e contudo, quem fala diz algo, mas não diz nem uma cor nem uma experiência. Aquilo, pois, que alguém não concebe, como poderá concebê-lo em consequência da intervenção de um outro, por meio da palavra deste ou por meio de um sinal geral diferente da experiência, senão, no caso de uma cor, por tê-la visto, no caso de um rumor, por tê-lo ouvido? De fato, quem fala não diz absolutamente um rumor, nem uma cor, mas uma palavra. Consequentemente, não é possível nem mesmo figurar-se com o pensamento uma cor, mas vê-la, nem um som, mas ouvi-lo. E mesmo que seja possível conhecer e dizer tudo aquilo que se conhece, de que modo aquele que ouve poderá representar-se conceitualmente o mesmo objeto? Com efeito, não seria possível que a mesma realidade pensada se encontrasse contemporaneamente em vários sujeitos separados entre si: o um, com efeito, seria dois. E muito embora admitindo que a mesma realidade pensada se encontre em vários sujeitos, nada impede que não se lhes mostre semelhante, pois eles não são semelhantes sob todos os aspectos, nem se encontram em idênticas condições: se, de fato, se encontrassem numa idêntica condição, seriam um e não dois. Por outro lado, nem sequer o mesmo sujeito evidentemente experimenta percepções semelhantes ao mesmo tempo, mas as da audição são diferentes das da visão, e agora diferente do passado. Por consequência, dificilmente alguém poderia ter percepções idênticas às de outro. Segundo esta dedução, nada existe e, mesmo que existisse, não seria de modo algum cognoscível, e mesmo que o fosse, ninguém poderia manifestá-lo a outro, pelo fato de que as coisas não são palavras e ninguém consegue pensar uma coisa idêntica à que pensa outro[13].

Assim o divórcio entre ser e pensamento torna-se também divórcio (e igualmente radical) entre palavra, pensamento e ser.

E o que resta a Górgias, depois da negação do Ser e da Verdade absoluta, do pensamento como portador de ser e da verdade, e da palavra como reveladora daquele ser e daquele pensamento?

---

13. Ps. Aristóteles, *De Mel. Xenoph. Gorgia*, 6, 980 a 20 (= Untersteiner, fr. 3 bis).

5. Refúgio no plano do empírico e da realidade da situação

Destruída a possibilidade de alcançar uma Verdade absoluta, ou seja, a *aletheia*, parece que a Górgias não resta outra via senão a das *opiniões*, ou seja, da *doxa*. Contudo, Górgias nega qualquer validade à *doxa*, considerando-a "a mais desconfiável de todas as coisas"[14].

Górgias busca, pois, uma terceira via entre o ser e o falaz aparecer, entre Verdade e *doxa*, como emergiu das mais recentes pesquisas. Isto significa que Górgias renuncia ao *lógos do ser incontrovertível, mas não ao lógos que se limite ao âmbito das experiências humanas, isto é, ao lógos que se limite a iluminar fatos, circunstâncias, situações da vida dos homens e da cidade*. Escreve a respeito disso M. Migliori: "É assim possível repensar a situação moral dos gregos, enucleando princípios geralmente considerados mais válidos ou propondo um ideal de moderado eudemonismo e intelectualismo"[15]. E ainda: "Esta não é a ciência que permite definições ou regras absolutas, nem a opinião vagante individualista. É [...] uma análise da situação, uma descrição do que se deve e não se deve fazer [...]. Górgias é, então, um dos primeiros representantes de uma *ética de situação*. Os deveres variam segundo o momento, a idade, a característica social; a mesma ação pode ser boa ou má segundo quem é o seu sujeito. É claro que este trabalho teórico, feito sem bases metafísicas e sem princípios absolutos, comporta uma larga aceitação de opiniões correntes: e isto explica aquela estranha mistura de novo e de tradicional que encontramos em Górgias"[16].

Com efeito, muitos testemunhos que nos chegaram parecem depor a favor desta exegese. Górgias, no homônimo diálogo platônico, não se apresenta como mestre que ensina de modo específico e expresso os supremos valores morais (isto equivaleria a ensinar a inalcançável Verdade absoluta); ele pressupõe que os seus alunos já possuam os comuns conhecimentos dos valores morais que têm todos os gregos (se não os têm, ele lhes fornecerá este conhecimento, mas com base nas convicções comuns)[17].

---

14. Cf. Górgias, *Elogio de Helena*, § 11 (= Diels-Kranz, 82 B 11); *Apologia de Palamede*, § 24 (= Diels-Kranz, 82 B 11a).

15. Migliori, *La filosofia di Gorgia*, pp. 151s.

16. Migliori, *La filosofia di Gorgia*, p. 134.

17. Cf. Platão, *Górgias*, 460 a ss.

Do *Ménon* platônico sabemos, também, que ele ridicularizava aqueles que prometiam *ensinar a virtude*, e, mais realisticamente, proclamava querer e saber formar somente bons oradores[18].

Analogamente, sabemos por Aristóteles que Górgias não definia a virtude (que equivaleria a algo de absoluto), mas limitava-se a fazer "uma enumeração das virtudes"[19]. E mais exatamente, Ménon, de modo perfeitamente gorgiano, no homônimo diálogo platônico, assim caracteriza fenomenologicamente a virtude:

> Em primeiro lugar, se queres a virtude do homem, é fácil dizer-te que é esta: ser idôneo ao tratar as coisas da cidade; e, fazendo isso, fazer o bem aos amigos e o mal aos inimigos, e acautelar-se para não sofrer nada semelhante. E se queres a virtude da mulher, não é difícil responder que ela deve administrar a casa, cuidando dos negócios internos e obedecendo ao marido. E outra é a virtude da criança e do jovem e do homem e outra é a do ancião, seja livre, seja escravo. E existem muitas outras virtudes, de modo que não há dificuldade em dizer que coisa é a virtude: há uma virtude relativa a cada ação e a cada idade, e a cada obra para cada um de nós. E isso também penso com relação ao vício[20].

É evidente, para quem nos seguiu até aqui, que esta via empírico-fenomenológica tentada por Górgias tem seu correspondente análogo também em Protágoras[21]; mas é igualmente evidente que, como aquela, também esta não recebe adequada fundação teórica e, antes, no interior da posição gorgiana não encontra um espaço suficiente para situar-se.

Destruído o saber do ser incontrovertível, Górgias deveria demonstrar a possibilidade teórica de um saber humano que não fosse a ciência dos físicos, mas tampouco a *doxa*; mas isto lhe era impossível, justamente porque as categorias teóricas das quais dispunha eram as eleáticas, que vimos ser totalmente incapazes de dar razão dos fenômenos[22] e das quais, além disso, ele tinha demonstrado o alcance destruidor e não construtor.

---

18. Platão, *Ménon*, 95 c (= Diels-Kranz, 82 A 21).

19. Aristóteles, *Política*, A 13, 1260 a 27 (= Diels-Kranz, 82 B 18).

20. Platão, *Ménon*, 71 e (= Diels-Kranz, 82 B 19).

21. Ver o capítulo precedente, pp. 34ss.

22. Ver o capítulo sobre Parmênides, pp. 106-116 do vol. I.

Portanto, a via da fenomenologia foi apenas entrevista por Górgias e seguida por intuição, mas não teorizada.

Ao invés, bem outra coerência Górgias mostrou diante da retórica, da qual foi lucidíssimo teórico.

6. A retórica e a onipotência da palavra

Voltemos um instante às conclusões do *Tratado sobre o não ser.* Se não existe uma Verdade absoluta (e nem mesmo relativa, conforme pensava Protágoras), é claro que *a palavra adquire a sua autonomia*, até mesmo uma autonomia praticamente ilimitada, porque, justamente, não está ligada pelos vínculos do ser. Na sua independência ontológica, a palavra torna-se (ou pode se tornar) disponível a tudo.

E, então, Górgias descobre, justamente no nível teórico, o *aspecto da palavra pelo qual esta é portadora* (prescindindo de qualquer verdade) *de sugestões, persuasões e crenças.* E a retórica é, exatamente, a arte que sabe explorar até o fundo este aspecto da palavra, e, portanto, pode ser chamada de *a arte da persuasão*[23].

Esta persuasão não está ligada, como é evidente com base no que já esclarecemos, a qualquer conhecimento de verdades inatingíveis, mas está ligada à pura crença. Compreende-se, portanto, que Górgias, uma vez dissolvido o laço entre palavra e conhecimento, e potenciado ao máximo o efeito psicagógico da palavra, pudesse vangloriar-se não só de saber falar sobre tudo e de convencer a todos sobre tudo, mas de superar, em habilidade persuasiva, até os técnicos no seu âmbito: vangloriava-se, por exemplo, de ter superado o irmão médico na capacidade de persuadir o doente a submeter-se a determinada terapia.

O significado e a importância social desta arte são claros: mais do que nunca na Atenas do século V a.C., nos tribunais e nas assembleias, a retórica podia garantir, a quem a possuísse, o sucesso; ela devia até mesmo se tornar, como justamente se disse, "o verdadeiro timão nas mãos do homem de Estado"[24]. Por isso é também evidente a sua estrutural ligação com a política: na era clássica, de fato, o

23. Ver toda a primeira parte do *Górgias* platônico.

24. Jaeger, *Paideia*, I, p. 502.

político é chamado de orador: "O vocábulo — explica Jaeger — não tem ainda o significado meramente formal dos tempos mais recentes, mas inclui também o elemento substancial: que o único conteúdo de qualquer eloquência pública seja o Estado e os seus negócios é, naquele tempo, coisa óbvia"[25].

De resto, no diálogo platônico que leva o seu nome, Górgias diz expressamente que a retórica é

> [...] ser capaz de persuadir os juízes nos tribunais, os conselheiros no Conselho; os membros da assembleia popular na Assembleia e assim em qualquer outra reunião que se tenha entre os cidadãos[26].

E assim se explica também o enorme sucesso que, como Protágoras, Górgias recolheu em toda parte por onde passou: no taumatúrgico poder da palavra, capaz de persuadir a todos sobre tudo, parecia ter-se encontrado o instrumento insubstituível para dominar.

Mas a palavra, desancorada dos valores e, em geral, de toda verdade objetiva, podia se tornar perigosíssima. Górgias, como vimos, admite os valores morais comumente admitidos pela grecidade e põe a sua retórica a serviço deles[27]. Ademais, ele desaprova os discípulos que, uma vez aprendida a retórica, servem-se dela fora e contra aqueles valores, e se dissocia de toda responsabilidade por estes discípulos:

> Se [...] alguém, tendo-se tornado orador, serve-se desse poder e dessa arte para fazer o mal, não se deve desprezar nem expulsar da cidade quem lha ensinou; este, de fato, lha ensinou para que fizesse dela um uso reto, enquanto aquele faz dela um uso indevido. Portanto, é justo desprezar, expulsar da cidade e matar quem não faz reto uso da retórica, não aquele que lha ensinou[28].

Mas depois do divórcio entre a Verdade e a palavra a ética da situação não era suficiente para garantir o bom uso da retórica: antes, era justamente a móvel situação que tornava a retórica disponível às aventuras extremas, como veremos.

---

25. *Ibidem*.

26. Platão, *Górgias*, 452 e.

27. Cf. Platão, *Górgias*, 459 c ss.

28. Platão, *Górgias*, 457 b.

7. A palavra e o engano poético

O exame aprofundado da palavra e das suas capacidades devia tornar Górgias particularmente sensível ao seu aspecto poético, além do retórico.

Escreve o nosso Sofista:

> [...] considero e chamo a poesia, nas suas várias formas, de um discurso com metro, e quem a escuta é invadido por um tremor de espanto, por uma compaixão que arranca lágrimas, por uma tormentosa avidez de dor, e a alma sofre, pelo efeito das palavras, um sofrimento que lhe é próprio, ao ouvir a sorte e a desgraça de fatos e pessoas estranhas[29].

Portanto, também a arte, assim como a retórica, não visa ao verdadeiro, mas à *moção dos sentimentos*; mas, enquanto a retórica, com a moção dos sentimentos, persegue fins práticos, visando gerar persuasões e crenças em relação a questões éticas, sociais e políticas, a arte persegue fins *além de teoricamente, também praticamente desinteressados*.

Que sentido tem, então, o tremor, o espanto, a dor, a compaixão que a arte produz por efeito de palavras, uma vez eliminado tanto o fim teórico como o fim prático? É claro que aqui Górgias não só entrevê, mas, em certa medida, explicita o *valor estético* do sentimento e, portanto, da palavra que o produz.

Há mais, porém. Num testemunho de Plutarco nos é referido:

> Floresceu então a tragédia e foi celebrada pelos contemporâneos como audição e espetáculo admirável, pois criava com as suas ficções e paixões *um engano*, diz Górgias, pelo *qual quem engana age melhor do que quem não engana, e quem é enganado é mais sábio do que quem não é enganado*[30].

E aqui é qualificado como "engano" (ἀπάτη) e ilusão até mesmo aquilo que a palavra poética produz, e o engano, a nosso ver, define exatamente a não verdade teórica daquele sentimento poético, que, portanto, tem uma precisa individualidade e (diremos com termo moderno) autonomia.

---

29. Górgias, *Elogio de Helena*, § 9 (= Diels-Kranz, 82 B 11.
30. Plutarco, *De glor. Ath.*, 5, p. 348 C (= Diels-Kranz, 82 B 23).

E a positividade do engano poético, para Górgias, é evidente, pois ele não hesita em chamar "melhor" a quem poeticamente engana do que a quem não engana, e, "mais sábio" a quem é enganado do que a quem não o é: o primeiro é melhor pela sua capacidade criadora de ilusões poéticas, o segundo porque mais capaz de aprender a mensagem desta poética criatividade.

Tanto Platão como Aristóteles defrontar-se-ão com esses pensamentos, o primeiro para negar validez à arte, o segundo, ao invés, para descobrir o poder catártico, purificador, do sentimento poético, como veremos.

IV. PRÓDICO DE CÉOS

1. A invenção da sinonímica

Num plano nitidamente inferior a Protágoras e a Górgias, situam-se os outros sofistas dos quais nos chegaram testemunhos. Todavia, são todos pensadores interessantes sob vários aspectos e indicativos das novas tendências.

Em primeiro lugar, recordaremos Pródico de Céos[1], que Sócrates, mais de uma vez, zombeteiramente, diz ter sido seu mestre[2]. Também Pródico foi mestre da arte de fazer discursos. Mas esta arte, que ensinava aos discípulos a altíssimo preço, fundava-se sobre algo que pretendia ser (e era efetivamente) novo, isto é, sobre a *sinonímica*, vale dizer, *sobre a distinção dos vários sinônimos e a precisa determinação das nuanças de significado dos diferentes sinônimos*[3]. Assim o *lógos*, depois de ter experimentado a possibilidade de dividir-se em razões opostas com Protágoras, e depois de ter reconhecido em si uma onipotente capacidade de persuasão com Górgias, descobre agora as inumeráveis nuanças com as quais se podem dizer as coisas e, portanto, a propriedade da palavra e da linguagem[4].

Naturalmente, Pródico deve ter ensinado aos alunos como explorar praticamente, ao falar aos juízes nos tribunais ou ao povo nas assembleias, o jogo das distinções dos sinônimos e, no *Protágoras*, Platão nos descreve com refinado humorismo o modo como o Sofista

---

1. Pródico nasceu em Céos, não se sabe exatamente quando. Os estudiosos conjeturam que a sua data de nascimento está entre 470-460 e que a sua atividade deva ser situada em torno ao início da guerra do Peloponeso (dado que Aristófanes faz alusão a Pródico). Esteve muitas vezes em Atenas na qualidade de embaixador. Deu com sucesso lições em Atenas e noutras cidades gregas. A sua obra-prima devia ter o título *Horai* (talvez derivado do nome das deusas da fecundidade), ao qual talvez pertencesse o célebre apólogo de "Héracles na encruzilhada", do qual falaremos (cf. Untersteiner, *I Sofisti*, II, pp. 7-11).

2. Cf. Platão, *Protágoras*, 341 a; *Ménon*, 96 d; *Cármides*, 163 d; *Crátilo*, 384 b.

3. Cf. Platão, *Protágoras*, 337 a-c (= Diels-Kranz, 84 A 13); *Protágoras*, 340 a (= Diels-Kranz, 84 A 14); *Eutidemo*, 277 e (= Diels-Kranz, 84 A 16).

4. Cf. Diels-Kranz, 84 A 11 e A 20.

se valia da tão proclamada sinonímica. E, certamente, esta arte da sinonímica, se foi supervalorizada pelo seu inventor e se foi aplicada de maneira inadequada, não deixou de exercer benéficos efeitos e influiu, como foi há tempo reconhecido, sobre a metodologia socrática da pesquisa do "o que é" das coisas[5], embora, evidentemente, a pesquisa socrática vise a algo de muito mais profundo.

2. O utilitarismo ético e o mito de "Héracles na encruzilhada"

No campo da reflexão moral, Pródico tornou-se famoso pela sua pessoal reelaboração do mito de "Héracles na encruzilhada", que nos foi reportado de modo bastante fiel por Xenofonte[6]. O mito, que só recentemente foi entendido corretamente[7], é muito interessante não só como documentação do pensamento de Pródico, mas também como documento da tendência geral utilitarista da ética sofística, e por isso merece ser examinado cuidadosamente.

Héracles, no momento da passagem da infância à adolescência, isto é, no momento da passagem à idade na qual o jovem, tornando-se senhor de si, opera as suas escolhas morais de base, retirou-se a um lugar solitário para meditar. Apareceram-lhe, então, duas mulheres de grande e majestoso porte: uma pudica, reservada na atitude e de contida beleza; a outra, ao invés, saliente, altiva e de beleza provocadora e exuberante. As duas mulheres são símbolos, uma da virtude, a outra da depravação (ou seja, do vício): os seus nomes, em grego, são, respectivamente, Aretê e Kakía.

Diz a mulher, símbolo da depravação e do vício:

---

5. Cf. Gomperz, *Sophistik und Rethorik*, p. 126; cf. também Maier, *Sokrates*, Tübingen 1913, trad. italiana de G. Sanna, Florença 1943 (reimpresso em 1970), vol. I, p. 263 e vol. II, p. 83.

6. O "Héracles na encruzilhada" é reportado, sob forma de fiel imitação, por Xenofonte, *Memoráveis*, II, 1, 21-34 (= Diels-Kranz, 84 B 2); como veremos, é totalmente inexata a convicção de alguns intérpretes que aí veem influxos cínicos, enquanto a linguagem aí utilizada é marcada pelo hedonismo e pelo utilitarismo, e de modo algum pela ética cínica da renúncia e da fadiga.

7. Cf. S. Zeppi, *L'etica di Prodico,* em *Studi sulla filosofia presocratica*, Florença 1962, pp. 103-115 (ensaio primeiro publicado na *Rivista Critica di Storia della Filosofia*, 1956).

Vejo-te, Héracles, inseguro sobre o caminho a tomar na vida. Se me fizeres tua amiga e me seguires, guiar-te-ei pela vida mais prazerosa e mais fácil; ademais, não deverás privar-te de desfrutar nenhuma alegria da vida e passarás a existência longe de asperezas. A primeira consequência será que não deverás preocupar-te com guerras nem com política, mas sempre escrutarás qual comida ou bebida agradável ao teu gosto poderás encontrar, ou qual espetáculo deverás ver e ouvir para obter uma satisfação, ou quais objetos deverás cheirar ou tocar para ter um prazer, quais jovens deverás frequentar para chegar ao cume da delícia, em que modo te será dado dormir bastante suavemente e como, com a menor fadiga, conseguirás todos estes bens. Se por acaso surgir a suspeita de que se acaba a fonte da qual provêm todos estes gozos, não deves temer que eu te obrigue a procurá-los com fadigas e esforços físicos e espirituais, mas poderás fazer uso de todo o fruto do trabalho de outros, sem te afastares de tudo o que possa constituir uma fonte de utilidade. De fato, aos que se põem da minha parte, ofereço a plena possibilidade de extrair vantagem de qualquer parte[8].

Como é evidente, o tipo de vida que Kakía propõe a Héracles é o hedonismo mais desenfreado: a felicidade está no gozo do prazer intenso e fácil, está em desfrutar plenamente o que nos apraz, nos serve e nos é útil, sem deixar-nos levar por escrúpulos.

Eis, ao contrário, o que diz Areté:

Eu também me apresentei a ti, Héracles, porque conheço teus pais e fiz uma ideia do teu caráter durante a tua educação. Portanto, espero que, se entrares pela via que conduz a mim, poderás tornar-te indiscutivelmente um nobre artífice de ações generosas e elevadas e eu, ademais, poderei ser muito mais honrada e, pelo bem realizado, mais insigne. Não te enganarei com o anúncio do prazer, mas te apresentarei, segundo a verdade, a realidade no modo em que os deuses a determinaram. *Nada, com efeito, daquilo que é verdadeiro, bom e belo concedem os deuses aos homens sem diligente fadiga*, mas *se queres que os deuses te sejam benévolos*, deves honrá-los; *se desejas ter o afeto dos amigos*, deves fazer-lhes o bem, *se esperas ser honrado por qualquer cidade*, deves procurar as vantagens desta cidade, *se pretendes ser admirado* por toda a Hélade pela tua virtude, deves esforçar-te por fazer o bem à Hélade; *se queres que a terra te produza abundantes frutos*, deves cultivá-la; *se crês que deves enriquecer* com o gado, deves cuidar do gado; *se tens ânsia de exaltar a ti mesmo* por meio da guerra, e queres estar em condições de libertar os amigos e subjugar os inimigos, deves aprender dos especialistas a arte da guerra, e deves exercitar-te no

8. Xenofonte, *Memoráveis*, II, 1, 23-25 (= Diels-Kranz, 84 B 2).

modo de aplicá-la; *se, enfim, queres ser válido de corpo*, é preciso habituar o corpo a servir à mente e exercitá-lo com penosos trabalhos[9].

Os estudiosos deixaram-se enganar, por muito tempo, pela primeira frase de Areté, ou seja, pela afirmação do conceito de que tudo o que vale ao homem só se conquista *ao preço de fadiga*, e não notaram, antes de tudo, que este era um lugar comum na boca dos sofistas[10], mas, sobretudo, não se deram conta de que Areté fala, considerando bem, *em termos de utilitarismo*[11]. Todos os seus preceitos são, para usar a terminologia kantiana, *imperativos hipotéticos finalizados à aquisição de vantagens precisas*, e, justamente: obter a benevolência dos deuses, o afeto dos amigos, a honra da cidade, a admiração dos gregos, obter frutos abundantes da terra, enriquecer, e assim por diante. A virtude não é senão o meio mais adequado para obter estas vantagens e estas coisas úteis.

Se assim é, o contraste de fundo entre Kakía e Areté consiste não no prazer como fim a alcançar, mas nos meios a serem usados para consegui-lo[12].

Responde, com efeito, Kakía a Areté:

Compreende, ó Héracles, que esta mulher te propõe uma *via difícil* e longa para alcançar um estado de alegria? Eu, ao contrário, conduzir-te-ei à felicidade por uma *via fácil e curta*[13].

Ao que responde Areté:

Ó, desventurada! Que bens possuis tu? ou que conheces de prazeroso, se, em vista disso, estás disposta a nada fazer? De fato, tu nem sequer respondes ao clamor das sensações prazerosas, mas, antes mesmo que surja o desejo, de todas te sacias, porque comes antes de ter fome, bebes antes de ter sede, mas preparas com esmero as comidas, para comer prazerosamente, preparas vinhos preciosos, para beber suavemente, e no verão, correndo por todas as partes, buscas neve, e, para dormir em profundo e agradável sono não só preparas um lugar macio, mas também os leitos e, para estes, travesseiros

---

9. Xenofonte, *Memoráveis*, II, 1, 27 s. (Diels-Kranz, 84 B 2).

10. Cf. por exemplo, Platão, *Protágoras*, 238 b ss., e ponha-se esta passagem em relação com Xenofonte, *Memoráveis*, II, 1, 20, que introduz o apólogo de "Héracles na encruzilhada".

11. Como, ao invés, notou bem S. Zeppi; cf. *supra*, nota 7.

12. Cf. *infra*, nota 15.

13. Xenofonte, *Memoráveis*, II, 1, 29 (= Diels-Kranz, 84 B 2).

sedosos; não por estares fatigada, mas por não teres nada a fazer tu desejas o sono; provocas à força os prazeres do amor antes da necessidade, recorrendo a toda arte e usando dos homens como se fossem mulheres; assim educas os teus amigos, constrangendo-os a intemperanças durante a noite, fazendo-os passar dormindo a parte mais profícua do dia. Embora imortal, és banida dos deuses, e tida como vil pelos homens honestos; não ouves o que acima de tudo é doce de se ouvir, um elogio que se te faça, nem contemplas o espetáculo que é o mais agradável de todos, porque jamais contemplaste alguma bela obra tua. Quem jamais poderia ter confiança nas tuas palavras? Quem te salvará, caso tenhas necessidade de socorro? Ou quem, se for sábio, terá coragem de participar da tua companhia? Os que dela participam, quando jovens, são débeis de corpo; quando se tornam velhos, são insensatos de alma, porque cresceram, no curso da juventude, refinados, sem afadigar-se, enquanto transcorrem o período da velhice como miseráveis, constrangidos a afrontar fadigas, cheios de vergonha pelo que realizaram, oprimidos pelo que devem fazer, por ter realizado, no tempo da juventude, uma rápida corrida pelos prazeres, enquanto reservaram para a velhice as moléstias. Eu, ao invés, vivo junto aos deuses, vivo com os homens honestos; *nenhuma bela ação é devida aos deuses, nem devida aos homens, se realizada sem mim.* Sou honrada mais que todos, tanto no juízo dos deuses como no juízo dos homens que merecem estima: sou dileta colaboradora dos artesãos, fiel guardiã das casas para os seus donos, benévola assistente para os servos, ótima colaboradora nos trabalhos da paz, segura aliada nas obras de guerra, perfeita companheira da amizade. Os meus fiéis *gozam dos alimentos e das bebidas com prazer e isentos de afãs*; de fato resistem até que surja neles o desejo. *Mais doce se apresenta para eles o sono* que para os que não se afadigam, nem se lastimam de dever interrompê-lo, nem por isso deixam de cumprir o seu dever. *Os jovens se comprazem dos louvores dos anciãos*, os anciãos exultam pelas honras dos jovens, *com prazer* se recordam dos seus antigos feitos, e *experimentam prazer* em cumprir nobremente os atuais, pois por mérito meu são caros aos deuses, amados pelos amigos, honrados pela sua pátria. Quando, depois, chega o fatal termo, não são sepultados sem honras com esquecimento, mas florescem exaltados em todo tempo por meio da recordação. Se tu, Héracles, filho de ótimos pais, afrontares estes árduos fundamentos, *ser-te-á possível possuir a felicidade mais duradoura*[14].

Como bem vê, Pródico não hesita em pôr na boca da virtude uma linguagem que assume até mesmo traços de hedonismo, embora temperado. Um estudioso italiano que, melhor do que todos, percebeu

14. Xenofonte, *Memoráveis*, II, 1, 30-33 (= Diels-Kranz, 84 B 2).

este aspecto do pensamento de Pródico, escreve: "Em suma, a contenda entre Areté e Kakía, que preenche totalmente o *Apólogo*, versa sobre o modo de alcançar a mesma meta, a felicidade-utilidade, considerada por ambas as interlocutoras a *acmé* da positividade humana [...]: o dissenso não é sobre os ideais últimos — não é que à identificação de ἀρετή [virtude] e ἡδονή [prazer], Pródico contraponha a identificação de ἀρετή e πόνος [fadiga], mas sobre a escolha dos meios aptos a realizá-los. Aqui está o núcleo do *Apólogo*: Pródico patrocina um *utilitarismo eudemonista* ativo em polêmica com um *hedonismo sensualista*, mas da atitude do adversário ele não rejeita *tout-court* as exigências fundamentais, condenando-as *in limine litis*, ao contrário, acolhe-as e reconhece como verdadeiras e, assim, apresenta a própria doutrina como um hedonismo não decepcionante"[15].

Em poucas palavras, poderemos concluir que, para Pródico, a virtude é a bem calculada racionalização dos prazeres e do que é útil moral e materialmente, ou seja, um *utilitarismo razoável*. Deste ponto de vista, o *Apólogo* "Héracles na encruzilhada" pode ser assumido como emblema da ética dos sofistas (dos sofistas da primeira geração), que no útil viam o máximo valor moral[16].

3. Os deuses como divinização do útil

Há mais, porém. Pródico considera que o útil não só é o fundamento da moral, mas também da teologia.

Eis alguns significativos testemunhos.

Escreve Filodemo:

> Perseu [...], na obra *Sobre os deuses*, sustenta que não parece improvável a demonstração desenvolvida por Pródico, de que foram honrados e acreditados como deuses, primeiro as forças aptas a nutrir e a trazer benefício; e depois, aqueles que descobriram o modo de nutrir-se ou uma proteção natural e, além disso, as relativas artes, como Deméter, Dionísio [...][17].

15. Zeppi, *L'etica di Prodico*, pp. 107s.

16. Como vimos, utilitarista é a ética de Protágoras e, em última análise, também a de Górgias. Os sofistas da segunda geração tenderam, ao invés, mais acentuadamente ao hedonismo.

17. Filodemo, *De piet.*, c. 9, 7, p. 75 G (= Diels-Kranz, 84 B 5).

Ainda mais claro é o testemunho de Sexto Empírico, que reporta também um fragmento com as palavras originais do Sofista:

> Pródico de Céos afirma: "Os antigos consideraram deuses, em virtude da vantagem que daí derivava, o sol, a lua, os rios, as fontes e, em geral, todas as forças que beneficiam a nossa vida, como, por exemplo, os egípcios, o Nilo", e por isso o pão era considerado como Deméter, o vinho como Dionísio, a água como Posseidon, o fogo como Efesto, e assim cada um dos bens que nos são úteis[18].

E ainda:

> Pródico sustentava que tudo o que beneficiava à vida foi considerado deus, como o sol, a lua, os rios, os lagos, os prados, os frutos, e todas as manifestações análogas[19].

Esta interpretação dos deuses e do divino dada por Pródico, que é de uma audácia iluminista assaz notável, exprime uma das marcas da sofística: enquanto os filósofos naturalistas identificaram o divino com o Princípio, ou seja, com o que, segundo eles, mais valia, Pródico o identifica com o útil, isto é, com o que, para ele (assim como para todos os sofistas), valia mais do que tudo.

---

18. Sexto Empírico, *Adv. math.*, IX, 18 (= Diels-Kranz, 84 B 5).
19. Sexto Empírico, *Adv. math.*, IX, 52 (= Diels-Kranz, 84 B 5).

V. HÍPIAS E ANTIFONTE

1. A corrente naturalista da sofística

É um lugar-comum da manualística a afirmação de que a sofística contrapôs *nomos* e *physis,* isto é, "lei" e "natureza", para desvalorizar a primeira e reduzi-la a pura convenção. Pois bem, este lugar-comum é só parcialmente fundado. A oposição entre lei e natureza não existe nem em Protágoras, nem em Górgias e nem mesmo em Pródico[1]; ela aparece, ao invés, em Hípias e em Antifonte, ou seja, naquela que justamente foi denominada *corrente naturalista da sofística*, e depois nos políticos sofistas, em diversos níveis[2].

2. O método da "polimatia" de Hípias

Comecemos com Hípias[3]. Este sofista, que deve ter sido muito famoso (Platão lhe dedicará dois diálogos)[4], condividia a concepção do fim do ensinamento (educação política), que era própria de todos

1. Sobre este ponto chamou justamente a atenção Levi, *Storia della sofistica*, p. 30, n. 9 e pp. 249ss. Escreve Levi: "Como observa H. Maier (*Sokrates*, p. 240 [trad. ital., I, p. 247]) a contraposição de φύσις e νόμος, de natureza e convenção, encontra-se em Empédocles [...] em Filolau [...] em Diógenes de Apolônia [...] e em Demócrito". Arquelau (introduzindo tal contraposição na vida prática: H. Maier, *Sokrates*, p. 241 [trad. ital., I, p. 248]) afirmou que o justo e o injusto existem por convenção e não por natureza (Diógenes Laércio, II, 16). Esta contraposição, ao invés, não é feita nem por Protágoras nem pelo Anônimo de Jâmblico (que, efetivamente, fundam o νόμος sobre a φύσις) e não aparece de modo algum nem em Górgias nem em Pródico".

2. A manualística, portanto, atribuiu a toda a sofística uma oposição fundamental que, ao invés, só nasce com uma das correntes (a corrente "naturalística"), a qual tem características muito particulares.

3. Hípias nasceu em Élida, não sabemos exatamente quando. No final do século V, em todo caso, devia ser conhecido e apreciado mestre. Viajou muito, como todos os outros sofistas. Viveu muito e compôs — ao que parece — muitíssimas obras. (Ulteriores informações em Untersteiner, *I Sofisti*, II, pp. 111-120.)

4. O *Hípias maior* (sobre o belo) e o *Hípias menor* (sobre a mentira, uma demonstração por absurdo da tese socrática de que ninguém peca voluntariamente).

os outros sofistas, mas diferia deles no método, que propugnava como único válido. Não vale a antilogia, nem a retórica, nem a sinonímica, mas a *polimatia*, ou seja, o *saber enciclopédico* (e Hípias, além de *saber* tudo, vangloriava-se também de *saber fazer* tudo)[5]. Mas para saber e aprender muitas coisas é preciso uma habilidade particular, que facilite a memorização dos vários conteúdos do saber: com esse fim, ele ensinava a mnemotécnica (arte de memorizar)[6]. E entre as disciplinas que o seu enciclopedismo didático propunha, as matemáticas e as ciências naturais tinham grande relevo[7]. E isto se compreende bem: de fato, ele considerava necessário o ensinamento das ciências naturais, porque pensava que *a vida humana devia adequar-se à natureza e às suas leis, mais que às leis humanas.*

3. A oposição entre "nomos" e "physis"

E, com isso, entramos no cerne da temática *natureza-lei*. Platão, diante de homens de cidades e condições diferentes, faz Hípias dizer o seguinte:

> Homens aqui presentes, eu vos considero consanguíneos, parentes e concidadãos *por natureza*, não *por lei*: de fato, o semelhante é por natureza parente do semelhante, enquanto a lei, que é tirana dos homens, amiúde força muitas coisas *contra a natureza*[8].

É claro que aqui não só são claramente distintos, mas radicalmente contrapostos, o plano da *physis* ou da natureza e o plano do *nomos* ou da lei. A natureza é apresentada como o que *une* os homens (o semelhante com o semelhante); a lei, ao invés, é apresentada como o que *divide*, forçando a natureza e, portanto, indo contra ela. A

5. Cf. Platão, *Protágoras*, 315 b-c, e o nosso comentário na citada edição p. 34, nota 45. Cf. *Hípias menor*, 368 b ss. (= Diels-Kranz, 86 A 12).

6. Cf. Platão, *Hípias maior*, 285 b ss. (= Diels-Kranz, 86 A 11); cf. também *Hípias menor*, 368 b ss. (= Diels-Kranz, 86 A 12).

7. Cf. Platão, *Protágoras*, 318 e.

8. Platão, *Protágoras*, 337 c, considerado em Diels-Kranz, e justamente, uma imitação, ou seja, uma reconstrução platônica ou, melhor ainda, uma invenção platônica, feita *à la manière de...*, como se diria hoje; cf. o comentário à passagem em Levi, *Storia della sofistica*, pp. 254ss.

natureza é assim reconhecida como a única que pode constituir a verdadeira base do agir humano, enquanto a lei é denunciada como "tirana dos homens" e, portanto, é radicalmente desvalorizada, *pelo menos quando e à medida que se opõe à natureza.* Nasce assim a distinção entre um *direito natural* (lei de natureza) e um *direito positivo* (lei posta pelos homens); nasce a convicção de que, pelas razões acima vistas, só o primeiro é válido e eterno, enquanto o segundo é contingente e, no fundo, não-válido. E assim *são lançadas as premissas que levarão a uma total dessacralização das leis humanas*, que serão consideradas fruto de pura convenção e de arbítrio, e, portanto, frutos indignos do respeito do qual sempre estiveram circundadas.

Mas Hípias tira desta distinção mais consequências positivas que negativas: posto que a natureza dos homens é igual (pelo menos a natureza dos sábios aos quais ele se dirige no contexto do seu discurso), não têm sentido as distinções que dividem os cidadãos de uma cidade dos de outra, nem as distinções que no interior das cidades possam ulteriormente dividir os cidadãos: nascia assim um *ideal cosmopolita e igualitário, que para a grecidade era não só novíssimo, mas revolucionário.*

4. Radicalização do contraste entre "nomos" e "physis" em Antifonte

Mas, provavelmente na linha de Hípias, muito além se lançou Antifonte[9]. Também ele, no seu ensinamento, deve ter insistido sobre

9. De Antifonte possuímos escassas notícias. Dificílima é a sua localização cronológica; a sua atividade parece, em todo caso, poder situar-se, verossimilmente, nos últimos decênios do século V. A sua obra principal intitulava-se *A verdade*, e traía influências da escola eleática. A importância de Antifonte para a história do pensamento emergiu depois de 1915 e 1922, depois da descoberta de dois papiros de Oxirinco, contendo teses muito importantes e audazes, como veremos. Compreende-se, portanto, que as antigas histórias da filosofia e a manualística mais avançada não falem dele. Para nós, quem muito contribuiu para conhecer Antifonte foi E. Bignone, numa série de estudos publicados entre 1917 e 1923, depois recolhidos em *Studi sul pensiero antico*, Nápoles 1938, pp. 1-226. Discutiu-se muito se Antifonte sofista e Antifonte orador são ou não a mesma pessoa; a questão, nesta sede, tem pouco valor;

as ciências naturais, por aquelas mesmas razões propugnadas por Hípias, isto é, porque viu só na *physis* a autêntica norma do viver; mas chegou a radicalizar o dissídio entre natureza e lei ao limite da ruptura, afirmando, em termos eleáticos, que a natureza é a "verdade" enquanto a lei positiva é pura "opinião" e, portanto, que uma está quase sempre em antítese com a outra e, por consequência, deve-se transgredir a lei dos homens, quando se puder fazê-lo impunemente, para seguir a lei da natureza:

> Justiça consiste em não transgredir nenhuma das leis do Estado do qual se é cidadão; e por isso o indivíduo aplicará no modo mais vantajoso para si a justiça, se tiver em grande conta as leis, *diante de testemunhas*; mas *na ausência de testemunhas, seguirá antes as normas da natureza; porque as normas de lei são acessórias, as da natureza essenciais: as da lei são concordadas, não nativas: as da natureza são nativas, não concordadas.* Por isso se alguém transgride as normas de lei, enquanto escapa aos seus autores, está isento de lástima e de pena; se não escapa, não. Mas se violenta além do possível as normas postas em nós pela natureza, mesmo que ninguém se dê conta disso, não menor é o mal, nem é maior se também todos o saibam; *porque não se ofende a opinião, mas a verdade*[10].

5. Cosmopolitismo e igualitarismo naturalistas

Comparadas às concepções de Hípias, são também mais radicais as concepções igualitárias e cosmopolitas do homem propostas por Antifonte.

> [...] não conhecemos nem veneramos os que vivem longe. Nisto, na verdade, tornamo-nos, como os bárbaros, uns com relação aos outros, dado que, *por natureza,* em tudo todos fomos igualmente feitos para ser quer bárbaros quer gregos[11].

---

todavia, digamos que os mais recentes estudos parecem orientar-se a responder em sentido positivo; cf. F. Decleva Caizzi, *Antiphontis tetralogiae*, Milão-Varese 1968. F. Decleva Caizzi apresentou notáveis contribuições nos seus mais recentes estudos, dos quais damos indicação na nota 14.

10. Diels-Kranz, 87, fragmento A. A tradução utilizada por Reale é a nova de F. Decleva Caizzi, que (junto a G. Bastianini) também reconstituiu o texto crítico, melhorando Diels-Kranz em muitos pontos, publicada em *CPF*, I 1; cf. nota 14 (a passagem reproduzida é a da p. 201. frag. 13).

11. Diels-Kranz, 87, fragmento B.

O iluminismo sofístico dissolveu aqui não só os velhos preconceitos de casta da aristocracia e o tradicional fechamento da polis, mas também o mais radical preconceito, comum a todos os gregos, quanto à própria superioridade sobre os outros povos: qualquer cidade é igual à outra, qualquer classe social é igual à outra, qualquer povo é igual a outro, porque todo homem é *por natureza* igual ao outro.

Mas que é esta natureza comum a todos os homens? Em que consiste exatamente?

Os fragmentos que nos chegaram esclarecem que Antifonte entende por natureza *a natureza sensível*: natureza pela qual o bem é o *útil* e o *prazer*, o mal é o *prejudicial* e o *doloroso*, é a natureza que é espontaneidade e liberdade instintiva. E à luz deste conceito de natureza, a lei é sempre vista — nem podia ser de outro modo — como não natural, porque constringe a sacrifícios e, portanto, a dores, refreia e põe obstáculos à espontaneidade.

Eis um texto particularmente significativo:

> A pesquisa sobre estas coisas se impõe porque a maior parte do que é justo segundo a lei revela-se hostil à natureza. No que concerne aos olhos, de fato se estabeleceu o que devem e que não devem ver; e no que concerne aos ouvidos, o que devem e o que não devem ouvir; e no que concerne à língua, o que deve e o que não deve dizer; e no que concerne às mãos, o que devem e o que não devem fazer; e no que concerne aos pés, em que direção devem ou não devem andar; e no que concerne à alma, o que deve e o que não deve desejar. Em verdade, não são em nada menos agradáveis nem menos afins à natureza as coisas das quais as leis afastam os homens do que as coisas para as quais os orientam. Viver, com efeito, pertence à natureza, e também morrer, e o viver provém do que lhe é útil, e o morrer do que não lhe é útil. As coisas úteis postas pelas leis são vínculos para a natureza, as que são postas pela natureza são livres.
>
> De modo algum, segundo um raciocínio correto, o que causa sofrimento auxilia a natureza mais do que o que causa alegria; e assim tampouco será útil o que causa dor mais do que o que causa prazer; o que é verdadeiramente útil não deve prejudicar, mas ser útil[12].

Com base nessas premissas, a igualdade dos homens é vista exclusivamente como igualdade de estrutura e necessidade sensíveis:

12. Diels-Kranz, 87, fragmento A (= *CPF* I 1, p. 202, fr. 13).

É possível ver que as coisas pertinentes ao âmbito da natureza são necessárias a todos os homens e por todos buscadas por meio das mesmas faculdades; e nessas mesmas coisas nenhum de nós se distingue nem como bárbaro nem como grego. Todos respiramos o ar com a boca e as narinas; rimos com alegria na alma ou choramos sofrendo, e com o ouvido recebemos os sons e graças à luz vemos com a visão, e com as mãos operamos e com os pés caminhamos [...][13].

E isto é extremamente interessante: se restringimos a natureza humana à pura dimensão sensível, iludimo-nos em poder cancelar toda diversidade entre os homens, enquanto na realidade lançamos as premissas para fundar outros tipos de diversidade e outros tipos de distinções, sob certo aspecto ainda mais graves. E assim se explica que, do mesmo princípio da natureza-sensibilidade, alguns logo tenham podido deduzir conclusões opostas às que foram deduzidas por Antifonte: a natureza demonstra que existem homens *mais fortes* e homens *mais fracos*, e que, portanto, *os homens são diferentes e a quem é mais forte é natural que domine sobre os fracos e lhes imponha a sua vontade*. E explica-se também que, sobre esta base, a lei, entendida como contrária à natureza, devesse ser destituída de todo fundamento objetivo e, portanto, proclamada injustificável. Conclusões estas que, logo veremos, serão deduzidas pelos sofistas políticos[14].

---

13. Diels-Kranz, 87, fragmento B (= *CPF* I 1, p. 187, fr. 17).

14. Para um aprofundamento sobre o pensamento de Antifonte, ver os seguintes trabalhos de F. Decleva Caizzi, *Le fragment 44 (DK) d'Antiphon et le problème de son auteur: qualques reconsidérations*, in Η ΑΡΧΑΙΑ ΣΟΦΙΣΤΙΚΗ (*Papers read at the 1. Int. Symp. on the Sophistic Movement*, Athens 27-29 Sept. 1982), Atenas, 1984, pp. 96-107; *Ricerche su Antifonte. A proposito di POxy 1364 fr. 1*, in AA.VV., *Studi di filosofia preplatonica*, Nápoles 1985, pp. 191-208; *Il nuovo papiro di Antifonte: POxy LII, 3647*, in AA.VV., *Protagora, Antifonte, Posidonio, Aristotele. Saggi su frammenti inediti e nuove testimonianze da papiri*, Florença 1986 ("Studi e testi per il Corpus dei papiri filosofici greci e latini", 2), pp. 61-69. A edição e a tradução dos fragmentos de Antifonte feitas por Decleva Caizzi em colaboração com Bastianini está contida em: *Corpus dei papiri filosofici greci e latini*, Parte I, volume 1, Florença 1989, pp. 176-227 (citado acima com a abreviação *C.P.F.*).

VI. OS ERISTAS E OS SOFISTAS POLÍTICOS

1. Características da erística

O relativismo e o método antilógico de Protágoras, por obra dos sofistas da geração mais jovem, produziu a *erística*. Se não existe uma verdade absoluta e se a toda proposição é possível contrapor a sua contrária (e se é possível tornar mais forte o discurso mais fraco), então é possível refutar qualquer asserção. E os eristas excogitaram, assim, toda uma série de problemas que previam respostas sempre refutáveis; dilemas que, embora resolvidos, seja em sentido afirmativo, seja em sentido negativo, levavam a respostas sempre possíveis de serem contraditas; hábeis jogos de conceitos construídos com termos que, explorando a sua polivalência semântica, enredavam o ouvinte e punham-no em posição de xeque-mate; raciocínios que levavam sempre a consequências absurdas. Em suma, os eristas excogitaram toda aquela aparelhagem de raciocínios capciosos e decepcionantes que foram posteriormente chamados "sofismas".

Reportamos do *Eutidemo*[1] uma passagem como prova do que dissemos, a qual demonstra muito bem a medida da deterioração que o protagorismo sofreu no plano da erística, chegando até a negar capciosamente a possibilidade de contradizer, de dizer o falso e de se enganar:

> E Dionisiodoro: — Tu falas, Ctésipo, como se existisse a contradição?
> — Certamente, disse, e como! Não crês que exista?
> — Tu não podes provar ter jamais ouvido alguém contradizer a outro.

---

1. Naturalmente, não tem muita importância saber se Eutidemo e Dionisiodoro, protagonistas do *Eutidemo* platônico, são personagens históricos ou não: eles são "tipos ideais", senão reais, que caracterizam de maneira paradigmática a corrente erística. Cf. Levi, *Storia della sofistica*, pp. 52-65, o qual, ademais, muito preocupado em salvar a moralidade dos sofistas verdadeiros, não dá o justo espaço histórico a estes personagens e à corrente por eles representada, que, ao nosso ver, representa uma das consequências quase inevitáveis da sofística, mesmo que se trate de uma consequência negativa (um fenômeno espiritual não é compreendido se não se reconhecem todos os seus aspectos).

— É verdade, disse; contudo ouçamos agora a Ctésipo[2] contradizer a Dionisiodoro, e vejamos se o provo a ti.

— E me darás conta rigorosamente disso?

— Certamente.

— Pode-se falar de qualquer coisa existente?

— Seguramente.

— E dizer que cada coisa é e não é?

— Sim. Se bem te lembras, Ctésipo, pouco antes demonstramos que ninguém diz o que não é, porque ninguém fala do não-existente.

E Ctésipo: — Que quer dizer isto? Talvez nos contradigamos menos entre nós?

E ele: — Talvez nos contradigamos expondo o estado de uma mesma coisa, ou neste caso diremos o mesmo?

— O mesmo.

— Mas quando nem um nem o outro discorda de uma coisa, nos contradiremos? ou, ao invés, nenhum dos dois sequer a teria em mente?

— Nisto também convenho.

— E quando eu falo de uma coisa e tu de outra, nos contradizemos? ou eu falo de uma coisa e tu simplesmente não falas? Como é possível que quem não fala contradiga a quem fala?[3]

E eis, na boca de Sócrates, expressamente ressaltado o fundamento protagoriano da doutrina, na passagem que segue:

Ctésipo ficou calado. Eu, maravilhado daquele discurso, disse:

— Que pensas, Dionisiodoro? Eu ouvi de muitos e muitas vezes este discurso, mas nunca o compreendi bem. Usava-o amiúde Protágoras e a sua escola e também homens mais antigos; mas a mim parece sempre estranho e de tal modo, que destrói os outros raciocínios e a si próprio. Creio, porém, que de ti ouvirei melhor a verdade. Não existe a afirmação do falso? porque a isso se reduz o discurso; não?

— Assim parece.

— E falando, ou se diz a verdade ou não se fala?

— Sim.

2. Tenha-se presente que é Ctésipo que fala de si em terceira pessoa.

3. Platão, *Eutidemo*, 285 d-286 b. O raciocínio pode ser, explicitando algumas implicações, parafraseado como se segue: se duas pessoas pensam e falam de uma mesma coisa X, a partir do momento em que pensam e falam da mesma coisa, então concordam; se, ao invés, um dos dois tem de X uma noção "falsa", então, na realidade, não fala de X, mas de uma outra coisa Y; e se um ou outro tem uma "falsa" noção de X, então um pensa Y e o outro Z, e nenhum dos dois pensa X, de forma que em algum modo os dois se contradizem.

— E dizer o falso não é possível, mas pensá-lo sim?
— Nem sequer pensá-lo.
— Portanto, não existe de modo algum uma opinião falsa.
— Não.
— Portanto, nem ignorância nem pessoas ignorantes; a ignorância, se existe, não consistiria em enganar-se sobre as coisas?
— Certamente.
— Mas isto não ocorre, disse eu.
— Não.
— Falas por falar, Dionisiodoro, ou para dizer absurdos, ou acreditas verdadeiramente que não exista algum homem ignorante?
— Tu deves refutar-me.
— E é possível convencer de mentira quando ninguém se engana?
— Não é possível, disse Eutidemo, e nem mesmo Dionisiodoro convidou a refutar: quem convidaria a coisa que não existe?[4]

Como bem observa Platão, por boca de Sócrates, tal modo de raciocinar destrói tudo: os outros raciocínios e a si próprio. Não era certamente este o sentido da descoberta protagoriana, que tinha a sua verdade e a sua trágica grandeza, como vimos acima: isto, como já acenamos, não é mais que a excrescência patológica da antilogia protagoriana e, nalguns casos, a sua paródia.

2. As teses sustentadas pelos sofistas políticos

A retórica gorgiana e as deduções da corrente naturalista da sofística foram as raízes do fenômeno denominado de sofistas políticos ou políticos sofistas, os quais fizeram incursões devastadoras, não no campo lógico-metodológico, mas no campo ético-político, chegando a afirmações de imoralismo quase total.

Crítias[5], muito mais do que os outros sofistas, dessacralizou o conceito dos deuses, considerando-os como um simples espantalho introduzido para frear os maus e para fazer respeitar as leis, que por si não têm força suficiente para se impor. Refere Sexto Empírico:

---

4. Platão, *Eutidemo*, 286 b-e.

5. Crítias era um parente de Platão (sobrinho da mãe). Nasceu provavelmente no decênio entre 460-450 a.C. Fez parte do círculo socrático, mas não absorveu o espírito socrático. Participou ativamente da vida política ateniense, sem desdenhar os métodos mais imorais. Morreu em 403. Escreveu numerosas obras em verso e em prosa. (Para ulteriores informações sobre a vida e as obras cf. Untersteiner, *I Sofisti*, II, pp. 179-188.)

Também Crítias, um dos tiranos de Atenas, parece pertencer ao grupo dos ateus, por ter dito que os antigos legisladores fizeram de deus uma espécie de inspetor das ações humanas, boas ou más, com a finalidade de que ninguém ofendesse traiçoeiramente o seu próximo, por medo de uma vingança dos deuses. Diz textualmente o seguinte. "Houve um tempo, em que era desordenada e ferina a vida dos homens, e instrumento de violência, em que não havia qualquer prêmio para os bons, nem qualquer castigo para os maus. Em seguida, parece-me que os homens sancionaram leis punitivas, de modo que a Justiça absoluta fosse senhora igualmente de todos e tivesse como serva a Força; e ela punia a quem pecasse. Mas depois, dado que as leis impedem os homens de realizar violência aberta, mas escondidamente a realizavam, então, suponho, em primeiro lugar algum homem engenhoso e sábio de mente inventou para os homens o temor dos deuses, de modo que um espantalho existisse para os maus, até mesmo para aquilo que escondidamente fizessem ou dissessem ou pensassem. Assim introduziu a divindade sob a forma de gênio, florescente de vida imperecedoura, que com a mente ouve e vê, e com suma perspicácia vigia as ações humanas, e dirige a divina natureza; este gênio ouvirá tudo o que se diz entre os homens e poderá ver tudo o que eles realizam. E mesmo que medites algum mal em silêncio, isto não escapará aos deuses; pois grande é a sua perspicácia. Fazendo tais discursos, divulgava o mais agradável dos ensinamentos: envolver a verdade num conto fingido. E afirmava que os deuses viviam num lugar de onde ele sabia que podiam golpear maximamente os homens, de onde ele sabia que procedem os temores aos mortais e as consolações para a sua miserável vida: da esfera celeste, de onde via que saíam relâmpagos, e horrendos trovões, e o estrelado corpo do céu, e a obra maravilhosamente variada do sábio artífice, o Tempo; lá onde avança fúlgida a massa ígnea do sol, de onde a úmida chuva desce sobre a terra. Tais temores ele agitou ante os olhos dos homens e, servindo-se deles, construiu com a palavra, qual artista, a divindade, pondo-a num lugar apto a ela; e apagou assim a ilegalidade com as leis [...]. Por tal via, portanto, penso eu, que no princípio alguém induziu os mortais a crerem que existe uma estirpe de deuses"[6].

Trasímaco de Calcedônia[7] chegou a afirmar que o "justo não é mais que a vantagem do mais forte"[8]; do que ele deduziu, quase certamente, como nos diz Platão no primeiro livro da *República*, que a justiça é um bem para o poderoso e um mal para quem está sub-

6. Fragmento do *Sísifo satiresco*, reportado por Sexto Empírico, *Adv. math.*, IX, 54 (= Diels-Kranz, 88 B 25).

7. Trasímaco nasceu em Calcedônia da Bitínia, uma colônia de Megara (cf. Diels-Kranz, 85 A 1). A sua atividade deve ser situada nos últimos decênios do século V. Para pormenorizadas informações sobre a vida e as obras a ele atribuídas cf. Untersteiner, *I Sofisti*, II, pp. 175-178.

8. Platão, *República*, I, 338 c (= Diels-Kranz, 85 A 10, B 6a).

metido ao poderoso, que o homem justo tem sempre desvantagem e o injusto vantagem.

E o Cálicles[9] do *Górgias* platônico (que, se não é um personagem real, ou uma máscara de um personagem real, é, contudo, perfeita expressão desta corrente) precisa:

> Parece-me que a *própria natureza* mostra ser justo que o melhor [= mais forte] tenha mais do que o pior [= mais fraco] e que o mais poderoso tenha mais do que o menos poderoso[10].

Com efeito, os animais mais fortes esmagam os mais fracos, os homens mais fortes fazem o mesmo com os mais fracos, e assim os Estados mais fortes com relação aos mais fracos; a lei é sempre contra a natureza (esta natureza) e foi feita pelos mais fracos para defender-se dos mais fortes e, neste sentido, é totalmente negativa. Por isso Cálicles chega a exaltar o homem mais forte, o super-homem, que infringe as leis e submete os mais fracos:

> Mas se nascesse um homem dotado de uma forte natureza, suficientemente forte, então arrancaria de si todos os freios da lei, os quebraria e se libertaria deles, pisaria as nossas instituições, os nossos encantamentos, os nossos sortilégios e as nossas leis, que são todas contra a natureza: e, rebelando-se assim, o nosso escravo resultaria o nosso senhor, e desse modo refulgiria o justo segundo a natureza[11].

E a vida "justa segundo a natureza" comportará também o favorecimento de todos os instintos, porque estes são segundo a natureza; comportará deixar-lhes livre curso, satisfazê-los depois de tê-los estimulado, conceder-lhes absolutamente tudo: e comportará fazer tudo isso em prejuízo dos mais fracos, e, antes, explorando para tais fins os mais fracos, justamente porque a natureza os fez diferentes e os pôs à disposição dos mais fortes.

Eis as palavras que Platão põe na boca de Cálicles, que caracterizam de maneira perfeita esta concepção:

> E, ao invés, o belo e o justo segundo a natureza é este que eu agora te digo com toda simplicidade: quem quer viver bem deve deixar crescer ao

---

9. Sobre Cálicles, que, como o encontramos representado no *Górgias* platônico, é personagem literário e não histórico, cf. o que dissemos na nossa introdução ao *Górgias*, pp. XLss.

10. Platão, *Górgias*, 483 c-d.

11. Platão, *Górgias*, 483 a.

máximo os próprios desejos e não deve absolutamente reprimi-los; e, uma vez crescidos ao máximo, deve saber secundá-los com coragem e inteligência e deve ser capaz de tirar para si o justo de tudo aquilo que continuamente possa desejar. Mas isso, como é óbvio, não é possível a todos. Por isso a maioria critica os que podem, porque se envergonham de também não poder e, para esconder a própria impotência, sustentam que a vida dissoluta é torpe, como eu já disse anteriormente, buscando assim submeter os homens que por natureza são melhores. E porque aqueles não têm condições de dar satisfação aos seus desejos, exaltam a temperança e a justiça, exclusivamente por causa da própria impotência. Pois aos que desde o princípio coube a fortuna de serem filhos de reis, ou de serem por sua natureza capazes de obter um domínio, seja uma tirania, seja uma posse, o que, na verdade, poderia ser mais horrível ou mais odioso do que a sabedoria e a justiça? Estes homens, digo eu, mesmo tendo a possibilidade de gozar dos bens sem que ninguém os impeça, deveriam eles próprios impor-se, qual senhores, a lei da multidão dos homens, o seu modo de pensar e as suas censuras? E como poderiam não ser reduzidos a infelizes pela assim chamada beleza da justiça e da sabedoria, não podendo dar aos seus amigos nada além do que dão aos seus inimigos, e isto embora dominando na própria cidade? Mas, ó Sócrates, por aquela verdade que dizes querer perseguir, a questão está aqui: a licenciosidade, a dissolução e a liberdade, se podem encontrar extravasamento, constituem a virtude e a felicidade; todas estas outras coisas não são mais do que aparências enganadoras, convenções dos homens contra a natureza, tagarelices que não valem absolutamente nada[12].

Assim o *homem-medida* protagoriano, de *critério* torna-se, com a erística, *dissolução de todo critério*; e também a *physis* hipiana e antifontiana, em lugar de critério para fundar a absoluta igualdade entre os homens, acaba também por se tornar, com os sofistas políticos, o critério para fundar a absoluta desigualdade, para criar o super-homem e conduzir ao imoralismo mais desenfreado.

Mas se estas correntes são *um êxito* da sofística, não são o *único êxito*: elas não revelam toda a natureza da sofística, mas, como já dissemos, somente a sua face negativa. A outra face, positiva e autêntica, ser-nos-á, ao invés, revelada por Sócrates. Mas, antes de falar de Sócrates, queremos tirar as conclusões decorrentes de tudo o que dissemos até aqui.

---

12. Platão, *Górgias*, 491 e-492 c.

VII. CONCLUSÕES SOBRE A SOFÍSTICA

Vimos como, embora de diferentes modos e, pelo menos aparentemente, também de maneira contrastante, a sofística operou um *substancial deslocamento do eixo da pesquisa filosófica, centrando a sua problemática sobre o homem*; até a corrente naturalista da sofística ocupou-se da *physis* em sentido totalmente diferente dos naturalistas, não para conhecer o cosmo enquanto tal, mas para melhor compreender o homem e o seu agir, ou seja, com finalidades ético-político-educativas.

E *neste deslocamento do eixo está o valor substancial da sofística*. Todavia, não se pode dizer que a sofística também tenha sabido *fundar a filosofia moral*. Todos os sofistas levantaram e aprofundaram, de diferentes maneiras, problemas morais ou problemas ligados estruturalmente com a moral, mas *não souberam alcançar, no nível temático, o princípio do qual todos dependem*. Este princípio, como sabemos, consiste na precisa, consciente e razoável *determinação da essência do homem*. Nenhum dos sofistas nos disse expressamente, isto é, tematicamente, o que é o homem e, por consequência, nenhum dos sofistas fez ver, conscientemente, como as várias doutrinas que professavam conjugavam-se numa determinada concepção do homem.

Compreende-se, portanto, que alguns intérpretes tenham exaltado os sofistas como grandes filósofos e, ao contrário, outros tenham podido acusar os sofistas de superficialidade ou tenham até mesmo negado que tenham sido filósofos. Os primeiros olharam prioritariamente para importância da nova problemática filosófica levantada pelos sofistas, os segundos, ao invés, para a falta de fundamentos reconhecível nesta problemática.

A verdade está no meio: é preciso reconhecer aos sofistas o fato de terem sabido dar voz às novas exigências do momento histórico e terem preparado o terreno para o advento da filosofia moral, mas é preciso também dizer que eles não souberam dar o passo final; e, não obstante isso, é verdade que a sua contribuição foi decisiva, pelas razões que amplamente explicamos.

E o pensamento dos sofistas foi fecundo também em alguns dos seus aspectos que para muitos pareceram apenas excessos e furores iconoclastas; na realidade, era preciso que algumas coisas fossem totalmente destruídas, para poderem ser adequadamente reconstruídas: era preciso que os velhos e estreitos horizontes fossem rompidos, para que se abrissem outros mais vastos.

Exemplifiquemos.

Os naturalistas criticaram a velha concepção antropomórfica dos deuses e identificaram Deus com o princípio. Os sofistas rejeitaram os velhos deuses, os quais, depois da crítica naturalista, não eram mais dignos de fé; mas rejeitaram também a concepção do divino como princípio das coisas, tendo rejeitado em bloco a pesquisa cosmo-ontológica. E assim aproximaram-se da negação de qualquer forma de divino: Protágoras permaneceu agnóstico; Górgias foi certamente além do agnosticismo com o seu niilismo; Pródico interpretou os deuses como hipóstase humana do útil; Crítias, como a invenção de um homem hábil e sábio excogitada para reforçar as leis que por si não são vinculantes. Certamente, depois destas críticas, não se podia voltar atrás: *para crer no divino era preciso buscá-lo e encontrá-lo numa esfera mais elevada.*

E do divino passamos ao humano. Já dissemos que a sofística não chegou a uma determinação sistemática da natureza do homem; todavia, por muitos aspectos, não é difícil explicitar o sentido que eles implicitamente acabaram por dar ao homem. Neste âmbito os sofistas não tiveram de destruir aquilo que disseram os naturalistas, porque, como sabemos, os naturalistas não se ocuparam do homem; destruíram, ao invés, definitivamente, a visão que a tradição, sobretudo através dos poetas e dos legisladores, tinha construído. Mas, no instante mesmo em que tentaram reconstruir uma imagem do homem, esta se diluiu nas suas próprias mãos: Protágoras entendeu o homem prioritariamente como sensibilidade e sensação relativizante; Górgias como sujeito de móvel emoção, sujeito a ser arrastado pela retórica em todas as direções; e os próprios sofistas, que apelavam à natureza, tendo-a entendido sobretudo como natureza biológica e animal, não puderam não deduzir dela as antitéticas consequências da absoluta igualdade e da absoluta desigualdade dos homens. *O homem, para se reconhecer, devia encontrar um mais sólido "ubi consistam".*

Enfim a verdade. Antes do surgimento da filosofia, a verdade não era distinta das aparências. Os naturalistas contrapunham às aparências o *lógos*, e só nisso reconheceram a verdade. Mas Protágoras cindiu o *lógos* nos "dois raciocínios" e descobriu que o *lógos* diz e contradiz; Górgias rejeitou o *lógos* como pensamento e salvou-o só como mágica palavra, mas encontrou uma palavra que pode dizer tudo e o contrário de tudo e, portanto, não pode verdadeiramente exprimir nada. Estas experiências, como disse um agudo intérprete dos sofistas, são "trágicas"[1]: e nós esclareceremos ulteriormente que elas se descobrem como trágicas justamente porque pensamento e palavra perderam o seu objeto e a sua regra, perderam o ser e a verdade. E a corrente naturalista da sofística, que, de algum modo, embora confusamente, intuiu isto, iludiu-se de poder encontrar num enciclopedismo um conteúdo que fosse de algum modo objetivo; mas este enciclopedismo, enquanto tal, revelou-se totalmente inútil. *A palavra e o pensamento deviam recuperar a verdade num nível mais alto.*

Mas se, para reencontrar o Divino e a verdade eram necessárias as descobertas metafísicas e lógicas de Platão e de Aristóteles, que estão decididamente além dos horizontes da sofística, *para reconstruir um novo rosto do homem bastavam os recursos disponíveis no interior do horizonte da sofística:* e esta foi a contribuição que Sócrates soube dar; e assim, com Sócrates, a sofística se concluiu e tornou-se verdadeira, para usar uma expressão hegeliana, como agora veremos de modo claro.

---

1. Untersteiner, *I Sofisti*, I, pp. 227ss.

SEGUNDA PARTE
SÓCRATES E OS SOCRÁTICOS MENORES: A FUNDAÇÃO DA FILOSOFIA MORAL

"ἐγὼ γάρ, ὦ ἄνδρες Ἀθηναῖοι, δι' οὐδὲν ἀλλ' ἢ διὰ σοφίαν τινὰ τοῦτο τὸ ὄνομα ἔσχηκα. ποίαν δὴ σοφίαν ταύτην; ἥπερ ἐστὶν ἴσως ἀνθρωπίνη σοφία· τῷ ὄντι γὰρ κινδυνεύω ταύτην εἶναι σοφός."

"*Na verdade, ó atenienses, eu por nenhuma outra razão procurei para mim este nome senão por causa de certa sapiência. E qual é esta sapiência? Tal sapiência é precisamente a sapiência humana: e desta sapiência verdadeiramente pode ser que seu seja sábio.*"

Platão, *Apologia de Sócrates*, 20 d-e.

Reproduzimos aqui um belo medalhão com o rosto de Sócrates esculpido em alto-relevo, conservado em Roma na Villa Albani.

PRIMEIRA SEÇÃO

SÓCRATES
E A DESCOBERTA DA ESSÊNCIA DO HOMEM

"ψυχὴν ἄρα ἡμᾶς κελεύει γνωρίσαι ὁ ἐπιτάττων γνῶναι ἑαυτόν."

"A alma nos ordena conhecer quem nos admoesta 'conhece-te a ti mesmo'."

Platão, *Alcibíades maior*, 130 e.

I. A QUESTÃO SOCRÁTICA E O PROBLEMA DAS FONTES

Antes de desenvolver qualquer discurso sobre Sócrates[1] é necessário, ainda que brevemente, traçar um quadro da assim chamada "questão socrática".

---

1. De Sócrates conhecemos com certeza a data da morte, que aconteceu em 399 a.C., em seguida à condenação por "impiedade" (Sócrates foi formalmente acusado de não crer nos Deuses da Cidade e de corromper os jovens com as suas doutrinas; mas atrás de tal acusação escondem-se os mais diversos ressentimentos e manobras políticas, como bem nos diz Platão na *Apologia de Sócrates* e no prólogo do *Eutífron*). Posto que o próprio Platão nos diz que, no momento da morte, Sócrates tinha cerca de setenta anos, deduz-se que nasceu em 470/469 a.C. O pai de Sócrates chamava-se Sofronisco e parece que era escultor, a mãe chamava-se Fenarete e era parteira. Casou-se com Xantipa [cuja fama de mulher insuportável, pelo menos em grande parte, é uma invenção posterior: a primeira notícia sobre o caráter insuportável de Xantipa provém de Antístenes, que a define como a mulher "mais insuportável das que existem, existiram e existirão" (Xenofonte, *Simpósio*, II, 10); mas veremos que os cínicos opunham-se à instituição do casamento]. No momento da morte, Sócrates tinha ainda dois filhos jovens e um filho menor (cf. *Fédon*, 60 a) e, portanto, deve ter-se casado com Xantipa em idade avançada. Uma tradição posterior fala também de outra mulher de Sócrates de nome Mirto (Diógenes Laércio, II, 26). Se a notícia fosse exata, poder-se-ia pensar que Mirto tenha sido a primeira mulher e Xantipa a segunda. Sócrates jamais saiu de Atenas, a não ser quando chamado a participar de campanhas militares (combateu em Potideia, em Anfipoli e em Delio). Não quis participar da vida política, julgando negativamente os métodos com os quais era administrada a coisa pública. Tinha físico fortíssimo, capaz de resistir às mais duras fadigas, suportar descalço e com um leve manto os rigores do frio mais intenso. Deve ter tido momentos de concentração muito próximos a elevações extáticas, como nos atesta Platão, o qual, no *Banquete*, fala de um destes fatos que se estendeu por um dia e uma noite na campanha da Potideia (cf. *Banquete*, 220 c). De aspecto era feio e tinha o rosto de sátiro, com os olhos saltados, mas tinha um fascínio absolutamente excepcional, como uma irresistível força, que podia ser de atração e de repulsão. Platão assim o descreve pela boca de Alcibíades (no *Banquete*, 215 a). "E... eu digo isto, que ele é semelhante àqueles sátiros que se veem nas oficinas dos escultores, que os artistas representam com um pifre ou uma flauta, e se o abres ao meio, vês dentro os simulacros dos deuses. E digo ainda que ele se parece ao sátiro Társias. Que na verdade, em teu aspecto és semelhante a estes, ó Sócrates, não o podes negar; como te assemelhas a eles também no resto, deves ouvir. És insolente! Não? Se não o admites, conduzir-te-ei diante de testemunhas. E não és flautista? E muito mais maravilhoso que aquele? Aquele, pelo menos, por meio de instrumentos encantava os homens, com o poder que lhe saía da boca; e ainda hoje, quem toque as suas melodias — porque as que se tocavam no Olimpo, eram ensinadas

Sócrates nada escreveu. Para conhecer o seu pensamento e avaliar a sua importância e alcance, devemos recorrer aos testemunhos dos contemporâneos ou a testemunhos que derivam deles de maneira mediada. Mas esses testemunhos (e daqui nascem todas as dificuldades) *são profundamente discordantes e, nalguns casos, até mesmo radicalmente opostos, a ponto de se anularem mutuamente*. Por isso, não sem razão alguém disse que, apesar de tudo o que os antigos disseram sobre Sócrates, podemos saber dele, com segurança histórica, menos do que podemos saber dos pré-socráticos, cujos fragmentos que nos chegaram, por escassos que sejam, são suficientes para fazer-nos ouvir a sua autêntica voz e o teor original das suas palavras e, portanto, para comunicar-nos o sentido da sua mensagem.

---

por Mársias — aquelas melodias, quem as toque, seja um bom flautista ou um tocador ordinário, levam a alma ao delírio, e te fazem ver quem necessita dos deuses e de ser iniciado, pela sua força que é divina. Tu diferes dele só nisso, que, sem instrumentos, só por meio de palavras, operas o mesmo efeito". Sobre o "demônio" ou "voz divina" que Sócrates dizia ouvir dentro de si, falaremos no curso da exposição: desde agora, porém, é possível sublinhar, com base nos elementos que adotamos, o caráter fortemente religioso do homem Sócrates.

Parece-me hoje que, na vida de Sócrates, devem ser sempre mais claramente distinguidos dois momentos: um primeiro, no qual, participando da cultura filosófica de Atenas daquele tempo, ocupou-se dos físicos. Como já sabemos, e como veremos adiante, é-nos atestado que Sócrates foi discípulo de Arquelau (discípulo de Anaxágoras). Até que ponto ele seguiu as doutrinas destes físicos não é possível dizer: de resto, as doutrinas dos físicos, então, atravessavam o momento da crise final. E uma crise deve ter tido também Sócrates, que, beneficiando-se da nova temática sofística e, ao mesmo tempo, polemizando com as teses sofísticas, amadureceu lentamente aquele pensamento, que conhecemos por Platão e por Xenofonte. Se assim é, não é estranho que Aristófanes apresente-nos um Sócrates muito diferente do Sócrates platônico e xenofanista: em 423 (ano em que foi apresentada a comédia *As nuvens* de Aristófanes), Sócrates teria cerca de quarenta anos; ao invés, o Sócrates que Platão e Xenofonte representam é o Sócrates da velhice, é o Sócrates entre os sessenta e os setenta anos (Platão era mais de quarenta anos mais jovem que Sócrates).

De resto, os dois momentos na vida de Sócrates têm raízes, ademais dos fatos que indicamos, no próprio momento histórico em que ele viveu. Escreve justamente A. E. Taylor (*Socrates*, Londres 1933; trad. italiana Florença 1952, p. 24). "Não podemos nem sequer começar a compreender historicamente Sócrates enquanto não tenhamos claro que a sua juventude e a sua primeira maturidade transcorreram numa sociedade separada daquela na qual Platão e Xenofonte acreditaram, pelo mesmo abismo que divide a Europa antes e depois da guerra".

Dado que a vida e a filosofia de Sócrates coincidem, ulteriores indicações relativas à biografia e à história espiritual do filósofo serão dadas no curso da exposição sobre o seu pensamento.

A fonte mais antiga sobre Sócrates é Aristófanes, com a comédia *As Nuvens*[2], que é não só uma paródia do filósofo, mas também um violentíssimo ato de acusação contra o seu ensinamento e seus nefastos influxos sobre a juventude: Sócrates é considerado um sofista e, antes, em certo sentido, o pior dos sofistas; ao mesmo tempo, ele é considerado como filósofo naturalista (professando doutrinas semelhantes às de Diógenes de Apolônia). Por estas razões, Aristófanes, por muito tempo, não foi considerado, e a comédia *As Nuvens* foi tida como obra de pura fantasia, totalmente desprovida de valor histórico.

A segunda fonte, em ordem cronológica, é Platão, o qual faz de Sócrates o protagonista da maioria dos seus diálogos e põe na boca de Sócrates todas as ideias filosóficas que ele desenvolve progressivamente, exceto uma parte da doutrina dialética dos últimos diálogos, a cosmologia do *Timeu* e a doutrina das *Leis*[3]. Mas o testemunho platônico é condicionado por dois pressupostos que comprometem estruturalmente a sua credibilidade histórica. Em primeiro lugar, Platão, perseguindo uma sistemática exaltação da figura do Mestre, acaba pouco a pouco por transformá-la num símbolo: Sócrates é o herói moral, é o santo, o forte, o moderado, o sábio, o justo, o educador mais autêntico dos homens, o único verdadeiro político que jamais existiu em Atenas (seria muito difícil pensar em duas figuras mais antitéticas do que o Sócrates descrito em *As Nuvens* e o Sócrates representado no *Fédon*. Contudo, referem-se ao mesmo homem). Em segundo lugar, Platão põe na boca de Sócrates quase toda a própria doutrina: a da sua juventude, a da própria maturidade e parte da doutrina da velhice (*Filebo*), e é certo que, na maior parte, estas doutrinas *não* são de Sócrates, mas repensamentos, ampliações e também novas criações de Platão. Como separar o que é socrático do que é platônico nos escritos platônicos? Existe algum critério para fazer isto? A resposta é que a separação é, se não de todo impossível, pelo

2. Das *Nuvens* de Aristófanes existe a belíssima tradução italiana de E. Romagnoli, em *Le commedie di Aristofane*, Bolonha 1964. Sobre as relações de Sócrates com Aristófanes cf. L. Strauss, *Socrates and Aristophanes*, Nova Iorque-Londres 1966. (Há tradução brasileira, de Gilda Maria Reale Starzynski, de trechos selecionados de *As Nuvens* na Coleção Os Pensadores. N.d.T.)

3. Sobre o problema de Platão como fonte socrática ver V. de Magalhães-Vilhena, *Le problème de Socrate. Le Socrate historique et le Socrate de Platon*, Paris 1952, com todas as indicações aí dadas; cf. do mesmo autor, também, *Socrate et la légende platonicienne*, Paris 1952.

menos dificilíssima, porque tal critério não existe, ou, se existe um critério, este é apenas muito aproximativo, porque Platão, a partir do momento em que se põe a escrever, não transcreve objetivamente, mas interpreta, repensa, revive, explicita, aprofunda, constrói sobre, transpõe: em suma, em Sócrates ele projeta a si próprio, totalmente.

O terceiro autor é Xenofonte, com os seus *Ditos memoráveis de Sócrates* e outros escritos menores dos quais Sócrates é protagonista[4]. Mas Xenofonte foi por pouquíssimo tempo ouvinte de Sócrates na juventude, e compôs, ao invés, os seus escritos socráticos na velhice. Ademais, a Xenofonte faltam o rigor especulativo e a têmpera do pensador. O seu Sócrates resulta demasiado domesticado. Seria certamente impossível que os atenienses tivessem motivos para mandar à morte um homem tal como Xenofonte pretende que tenha sido Sócrates.

A quarta fonte é Aristóteles, que só ocasionalmente fala de Sócrates[5], mas diz dele coisas consideradas importantes. Mas Aristóteles não é um contemporâneo: ele pôde, é verdade, verificar de vários modos o que nos refere dele; mas faltou-lhe o contato direto com o personagem, que, no caso de Sócrates, resulta insubstituível e não recuperável de maneira mediada.

Enfim, existem os vários socráticos que fundaram as assim chamadas escolas socráticas menores, os quais, infelizmente, deixaram-

4. O leitor italiano encontra os escritos socráticos de Xenofonte traduzidos por R. Laurenti: Xenofonte, *Le opere socratiche* (*Memorabili, Convito, Apologia di Socrate, Economico*), Pádua 1961 (há tradução brasileira, de Líbero Rangel de Andrade, dos *Ditos e feitos memoráveis de Sócrates* e da *Apologia de Sócrates*, na Coleção Os Pensadores. N.d.T.). Sobre Xenofonte como fonte histórica socrática cf. K. Joël, *Der echte und der xenophontische Sokrates*, 2 vols., Berlim 1893-1901 (é uma obra que peca por gigantismo e chega a conclusões absurdas, mas levanta uma quantidade de problemas muito importantes); H. von Arnim, *Xenophons Memorabilien und Apologie des Sokrates*, Kobenhavn 1923; J. Luccioni, *Xénophon et le socratisme*, Paris 1953; A. H. Chroust, *Socrates Man and Myth. The two Socratic Apologies of Xenophon*, Londres 1957. (São também fundamentais: O. Gigon, *Kommentar zum ersten Buch von Xenophons Memorabilien*, Basileia 1953, e, Idem, *Kommentar zum zweiten Buch von Xenophons Memorabilien*, Basileia 1956). Cf. também Magalhães-Vilhena, *Le problème de Socrate*, pp. 194-230 e todas as indicações aí dadas.

5. Todos os testemunhos aristotélicos relativos a Sócrates são recolhidos por Th. Deman, *Le témoignage d'Aristote sur Socrate*, Paris 1942 (texto grego, trad. francesa e amplo comentário); cf. também Magalhães-Vilhena, *Le problème de Socrate*, pp. 231-302 e as indicações aí dadas.

nos pouco, e o pouco que cada um deles nos deixou não é senão um raio filtrado através de prismas deformadores[6].

Tudo isto é suficiente para compreender a enorme dificuldade com a qual se defronta qualquer tentativa de reconstrução do pensamento de Sócrates e também o caráter aleatório e hipotético que fatalmente marca todas as reconstruções, dado que as fontes nas quais se inspiram são, cada uma, não objetiva descrição, mas interpretação[7].

Na presente obra não é possível aprofundar analiticamente a questão; digamos apenas que, no estado atual dos estudos, hoje parece claro que, de um lado, nenhuma fonte pode ser considerada privilegiada e, de outro, nenhuma pode ser transcurada: o próprio Aristófanes, que por muito tempo foi considerado totalmente preterível como fonte histórica, se examinado a contraluz, revela numerosos elementos históricos de grande importância para a compreensão de Sócrates[8]. E também Aristóteles, que por muitos foi considerado juiz imparcial e, portanto, fonte capaz de nos fornecer o critério para redimensionar todas as outras, foi reposto em discussão pelos mais recentes estudos, nos quais se demonstrou que ele atribui a Sócrates algumas coisas que são, ao contrário, como veremos, aquisições posteriores[9]. Por isso uma reconstrução de Sócrates só pode ser feita levando em conta todas as fontes, e não só o que elas dizem, mas também o que calam, lendo uma à luz da outra e vice-versa, e também filtrando cada uma delas a contraluz e utilizando tudo com atento senso crítico, sem abandonar-se a excessos hipercríticos que, infelizmente, nestes últimos lustros, parecem ter paralisado quase totalmente os estudos socráticos[10].

---

6. Sobre os socráticos menores ver a seção que segue. Além dos autores que aí discutiremos, deve-se assinalar Ésquines de Sfeto, sobre o qual cf. H. Dittmar, *Aischines von Sphettos*, Berlim 1912.

7. Cf. Magalhães-Vilhena, *Le problème de Socrate*.

8. Ver em particular como Aristófanes é utilizado em vista da reconstrução da primeira parte da vida e do primeiro momento do pensamento socrático por Taylor, *Socrate*, pp. 23ss. Cf. também F. Adorno, *Socrate*, Bari 1970, pp. 27ss.

9. Cf. H. Maier, *Sokrates. Sein Werk und seine geschichtliche Stellung*, Tübingen 1913; trad. italiana, Florença 1943 (1970^2).

10. Depois da obra de O. Gigon, *Sokrates. Sein Bild in Dichtung und Geschichte*, Berna 1947, pouquíssimos aventuraram-se a escrever sobre Sócrates. Com efeito, a posição do problema de Sócrates, tal como emerge da obra de Gigon (e também da de Magalhães-Vilhena, cf. nota 3), pareceria ser sem saída ou quase. A verdade é que o

Objetar-se-á que, para isso, em todo caso, é necessário estabelecer um critério preciso, sem o qual qualquer escolha, qualquer mediação e qualquer operação de filtro que se pretenda aplicar às fontes caem sob a acusação de arbitrariedade.

Respondemos que, na verdade, tal critério existe e já foi determinado por alguns estudiosos[11], embora ainda não adequadamente imposto no nível da reflexão metodológica. Constatamos que, a partir do momento em que Sócrates atua em Atenas, a literatura em geral e a da filosofia em particular *registram uma série de novidades de considerável alcance*, que depois permanecem, no âmbito do espírito da grecidade, como aquisições irreversíveis e pontos constantes de referência. Há mais, porém: as fontes das quais falamos acima (e mesmo outras além das mencionadas) indicam concordemente Sócrates como autor daquelas novidades, seja de modo explícito, seja, também, de modo implícito, mas nem por isso menos claro. Estas duas circunstâncias, que reciprocamente se reforçam e se valorizam, oferecem-nos o fio de Ariadne que nos permite orientar-nos na selva da questão socrática. Podemos, pois, fazer remontar a Sócrates, não com certeza total, mas com muito elevado grau de probabilidade histórica, justamente as doutrinas que as nossas fontes referem a Sócrates e que os documentos de que dispomos confirmam ser novidades recebidas pela cultura grega a partir do momento em que Sócrates passa a agir. De resto, não seria difícil demonstrar que, em grau maior ou menor, embora de modo bastante imperfeito, a maior parte dos intérpretes mais qualificados de Sócrates, *de fato* aplicou este critério, observando primeiro as diferenças e as mudanças entre o *antes* e o *depois* de Sócrates, e posteriormente avaliaram as fontes que melhor davam razão daquelas mudanças. E se assim é, a afirmação já recordada de que conhecemos de Sócrates historicamente menos do que de qualquer outro filósofo pré-socrático, porque dos pré-socráticos possuímos pelo menos fragmentos que nos

---

historiador não poderá nunca ter à disposição, para a reconstrução da figura e do pensamento de Sócrates, um critério absoluto e unitário, mas deverá fatalmente fazer uso de múltiplos critérios e, às vezes, confiar também na intuição. De outra parte, a historiografia não é matemática e o seu método é necessariamente composto.

11. Em particular por J. Burnet e por A. E. Taylor (cf. *supra*, p. 247, nota 1 e *infra*, p. 258, nota 15).

dão a sua palavra originária, enquanto de Sócrates não possuímos nem sequer uma palavra que se possa com certeza dizer historicamente autêntica e original; pois bem, esta afirmação, que causou grande impressão, é, no limite, possível de ser invertida. De fato, os fragmentos dos pré-socráticos são como peças de um mosaico, que assumem significado diferente segundo o desenho de conjunto no qual são incluídas, e de nenhum dos pré-socráticos foi-nos transmitido o desenho de conjunto, que só podemos reconstruir sobre bases fortemente conjeturais, justamente porque aqueles fragmentos são textos tirados do seu *contexto*, utilizados e transmitidos em contextos normalmente muito diferentes dos originais e muito distantes deles também no tempo; ao invés, o contexto no qual situam-se as doutrinas atribuídas a Sócrates é reconstruível de maneira muito menos conjetural, justamente porque são os seus discípulos e os seus contemporâneos que no-lo sugerem (embora fornecendo avaliações de sinal diferente, ou até mesmo oposto), e a brusca mudança sofrida pela filosofia depois de Sócrates confirma-o de maneira que não tem comparação com os filósofos precedentes.

Esta longa premissa de caráter metodológico era necessária para justificar os critérios que seguimos na reconstrução do pensamento de Sócrates e, ao mesmo tempo, o amplo espaço a ele dedicado: de fato, relida com estes critérios, a filosofia socrática mostra ter tido peso decisivo no desenvolvimento do pensamento grego e, em geral, do pensamento ocidental, inclusive em direções que a historiografia filosófica do século passado esteve bem longe, não só de reconhecer, mas também de simplesmente suspeitar[12].

---

12. Um exemplo bastará para ilustrar esta nossa afirmação: na célebre obra de E. Rohde, *Psyche*, Tübingen 1893 (muitas vezes reeditada), Sócrates não é citado senão acidentalmente, e não se lhe reconhece qualquer importância na evolução da concepção grega da *psyché* (e muitos se ativeram passivamente à tese de Rohde). Ao contrário, como demonstraremos, os modernos estudos levam a atribuir a Sócrates até mesmo o lugar principal na evolução do conceito de *psyché*, e levam a reencontrar em Sócrates o fundador da concepção tipicamente ocidental de "alma". E com esta descoberta, o sentido da filosofia socrática muda radicalmente, como veremos.

II. A ÉTICA SOCRÁTICA

1. Sócrates diante da filosofia da "physis"

Já vimos qual foi a atitude dos sofistas diante da filosofia da *physis*: trata-se de uma atitude totalmente negativa, à qual Górgias deu forma paradigmática no seu tratado *Sobre a natureza ou sobre o não ser* (como vimos acima), no qual buscava demonstrar a *estrutural incomensurabilidade* entre o ser (a *physis*), de um lado, e o pensamento e a palavra humana, de outro[1].

A atitude de Sócrates foi análoga, porém mais complexa e mais articulada, e fundada, mais do que sobre dialéticas deduções de tipo gorgiano, sobre o destaque da recíproca contraditoriedade dos vários sistemas de filosofia da natureza paulatinamente propostos, os quais chegavam a conclusões que se anulavam mutuamente e, portanto, mostravam, no fato de se contradizerem, a própria incapacidade de chegar a qualquer conclusão válida.

Claríssimo, sobre este ponto, é o testemunho de Xenofonte, substancialmente confirmado pelo de Platão. Diz, Xenofonte:

> [Sócrates] não discutia sobre a natureza do universo, como a maior parte dos demais, indagando o modo de existência daquilo que os doutos chamam "cosmo", e por qual necessidade ocorram os vários fenômenos celestes: os que empreenderam tais pesquisas eram por ele definidos como insipientes [...]. E admirava-se que à mente deles não se mostrasse a impossibilidade de resolver tais questões, pois até os que se orgulhavam de tratá-las não entravam em acordo uns com os outros, mas eram entre si muito semelhantes a loucos[2].

E eis como é caracterizada essa "loucura":

> [...] dentre os que trabalham em torno da natureza do universo, uns afirmam que o ser é *um só* [i.é, os eleatas], outros, que é infinito em número [i.é, os atomistas]. Uns creem que *tudo está em contínuo movimento* [i.é, Heráclito e os seus seguidores], outros, que *nada nunca está em movimento* [i.é, os eleatas]. Uns que *tudo se gera e se destrói*, outros que *nada se gera*

---

1. Cf. *supra*, pp. 210-213 e Migliori, *La filosofia di Gorgia*, pp. 29-31.

2. Xenofonte, *Memoráveis*, I, 1, 11 ss.

e nada se destrói [entenda-se a afirmação referida ao cosmo e não ao Princípio e aos Princípios, e a antítese, esta vez, é entre todos os físicos, de um lado, e os eleatas de outro][3].

Quanto à confusão à qual se chega seguindo as indagações naturalistas, segundo Sócrates, Platão não é menos explícito, em algumas célebres páginas do *Fédon*.

Portanto, a ciência do cosmo é inacessível ao homem: quem a ela dedica as próprias energias tenta de maneira vã conquistar um conhecimento, que só um Deus pode possuir, Xenofonte refere:

> Em geral, no que concerne aos fenômenos celestes, ele [Sócrates] desaprovava a curiosidade de aprender como a divindade os consignou; *e realmente sustentava que não podiam ser descobertos pelo homem e acreditava não ser agradável aos deuses quem procurasse o que eles não tinham querido revelar.* Quem se dedicasse a tais problemas expunha-se, segundo ele, ao risco de enlouquecer, assim como Anaxágoras, que ensoberbeceu por suas pesquisas sobre a obra dos deuses[4].

Enfim, segundo Sócrates, quem se dedica a essas pesquisas, totalmente absorvido nelas, esquece de si mesmo, ou seja, daquilo que mais importa: o homem e os problemas do homem[5].

Disso falaremos adiante; antes devemos mostrar como essas conclusões de Sócrates não são tanto um ponto de partida, mas sobretudo uma elaborada e laboriosa conquista, que pode ser remetida, de maneira verossímil quanto à cronologia, aproximadamente à metade de sua vida.

Por volta dos trinta anos, sabemos com certeza que Sócrates estava ligado a Arquelau (o qual, como vimos, repropunha doutrinas de Anaxágoras de maneira bastante eclética) e, com ele, como o atesta o poeta Íon de Quio[6], tinha-se dirigido a Samos. Teofrasto refere, de modo análogo, como já recordamos, que "[...] de Arquelau de Atenas diz-se que também Sócrates foi discípulo"[7]. E alguma indicação neste sentido pode-se também perceber em Platão[8] e em

---

3. Xenofonte, *Memoráveis*, I, 1, 14.

4. Xenofonte, *Memoráveis*, IV, 7, 6.

5. Cf. Xenofonte, *Memoráveis*, I, 1, 12 e 16.

6. Fr. 11 Blumenthal: Diógenes Laércio, II, 23.

7. Teofrasto, *As opiniões dos físicos*, 4 (Diels, *Doxographi greci*, p. 479).

8. Cf. *Fédon*, 97 b ss.f

Xenofonte (em autores posteriores existem muitas confirmações explícitas)[9].

Não é mais possível estabelecer com segurança quanto tempo duraram essas experiências naturalistas de Sócrates: Aristófanes, que, como dissemos, apresenta Sócrates em torno dos quarenta anos, atribui-lhe ainda uma série de ligações (algumas vezes bastante precisas) com certas doutrinas dos físicos. Uma coisa, todavia, parece certa ou, pelo menos, provável, isto é, que *Sócrates jamais ficou satisfeito com essas pesquisas e que, por consequência, jamais fez delas objeto do seu ensinamento*, como todas as fontes concordemente nos referem: assim sendo, com boa razão; Sócrates pode afirmar de cabeça erguida quando do processo:

> Digo [...], ó cidadãos atenienses, que dessas coisas [das que são objeto da filosofia da natureza] não me ocupo de modo algum; e disso invoco por testemunha a maior parte de vós; e peço-vos que vos informeis mutuamente e o declareis abertamente todos vós que me ouvistes falar: e são muitos os que me ouviram falar. Eia, pois, declarai-o uns aos outros, se há alguém dentre vós que algum vez me tenha ouvido discorrer, por pouco que seja, sobre tais coisas [...][10].

Não sabemos, ademais, se Sócrates deixou de frequentar e estudar os físicos gradualmente ou por uma crise repentina, embora a primeira hipótese pareça a mais verossímil[11]. Em todo caso é certo (e este é um ponto que se deve ter bem presente) que Sócrates, em determinado ponto da sua evolução espiritual, deixou para trás aque-

---

9. Xenofonte admite que Sócrates sabia, no campo das ciências naturais, muito mais do que o estritamente necessário que recomendava aos outros (*Memoráveis*, IV, 7); e o aceno que ele faz à polêmica de Sócrates com Anaxágoras e suas ideias é particularmente indicativo (cf. *Memoráveis*, IV, 7, 6). Para os autores posteriores cf. vol. I, p. 171, nota 25.

10. Platão, *Apologia de Sócrates*, 19 c ss.

11. Taylor (*Socrate*, pp. 56ss.) pensa que houve uma verdadeira crise espiritual na vida de Sócrates, que estaria em conexão com o episódio do oráculo do qual fala Platão na *Apologia* (20 c ss.). Interrogado por Querefonte, o oráculo teria respondido que o homem mais sábio da Grécia era Sócrates. (Sobre a interpretação que Sócrates dá desta resposta do oráculo ver o que dizemos adiante, p. 308). Fazer coincidir a crise espiritual de Sócrates com este episódio é um pouco arriscado e, em todo caso, mera conjetura. Como dissemos acima, parece mais lógico pensar que Sócrates tenha abandonado a especulação dos físicos progressivamente, mais que por uma repentina crise.

las experiências naturalistas e todas as suas implicações, num corte nítido e sem tentar qualquer operação de mediação ou superação, tarefa a ser assumida por Platão, o qual retomará as experiências naturalistas exatamente no ponto em que Sócrates as deixou, para empreender, como veremos, a sua "segunda navegação"[12].

Sócrates, portanto, deslocou inteiramente todo o seu interesse da natureza ao homem, e só a partir desse ponto iniciou o seu magistério em Atenas. Em todo caso é certo que, quando Xenofonte e Platão começaram a frequentá-lo, ele já estava há alguns lustros solidamente ancorado nessa posição. Depois de ter referido as críticas que Sócrates movia aos naturalistas, Xenofonte anota:

> Ele, por sua vez, discorria sempre sobre os valores humanos (τῶν ἀνθρωπείων), procurando o que fosse pio, o que fosse ímpio; o que fosse belo, o que fosse feio; o que fosse justo, o que fosse injusto; o que fosse a prudência, o que fosse a loucura, o que a coragem, o que a vileza; o que fosse o Estado, o que fosse estadista; o que fosse o governo, o que fosse o governador e as outras coisas cujo conhecimento, segundo ele, tornava os homens excelentes e cuja ignorância, ao contrário, fazia merecer, justamente, o nome de escravos[13].

E Platão, na *Apologia*, põe na boca de Sócrates esta afirmação, que é um verdadeiro programa:

> Na verdade, ó atenienses, por nenhuma outra razão busquei para mim este nome, senão *por causa de certa sapiência*. Que sapiência é esta? Precisamente a *sapiência humana* (ἀνθρωπίνη σοφία): e pode ser que desta sapiência eu seja, verdadeiramente, sábio [...][14].

Eis-nos assim, finalmente, no ponto focal: que é essa "sapiência humana", essa ἀνθρωπίνη σοφία?

Vejamo-la em sentido preciso.

2. A descoberta da essência do homem

Voltemos à linha de desenvolvimento do pensamento sofístico, que tínhamos interrompido. Vimos que todas as contradições, as

12. Cf. Platão, *Fédon*, 96 a - 102 a.

13. Xenofonte, *Memoráveis*, I, 1, 16.

14. Platão, *Apologia*, 20 d-e.

aporias, as incertezas dos sofistas, e enfim, o xeque-mate ao qual se viram expostas todas as tentativas por eles atuadas *dependiam substancialmente do fato de terem falado dos problemas do homem sem ter indagado de maneira adequada a natureza ou essência do homem, ou ao fato de tê-la determinado de modo totalmente inadequado.* Pois bem, diferentemente dos sofistas, Sócrates conseguiu fazer isso, e de tal modo, que pôde dar à problemática do homem um significado decididamente novo.

Que é o homem? A resposta socrática é inequívoca: *o homem é a sua alma*, uma vez que é a alma que o distingue de todas as outras coisas.

Objetar-se-á que a literatura e a filosofia grega falavam há séculos de *psyché*: dela falou Homero, dela falaram os órficos, os físicos e também os poetas líricos e trágicos. Mas, como foi recentemente posto às claras, ninguém antes de Sócrates entendeu por alma aquilo que Sócrates entendeu e, depois de Sócrates, todo o Ocidente[15]. Para Homero, a alma era o espírito no sentido de "fantasma", que abandonava o homem na sua morte, para ir como vã e inconsciente larva, vagar sem objetivo no Hades; para os órficos, ao invés, era o demônio que em nós expiava a culpa, e que era tanto mais ele mesmo quanto mais se separava do eu consciente, e tanto mais ativo quanto mais se enfraquecia e desaparecia a nossa consciência (portanto, no sono, na perda dos sentidos e na morte); para os físicos, era o *princípio* ou um momento do princípio (portanto, água, ar, fogo); enfim, para os poetas era algo indeterminado e, em todo caso, jamais teoricamente definido[16]. Ao contrário, a alma, para Sócrates, coincide *com a nossa consciência pensante*

15. Cf. J. Burnet, "The Socratic Doctrine of the Soul", in *Proceedings of the British Academy*, VII (1915-1916), pp. 235ss., reimpresso em: *Essay and Addresses*, Londres 1929, pp. 126-162; Taylor, *Socrate*, pp. 97ss.; Jaeger, *Paideia*, II, pp. 60ss.

16. À história do conceito de *psyché* antes de Sócrates e à revolução operada por ele, dedicou um documentadíssimo volume um aluno nosso, F. Sarri, *Socrate e la genesi storica dell'idea occidentale di anima*, Roma (Ed. Abete) 1975, ao qual remetemos para as provas analíticas da tese. Em particular, Sarri demonstra, na primeira parte, que o termo *psyché*, em Homero, permanece até mesmo excluído do âmbito da terminologia propriamente psicológica; que nos órficos, *psyché* indica o demônio indivíduo, não a consciência (o homem continua a pensar com o corpo); nos naturalistas, a alma-princípio inclui (pelo menos em Heráclito e em Diógenes de Apolônia) a inteligência, mas em dimensão cósmica e não pessoal; nos poetas, *psyché* entra no âmbito da terminologia psicológica, primeiro indicando o eu emotivo, depois, rapsodicamente,

e operante, com a nossa razão e com a sede da nossa atividade pensante e eticamente operante. Em poucas palavras: para Sócrates a alma *é o eu consciente, é a personalidade intelectual e moral.*

E, com isso, já se disse todo o necessário para compreender a revolução operada por essa intuição socrática: a vida do homem adquire o seu justo sentido só agora, porque a própria "vida órfica" e a "vida pitagórica" com a sua doutrina da "purificação", em substância, tendiam a purificar uma alma-demônio que era diferente do eu, da consciência, do sujeito, cindindo assim e dilacerando a unidade do homem. Disse muito bem Taylor: "Evidentemente, o que se necessita para o desenvolvimento de uma moralidade e de uma religião 'espirituais' é que a insistência órfica na suprema importância do 'preocupar-se com os interesses da *psyché*' conjugue-se *com a identificação dessa psyché sumamente preciosa com a sede da inteligência comum e do caráter individual.* Este é precisamente o passo à frente que se realiza na doutrina da alma professada por Sócrates, tanto em Platão como em Xenofonte, e é tanto por essa ruptura com a tradição órfica como por ter dado à conduta da vida o lugar central dado pelos pensadores precedentes à astronomia e à biologia, que Sócrates, segundo a conhecidíssima frase ciceroniana, 'trouxe a filosofia do céu para a terra'. Em outras palavras, o que ele fez foi criar precisamente a filosofia como algo distinto, ao mesmo tempo, da ciência natural [dos fisiólogos] e da teosofia [dos órfico-pitagóricos], ou de qualquer amálgama das duas, e obter esse resultado definitivamente"[17]. Por isso pode-se dizer que "Sócrates criou a tradição moral e intelectual da qual a Europa passou a viver a partir de então"[18].

3. Especificações e documentos relativos à nova concepção socrática de "psyché"

Dado que a imagem de Sócrates que estamos apresentando é inusitada e quase totalmente ignorada pela manualística que, normal-

também o eu racional, mas isso acontece já em época socrática (ou seja, nos últimos anos do século V a.C.). A documentação de Sarri é muito mais completa do que a que foi fornecida pelos autores precedentes.

17. Taylor, *Socrate*, p. 102.

18. Taylor, *Socrate*, p. 98.

mente, permanece alguns decênios atrasada com relação aos avanços da pesquisa historiográfica e, contudo, é o canal principal através do qual se forma a opinião comum, devemos dar conta das afirmações acima e documentá-las de maneira precisa.

Em primeiro lugar, devemos dizer que a primeira explicitação da tese de Sócrates como descobridor do conceito de alma, entendida como o eu e como consciência, foi feita pela escola dos filólogos escoceses. Com análises sutis, ela mostrou como a concepção da alma da qual falamos estava praticamente ausente antes de Sócrates, mas é difundida na literatura imediatamente posterior a Sócrates e é comum a Isócrates, Xenofonte e Platão. É evidente, portanto, que ela teve origem ou com Sócrates ou com algum contemporâneo seu; mas não conhecemos contemporâneo algum de Sócrates ao qual ela possa ser atribuída, enquanto sabemos por Platão e Xenofonte que, justamente, Sócrates a professava, de modo que a atribuição da doutrina em questão a Sócrates torna-se praticamente necessária[19].

Infelizmente a manualística e os estudiosos não-especializados ficaram perplexos diante de tal novidade, não se dando conta de que ela se impõe e que não está ligada às teses, por outro lado extremistas, professadas pela Escola escocesa[20], e assim não a acolheram. Mas os estudiosos mais atentos não perderam a oportunidade de fazê-la render, e um estudioso do calibre de Jaeger, para citar apenas o exemplo mais ilustre, utilizou-a precisamente como eixo de sustentação da sua reconstrução de Sócrates na sua célebre *Paideia*[21], evidenciando inclusive o seu aspecto religioso: "O que chama a atenção — escreve Jaeger — é que quando Sócrates, em Platão como nos outros socráticos, pronuncia a palavra 'alma', pronuncia-a sempre com um fortíssimo acento e parece envolvê-la num tom apaixonado e urgente, quase de evocação. Nenhum lábio grego, antes dele, pronunciou assim essa palavra. Tem-se a impressão de algo que é conhecido por outra via:

19. Cf. sobretudo o artigo de Burnet citado na nota 15 e Taylor, *Socrate*, pp. 98ss.; Sarri, *Socrate*, passim.

20. O extremismo da escola escocesa consiste em que, seja Taylor (*Socrate, passim; Plato, the Man and his Work*, Londres 1949[6]), seja Burnet (cf. a introdução a *Plato's, Phaedo*, Oxford 1911) consideram Platão como o historiador fiel de Sócrates, pelo menos até os diálogos dialéticos, excluídos estes. Platão, como Kant, teria chegado a um pensamento original só na maturidade, senão na velhice.

21. Jaeger, *Paideia*, II, pp. 67-127.

e a verdade é que, pela primeira vez no mundo da civilização ocidental, se nos apresenta aquilo que ainda hoje chamamos com a mesma palavra [...]. A palavra 'alma', para nós, graças às correntes espirituais pelas quais passou a história, soa sempre com um acento ético ou religioso; como outras palavras: 'serviço de Deus' e 'cura de almas', ela soa cristã. Mas esse alto significado, ela o adquiriu pela primeira vez na pregação protrética de Sócrates"[22].

Mas vejamos alguns documentos.

Toda a doutrina socrática pode ser resumida nessas proposições convergentes: "Conhecer a si mesmo" e "cuidar de si mesmo". E conhecer "a si mesmo" não quer dizer conhecer o próprio nome nem o próprio corpo, mas examinar-se interiormente e conhecer a própria alma, assim como cuidar de si mesmo não quer dizer cuidar do próprio corpo, mas da própria alma. *Ensinar os homens a conhecer e a cuidar de si mesmos é a tarefa suprema da qual Sócrates considera ter sido investido por Deus.*

Sobre este ponto, o testemunho platônico é claríssimo, sobretudo nos diálogos da juventude, que são os mais próximos a Sócrates e, portanto, historicamente mais dignos de fé.

Eis a passagem mais significativa da *Apologia*:

> Ó meus concidadãos de Atenas, eu vos sou reconhecido e vos amo; mas obedecerei antes ao Deus que a vós; e enquanto eu respirar e for capaz, não deixarei de filosofar e de exortar-vos e advertir-vos, a quem dentre vós eu encontrar, e sempre, falando-lhe como costumo: "Ó tu que és o melhor dos homens, que és ateniense, cidadão da maior e mais renomada cidade por sua sapiência e poder, não te envergonhas de te preocupares com riquezas, para juntá-las o mais que puderes, e com a fama e com honras; *e, ao invés, de não te preocupares com a inteligência e com a verdade e com tua alma, para que ela se torne quanto possível ótima*?" E se algum de vós disser que não é verdade e sustentar *que se dá a tais cuidados*, não o deixarei ir sem mais, nem irei embora; antes o interrogarei, estudarei, confutarei; e se me parecer que ele não possua virtude, mas apenas diga possuí-la, eu o envergonharei, demonstrando-lhe que tem por vis as coisas de mais alto valor e por valorosas as coisas vis. E isto o farei a quem eu encontrar, jovens e velhos, estrangeiros ou cidadãos; e mais ainda aos cidadãos, a vós, digo, que me estais mais estreitamente ligados. Pois isso, bem o sabeis, é a ordem do Deus; e estou

22. Jaeger, *Paideia*, II, pp. 62s.

persuadido de que não há para vós maior bem na cidade do que essa minha obediência ao Deus. Outra coisa, na verdade, não faço com esse meu andar por aí, senão persuadir-vos, jovens e velhos, *de que não deveis cuidar do corpo e das riquezas, nem de nenhuma outra coisa, antes e mais que da alma, para que ela se torne ótima e virtuosíssima*; e que não é das riquezas que nasce a virtude, mas da virtude nascem as riquezas e todas as outras coisas que são bens para os homens, tanto para os cidadãos individualmente, como para o Estado[23].

Em muitas ocasiões, Platão reafirma esse conceito. Leia-se o prólogo do *Protágoras*[24], onde a diferença entre os sofistas e Sócrates é atribuída a isso: os sofistas são varejistas de alimentos da alma, mas não conhecem nem os alimentos nem a alma e, portanto, não sabem se fazem bem ou não; enquanto Sócrates é claramente representado como aquele que conhece esses alimentos e conhece a alma, e é apresentado como "médico da alma"[25].

E no *Laques*, a ciência da educação é apresentada como a "[...] ciência que tem como fim a alma, precisamente a dos jovens"[26].

Eis como no *Cármides* é representada essa obra de educação:

Querefonte chamou-me e disse-me: — Que achas daquele jovenzinho, ó Sócrates? É um belo rosto?

— Sobrenatural! disse eu.

— Bem, acrescentou; se aceitar despir-se, parecer-te-á que nem sequer tem rosto; tão perfeitas e belas são as suas formas.

Os outros também confirmaram as palavras de Querefonte, e eu exclamei: — Por Héracles! Vós me falais de um ser invencível, se ele também possui só uma coisa, uma pequena coisa.

— Que coisa? perguntou Crítias.

— *Se a alma também for bela*, disse eu. E é necessário que a tenha, ó Crítias, porque é da tua família.

— Oh, disse ele, é perfeitamente belo e bom também nisso.

— E então, disse eu, *por que não querermos despir justamente a alma e começar a contemplá-la antes do corpo?*[27]

---

23. Platão, *Apologia*, 29 d - 30 b.

24. Platão, *Protágoras*, 310 b - 314 c (cf. a nossa edição com o relativo comentário, pp. 13-29).

25. Platão, *Protágoras*, 313 d-e.

26. Platão, *Laques*, 185 e.

27. Platão, *Cármides*, 154 d-e.

Mas, eis uma passagem ainda mais explícita tirada do *Alcibíades*. Depois de ter afirmado que é preciso, segundo o dito de Delfos, conhecer a si mesmo e encontrar os meios para cuidar de si, vale dizer, os meios que permitam tornar-se o quanto possível ótimo, e depois de ter, como na *Apologia*, ligado a própria obra educativa ao querer do demônio, Sócrates diz:

Sócrates — Vamos, dize-me, com que arte podemos cuidar de nós mesmos?

Alcibíades — Não saberei dizer.

Sócrates — Nisso, contudo, estamos de acordo: não com uma arte com a qual poderemos tornar melhores qualquer uma das nossas coisas, mas com a arte que tornará melhores a nós mesmos?

Alcibíades — É verdade.

Sócrates — Ora, teríamos conhecido qual é a arte que torna melhor os calçados, se não conhecêssemos o calçado?

Alcibíades — Impossível.

Sócrates — Nem a arte que torna melhores os anéis, se ignorássemos o anel?

Alcibíades — É verdade.

Sócrates — E então? Jamais poderemos saber qual é a arte de tornar melhores a nós mesmos, *se ignoramos o que nós mesmos somos.*

Alcibíades — Impossível.

Sócrates — E, portanto, *conhecer a si mesmo* é uma coisa fácil e era talvez um homem qualquer aquele que, no templo de Delfos, consagrou aquele mote? ou é, ao invés, uma coisa difícil e não para todos?

Alcibíades — A mim, Sócrates, amiúde pareceu ser coisa de todos, normalmente dificílima.

Sócrates — Mas, ó Alcibíades, fácil ou não, para nós é assim: *se nos conhecermos, saberemos talvez também qual é o cuidado que devemos ter com nós mesmos; se não nos conhecemos, jamais o saberemos.*

Alcibíades — Assim é.

Sócrates — Dize-me, pois, de que modo poder-se-ia encontrar o que é esse "si mesmo"?

E depois de ter distinguido entre o sujeito que utiliza determinado instrumento e o próprio instrumento, e mostrado que este é o meio que aquele utiliza, o diálogo prossegue:

Sócrates — E não se serve o homem de todo o corpo?

Alcibíades — Certo.

Sócrates — Mas, não dissemos que uma coisa é quem se serve de algo, outra coisa é aquilo de que ele se serve?

Alcibíades — Sim.

Sócrates — Uma coisa, portanto, é o homem, outra o seu corpo.

Alcibíades — Parece que sim.

Sócrates — Que é, pois, o homem?

Alcibíades — Não sei dizer.

Sócrates — Isso, porém, podes dizer, que ele é *o que se serve do corpo.*

Alcibíades — Sim.

Sócrates — *E o que é o que se serve do corpo senão a alma?*

Alcibíades — Não é outra coisa [...].

Sócrates — *A alma, portanto, nos ordena conhecer quem nos admoesta: "Conhece a ti mesmo"*[28].

Enfim, recordemos que, como canto do cisne, Platão põe na boca de Sócrates justamente o discurso sobre a alma e, como recomendação final aos discípulos, quase um testamento espiritual, ele o faz dizer que a única coisa que o preme é que eles cuidem de si mesmos, ou seja, que *cuidem da própria alma.*

Mas, também Xenofonte, em diversas ocasiões, concorda, em última análise, com o que nos diz Platão; com efeito, ele afirma que, para Sócrates, a alma é o que em nós mais participa do Divino e é o que em nós tem o domínio[29], e narra-nos que Sócrates explicava aos pintores e aos escultores que, para retratar adequadamente o homem, eles não deviam limitar-se a retratar o corpo, mas deviam *chegar a retratar a alma.* Leiamos os dois diálogos de Sócrates com o pintor Parrásio e com o escultor Clíton, referidos por Xenofonte, porque são de excepcional importância para a documentação da tese.

Eis o diálogo com o pintor:

— A pintura, Parrásio, não é representação do que se vê? De fato, imitais os corpos baixos e altos, a sombra e a luz, o duro e o mole, o rude e o polido, jovens e velhos, reproduzindo-os mediante as cores.

— É verdade, disse.

— E quando representais modelos de beleza, como não é fácil encontrar um homem perfeito em qualquer lugar, juntando os mais belos pormenores tomados de cada indivíduo, fazeis com que pareça belo o corpo inteiro.

---

28. Platão, *Alcibíades maior*, 128 d - 130 e. Que o conceito de corpo como "instrumento" da alma, expresso esplendidamente na passagem que lemos, seja socrático, é confirmado por Xenofonte, *Memoráveis*, III, 12, 5ss.

29. Xenofonte, *Memoráveis*, IV, 3, 14.

— Fazemos exatamente assim, disse.

— Pois bem, *a atitude da alma*, extremamente sedutora, mansa, amável, agradável, atraente, vós a conseguis reproduzir ou não se pode imitá-la?

— Como se pode imitar, Sócrates, o que não tem proporção de partes, nem cor, nem coisa alguma das que enumeraste e não é de modo algum visível?

— Ora, replica Sócrates, o homem não pode olhar para alguém com simpatia ou inimizade?

— Creio que sim, disse.

— E tudo isso não se pode perceber na expressão dos olhos?

— Sem dúvida.

— E te parece que têm a mesma expressão facial os que se interessam pelo bem ou pelo mal dos amigos e os que não se interessam?

— Não! Por Zeus! Quem se interessa tem uma expressão de contentamento quando os amigos estão bem, torna-se melancólica quando estão mal.

— E isto se pode retratar?

— E como!

— E ainda a magnificência, a liberalidade, a mesquinhez, a ignobilidade, a temperança, a prudência, a insolência e a vulgaridade transparecem no rosto e na atitude do homem, esteja ele parado ou em movimento.

— É verdade.

— Portanto, se pode imitar?

— E como!

— E achas que se contempla mais prazerosamente quem deixa transparecer um caráter belo, bom, amável, ou quem o deixa transparecer feio, mau, odioso?

— Oh! Há uma enorme diferença, Sócrates![30]

Igualmente explícito é o colóquio de Sócrates com o escultor:

— Clíton, vejo e sei que os teus corredores, lutadores, pugilistas e pancratiastas são belos. Mas o que mais irresistivelmente encanta os homens através da visão é o fato de serem tuas estátuas tão plenas de vida. Como consegues infundi-la?

E como Clíton, embaraçado, hesitasse em responder:

— Não é, disse eu, modelando tuas obras em forma de seres vivos que as fazes parecerem animadas?

— Sem dúvida, respondeu.

— E não é reproduzindo acuradamente as várias partes do corpo nas diversas poses, ou seja, abaixadas ou de pé, contraídas ou alongadas, rígidas

30. Xenofonte, *Memoráveis*, III, 10, 1ss.

ou relaxadas, que fazes tuas estátuas parecerem mais semelhantes a criaturas vivas e mais sedutoras?

— E como!

— E a imitação exata do que acontece aos corpos em movimento, não produz um prazer agradável a quem observa?

— Naturalmente.

— E não se deve retratar também os olhos ameaçadores dos combatentes, não se deve imitar o rosto cheio de alegria dos vencedores?

— Sem dúvida.

— *O escultor, então, deve reproduzir, através da forma exterior, as atividades da alma*[31].

Amplas confirmações extraem-se também dos socráticos menores, assim como de Isócrates, o qual, por mais de um aspecto, é influenciado pela doutrina de Sócrates.

A partir de todos esses testemunhos nos certificamos, portanto, de que, para Sócrates, a essência do homem deve ser buscada na sua *psyché*.

Detivemo-nos em documentar amplamente este ponto porque, como dissemos no início, não é ainda suficientemente conhecido, e desconhecê-lo é, ao contrário, absolutamente prejudicial para a compreensão não só de Sócrates, mas também das relações de Sócrates com a filosofia precedente e com a subsequente e, portanto, para a compreensão do lugar que ele ocupa na história espiritual do Ocidente[32].

4. O novo significado da "areté" e a revolução da tábua de valores

Vimos que os sofistas substancialmente não conseguiram alcançar o objetivo que se fixaram e que as técnicas de educação que puseram em ato, deixadas aos discípulos, imediatamente degeneraram, com os acontecimentos que acima ilustramos amplamente. E a razão disso foi, é preciso repetir, que os sofistas não souberam determinar qual era a verdadeira natureza do homem e, por isso, igno-

31. Xenofonte, *Memoráveis*, III, 10, 6ss.

32. Para a documentação deste ponto remetemos ao trabalho já citado de Sarri (*Socrate, passim*), o qual recolheu todas as passagens dos socráticos e dos autores influenciados por Sócrates que aludem à doutrina da *psyché* e explicou-as acuradamente.

raram qual era o *fim* último e mais autêntico e, por conseguinte, a verdadeira *areté* do homem; eles identificaram confusamente as suas técnicas com a *areté* ou então as sobrepuseram a ela. Dada essa confusão de base, é evidente que a habilidade e as técnicas por eles ensinadas deviam acabar por ser não só eticamente anódinas, mas decepcionantes e capazes, em vez de educar, de arruinar.

Platão compreendeu e reafirmou insistentemente que a superioridade de Sócrates sobre os sofistas consistia sobretudo nisso: tendo compreendido que o homem distingue-se de qualquer outra coisa pela sua alma, Sócrates pôde também determinar em que consiste a *areté* humana: *ela não pode ser senão o que permite à alma ser boa, isto é, ser aquilo que pela sua natureza ela deve ser.* Assim, cultivar a *areté* significará tornar a alma ótima, realizar plenamente o eu espiritual, alcançar o fim próprio do homem interior e, com isso, também a felicidade.

Mas que é a virtude?

A resposta de Sócrates é bem conhecida: a virtude (cada uma e todas as virtudes) é "ciência" ou "conhecimento", e o contrário da virtude, isto é, o vício (cada um e todos os vícios), é privação de ciência e de conhecimento, vale dizer, "ignorância". Todas as nossas fontes concordam perfeitamente sobre esse ponto, e mais adiante o documentaremos de maneira particular. De resto, quem nos seguiu até aqui terá notado a coerência dessa afirmação com a premissa sobre a qual se baseia: se o homem distingue-se pela sua alma, e se a alma é o eu consciente e inteligente, então a *areté*, ou seja, aquilo que atualiza plenamente essa consciência e inteligência, não pode ser senão a ciência e o conhecimento.

O valor supremo para os homens é, portanto, o conhecimento, uma vez que é justamente o conhecimento que faz a alma ser do modo como deve ser e por isso realiza o homem, cuja essência está na alma.

Sócrates revoluciona assim a tradicional tábua de valores à qual até então se atinha toda a grecidade, e que os próprios sofistas não tinham substancialmente transformado. De fato, os fundamentais valores tradicionais eram, principalmente, aqueles ligados ao corpo: a vida, a saúde, o vigor físico, a beleza, ou bens exteriores, ou ligados à exterioridade do homem, como a riqueza, o poder, a fama e semelhantes. Ora, a nítida superioridade hierárquica da alma com relação ao corpo e a identificação do verdadeiro homem com a alma e não mais com o corpo, comportava o deslocamento para segundo plano, senão a anulação, dos valores físicos e exteriores, e a consequente ascensão ao primeiro plano dos valores interiores da alma e, em particular, do valor da ciência que supera a todos.

Platão, no *Banquete*, põe na boca de Alcibíades esse juízo sobre Sócrates:

> Sabei que se alguém é *belo*, não lhe importa absolutamente. Antes, por incrível que pareça, o aprecia muito pouco; nem lhe importa se é *rico*, ou se tem *outra daquelas qualidades que as pessoas valorizam*; mas considera que todas essas coisas nada valem e que nós somos nada. Acredite-me se quiser[33].

O mesmo juízo sobre esses valores tradicionais, além de se encontrar em numerosas outras passagens de Platão, encontra-se também em Xenofonte, o qual, referindo um colóquio entre Sócrates e Eutidemo, escreve, entre outras coisas, o seguinte:

> — Talvez, Sócrates, o bem mais indiscutível seja a felicidade.
> — A menos que seja composta de bens discutíveis, Eutidemo.
> — E quais dos bens que constituem a felicidade seriam discutíveis?
> — Nenhum, *desde que nela não incluamos a beleza, a força, a riqueza, a fama e coisas similares.*
> — Mas é necessário incluí-las, disse. Como ser feliz sem elas?
> — Por Zeus!, exclamou Sócrates. Desse modo estaríamos incluindo aquilo de que provêm tantos males aos homens. Muitos, pela sua beleza, são corrompidos por quem perde a razão diante de uma pessoa graciosa: muitos, fiando-se na sua força, empreendem obras demasiado grandes e incorrem em não poucos males; muitos, debilitados pela riqueza, perecem nas insídias a que se expõem; muitos, por causa da fama e do poder político, padecem grandes desgraças[34].

Lendo essas passagens, poder-se-ia ter a impressão de que os bens e os valores tradicionais foram até mesmo totalmente rejeitados por Sócrates, mas não é assim: apenas Platão extrairá essas conse-

33. Platão, *Banquete*, 216 d-e.

34. Xenofonte, *Memoráveis*, IV, 2, 34s. Idêntica avaliação, obviamente, Sócrates dava daqueles que a grecidade considerava os piores males: o pior dos males para Sócrates é a ignorância e o que dela deriva, assim como o máximo bem é a ciência e o que dela deriva (cf., por exemplo, Platão, *Críton*, 44 d).

quências, porque não só distinguirá e subordinará hierarquicamente alma e corpo, mas contraporá este àquela e até mesmo entenderá o corpo como um cárcere, uma prisão que mortifica a alma. Ao invés, de maneira subordinada e sob o controle e o domínio da alma, Sócrates pôde ainda conceder certo apreço aos valores tradicionais, à medida que ele não entendeu o corpo como antítese da alma.

Qual foi esse apreço e em que medida?

Sócrates subordinou a efetiva validez daqueles que a grecidade considerava tradicionalmente como "bens" ao seu *bom uso*, e afirmou que o bom uso *depende exclusivamente do conhecimento e da ciência*. Eis a passagem mais sintética e mais clara sobre isso, que retiramos do *Eutidemo* platônico:

> — Em geral, portanto, disse eu, todos aqueles que antes considerávamos bens, *parece que por sua natureza não podem ser chamados bens por si mesmos*, mas, antes, resulta-nos o seguinte: se são dirigidos pela ignorância, revelam-se males maiores do que os seus contrários, porque mais capazes de servir a uma direção má; se, ao contrário, são *governados pelo juízo e pela ciência, são bens maiores; por si mesmos nem uns nem outros têm valor.*
>
> E ele: — Parece que é assim como dizes.
>
> — E que se deduz dessas premissas? que todo o resto não é nem bem nem mal e, das duas coisas que permanecem, *a ciência é um bem, a ignorância um mal*[35].

E, com isso, voltamos ao ponto focal da redução socrática da *areté* à *ciência*, da qual devemos agora falar de modo mais aprofundado.

5. Os "paradoxos" da ética socrática

A tese socrática da identidade entre virtude e ciência implicava, em primeiro lugar, a unificação das virtudes tradicionais, como a sapiência, a justiça, a sabedoria, a temperança, a fortaleza em uma só e única virtude, justamente porque, sendo virtudes, cada uma e todas se reduzem essencialmente ao conhecimento. Ademais, ela implicava a redução do vício, que é o contrário da virtude, à ignorância, que é

35. Platão, *Eutidemo*, 281 d-e.

o contrário do conhecimento; e implicava, enfim, a conclusão de que quem faz o mal (que é ignorância) o faz, justamente, só por ignorância e não porque queira o mal sabendo que é mal.

Essas teses são esplendidamente desenvolvidas e aprofundadas por Platão no *Protágoras*[36], com auxílio dos métodos tipicamente socráticos e, posteriormente, reafirmadas muitas vezes em outros diálogos.

As outras fontes, sobre estes pontos, concordam perfeitamente. Leiamos Xenofonte:

> [Sócrates] não punha limites entre sapiência (= ciência) e sabedoria, mas considerava douto e sábio aquele que, conhecendo as coisas boas e belas, soubesse usá-las; conhecendo as feias, delas soubesse guardar-se. Perguntado se tinha na conta de sapientes e moralmente débeis os que, sabendo o que devem fazer, não obstante, fazem o contrário, respondeu: "Não, não mais que insipientes e moralmente débeis. Creio que todos os homens escolhem com todos os meios possíveis o que é mais vantajoso aos seus interesses e isso realizam. E penso que os que seguem um caminho errado não são nem sapientes (= em posse do conhecimento) nem sábios". Dizia que a justiça e toda outra virtude eram sapiência. Toda coisa justa e toda outra forma de atividade fundada sobre a virtude eram, ao seu ver, belas e boas: quem conhece o belo e o bom nada pode preferir-lhes; ao invés, quem não os conhece, não pode praticá-los, e se o tenta, erra. Portanto, quem sabe, realiza coisas belas e boas, quem não sabe, não pode realizá-las, mas se tenta, falha. E dado que as coisas justas e todas as outras, belas e boas, se realizam mediante a virtude, é claro que a justiça e todas as virtudes são ciência[37].

E Aristóteles confirma:

> Sócrates acreditava que as virtudes eram raciocínios, de fato, sustentava que todas eram ciências[38].

E ainda:

> É estranho [...], pensava Sócrates, que onde há ciência reine algo de diferente e subjugue o homem como um escravo. Sócrates, com efeito, combatia frontalmente essa ideia, como se, segundo ele, não existisse a falta de

36. Para uma exegese pormenorizada do *Protágoras* remetemos ao nosso trabalho: Platone, *Protagora*. Traduzione, introduzione e commento di G. Reale, La Scuola, Brescia 1969, *passim*.

37. Xenofonte, *Memoráveis*, III, 9, 4ss.

38. Aristóteles, *Ética Nicomaqueia*, Z 13, 1144 b 28ss.

domínio de si; ele pensava, de fato, que ninguém podia agir conscientemente contra o que é melhor, mas que só podia fazê-lo por ignorância[39].

Esses dois princípios socráticos *a*) que *a virtude é ciência* e *b*) que *ninguém peca voluntariamente*, que, de vários modos condicionarão toda a especulação ética do mundo grego, foram objeto de inumeráveis discussões e polêmicas. A muitos estudiosos pareceu que Sócrates, fundando a ética inteiramente sobre o conhecimento e sobre a razão, peca por "intelectualismo" e desconhece quase totalmente o papel da vontade na ação moral e, em geral, o peso de todos os componentes alógicos e irracionais, que estão em jogo no agir humano. Outros, ao invés, tentaram demonstrar que, examinada em profundidade, a acusação de intelectualismo não se sustenta e, na realidade, os dois princípios socráticos são muito menos paradoxais do que parecem à primeira vista.

Ora, ao nosso ver, há verdade tanto nas afirmações dos primeiros como nas dos segundos e, por isso, queremos extrair as justas instâncias que sustentam as duas partes.

Em primeiro lugar, digamos que não só é justo, mas imprescindível dever do intérprete encontrar e indicar o ponto de vista segundo o qual as afirmações do autor estudado resultem o máximo possível inteligíveis e menos paradoxais. Ora, certamente a afirmação de que a *virtude é ciência* e o *vício é ignorância*, aos ouvidos de um cristão e, em geral, do homem moderno — que tem conhecimentos muito mais profundos que os antigos da investigação dos móveis do comportamento humano, e que entende "ciência" e "conhecimento" de modo totalmente novo — soa paradoxal. Mas soa muito menos paradoxal, se nos despojarmos um pouco da nossa mentalidade e virmos tal afirmação na precisa dimensão do pensamento socrático. O senso comum e os próprios sofistas (que também pretendiam ser mestres de virtude) viam nas diferentes virtudes (justiça, santidade, prudência, temperança, sabedoria) uma pluralidade, e absolutamente não percebiam o nexo que lhes é comum: nexo que as faz ser, precisamente, virtude e justifica, portanto, a sua comum denominação sob o termo virtude. E por virtude os homens comuns (e em grande parte os próprios sofistas) entendiam aquilo que a tradição e os poetas enten-

39. Aristóteles, *Ética Nicomaqueia*, H 2, 1145 b 23-27.

deram: portanto, algo fundado sobre o *costume, os hábitos e as convicções da sociedade grega, mas não fundado e justificado sobre rigorosas bases racionais.* Ora, Sócrates, diante da virtude e da vida moral do homem, faz exatamente o que os pré-socráticos fizeram diante da natureza (e que os sofistas começaram a fazer, nem sempre com sucesso, diante do homem): *tenta submeter ao domínio da razão a vida humana, assim como aqueles tinham submetido o mundo externo ao domínio da razão humana.* Para ele, a virtude não é e não pode ser simples adequação aos costumes, aos hábitos e, muito menos, às convicções geralmente acolhidas: ela deve ser algo *motivado racionalmente, justificado e fundado no plano do conhecimento.* E, neste sentido, ele diz que *a virtude é conhecimento.* Evidentemente, não qualquer conhecimento (não, por exemplo, o conhecimento que é próprio das várias técnicas ou artes), mas a mais elevada e sublime ciência: a ciência do que é o homem e do que é bom e útil ao homem (hoje diremos: dos supremos *valores éticos*). Que, depois, Sócrates não tenha concretamente levado até o fim esse conhecimento do homem e dos valores morais, isso não tira de modo algum valor à sua descoberta essencial. Caberá a Platão aprofundar até o fim o sentido do homem e do seu bem; mas já Sócrates aponta claramente o caminho, como vimos no parágrafo precedente: o verdadeiro eu do homem está no seu espírito, na sua alma, e a alma é sede de todos os valores mais tipicamente humanos e, portanto, os verdadeiros valores são os valores da alma. Desse modo, a proposição que afirma ser a virtude, *ciência* e o vício, *ignorância* deixa de ser o estridente paradoxo que à primeira vista parecia.

Mais difícil pode parecer a justificação do segundo princípio: o homem só quer o bem e não o mal, e quem faz o mal o faz involuntariamente, o que quer dizer que ninguém peca voluntariamente. Mas, dir-se-á, não existem homens que admitem expressamente fazer coisas que consideram más? Não é, talvez, de inegável evidência para todos a célebre máxima *video meliora proboque, sed deteriora sequor?* Certamente, respondemos; mas Sócrates não pretende negá-lo; ele quer fazer ver que no fundo de tudo isso está algo mais complexo do que parece. Explica com clareza Taylor: "A 'fraqueza moral', o fato de os homens fazerem o que eles mesmos confessam ser mal, e de o fazerem sem a tanto ser constrangidos, é uma das experiências mais comuns, e não devemos crer que Sócrates pretenda negá-la. Ele quer dizer que a frase corrente, usada por nós ainda há pouco, representa uma análise inadequada do fato. O homem, muito amiúde, faz o mal *malgrado* o fato de ser mal; ninguém jamais faz o mal *porque* vê que é mal, da mesma maneira em que se pode fazer o bem simplesmente porque se vê que é bem. Um homem deve induzir-se, por um momentâneo sofisma, a considerar o mal como bem antes de decidir-se a fazê-lo. Como está escrito no *Górgias*, há um desejo fundamental que não se deixa desenraizar em todos nós: o desejo do *bem* e da *felicidade*. É possível, para todos os outros objetos, preferir a aparência à realidade, a semelhança externa, por exemplo, do poder ou da riqueza, à própria coisa, mas ninguém pode desejar a aparência do bem ou da felicidade mais que a sua realidade; este é o único caso em que a sombra não pode ser mais estimada que a substância. Dizer que o vício é involuntário significa que ele não traz nunca, a quem é mau, o objeto ao qual o seu coração, saiba ele ou não, como o coração de qualquer outra pessoa, realmente aspira [...]. Portanto, se o homem conhecesse realmente como verdade líquida e certa, da qual não possa duvidar, assim como não pode duvidar da própria existência, que os assim chamados 'bens' do corpo e as 'posses' nada são em comparação com os bens da alma, e se soubesse o que é o bem da alma, nada jamais o tentaria a fazer o mal. Fazer o mal repousa sempre sobre uma falsa avaliação do que são os bens. O homem faz o mal porque espera, erroneamente, tirar dele o bem, obter a riqueza, o poder, o gozo, e não leva em conta o fato de que a culpa contraída pela alma supera incomparavelmente essas pretensas aquisições"[40].

Mas, agora que captamos o sentido das afirmações socráticas, devemos igualmente indicar a sua unilateralidade e insuficiência.

Sócrates diz, em substância, que não é possível ser virtuoso sem o conhecimento, porque não se pode fazer o bem sem conhecê-lo: e até aqui o raciocínio se sustenta; mas ele considera, também, que não é possível conhecer o bem sem fazê-lo: *e é este o ponto que não se sustenta*. O conhecimento do bem, para Sócrates, não é só condição necessária, mas também suficiente para ser virtuoso. Ora, temos por

---

40. Taylor, *Socrate*, pp. 105ss.

verdadeiro que o conhecimento do bem é necessário, mas *não podemos admitir que seja suficiente*[41]. Na ação moral, ou seja, no exercício da virtude, a *vontade* (do bem) tem um peso e uma relevância pelo menos tão importantes quanto o *conhecimento* do bem. (O cristianismo demonstrou que a vontade é determinante porque, em última análise, é a vontade, a boa vontade, que determina o caráter e o valor moral do homem, a que nos salva ou condena.) Ora, essa ilimitada confiança na razão e na inteligência e o destaque quase nulo dado à vontade é, exatamente, o que mereceu a acusação de intelectualismo à ética socrática. E, com efeito, é justo falar de intelectualismo, porém, fazendo as oportunas especificações. Na realidade Sócrates, como a crítica historicamente formada hoje reconhece, não distinguiu as várias faculdades do espírito humano e a sua complexidade. Sócrates, em suma, *tem, diante do espírito humano, aquelas mesmas visões unilaterais que tem Parmênides diante do ser.* E será Platão que, assim como realizou o famoso "parricídio de Parmênides" ao descobrir a imprescindibilidade do não ser[42], descobrirá a complexa estrutura da alma humana, e mostrará que, ao lado da racionalidade, existe em nós a iracúndia e a concupiscência, e que a ação moral consiste num delicado equilíbrio dessas forças, que vê a irascibilidade (o querer) aliar-se e cooperar com a razão[43]. E é justamente vendo Sócrates à luz das sucessivas distinções das faculdades da alma humana, que a posição socrática pôde aparecer e aparece como intelectualista. Com essas especificações, poder-se-á, portanto, falar de modo correto de intelectualismo socrático.

De resto, toda a ética grega (mesmo a platônica, a aristotélica e as sucessivas), se comparada com a ética cristã, resulta, no seu conjunto, intelectualista. E não só Sócrates, com a sua unilateral descoberta, mas tampouco os filósofos posteriores saberão dar conta da dramática experiência humana que é o pecado; eles tenderão sempre, mais ou menos acentuadamente, a reduzir o pecado e o mal moral a um erro de razão ou, em todo caso, a explicá-lo prioritariamente neste sentido. Será o

41. Cf. por exemplo o que já Aristóteles observava na sua *Ética Nicomaqueia*, Z 13.

42. Cf. Platão, *Sofista*, 237 a ss.

43. Especialmente na *República* e no *Fedro*.

cristianismo, e só o cristianismo, que revelará ao homem ocidental o desconcertante significado do pecado e do mal moral.

6. Autodomínio, liberdade interior e autarquia

Quanto dissemos será esclarecido pela particular concepção de alguns conceitos introduzidos por Sócrates pela primeira vez na problemática ética.

Em primeiro lugar, é particularmente revelador o conceito de "autodomínio", chamado expressamente de "o bem mais excelente para os homens"[44]. A criação do conceito, com o relativo termo, *enkráteia* (ἐγκράτεια) remonta certamente a Sócrates, e isso podemos afirmar com base no mesmo procedimento metodológico que nos levou a atribuir a ele a nova concepção da *psyché*. De fato, como foi bem notado[45], o conceito e o termo aparecem contemporaneamente em Xenofonte e em Platão, que o atribuem a Sócrates, assim como em Isócrates, que já sabemos ter absorvido muitas ideias socráticas. "A palavra — explica Jaeger — deriva do adjetivo ἐγκρατής, que indica aquele que tem poder ou direito de dispor de alguma coisa. Dado que o substantivo só se encontra no sentido de autodomínio moral e aparece só desse tempo em diante, ele foi, evidentemente, cunhado para esse novo pensamento e não existiu antes senão como conceito puramente jurídico"[46].

A *enkráteia* é domínio de si nos estados de prazer e dor, nas fadigas, no movimento dos impulsos e das paixões. Numa palavra, ela é *domínio sobre a própria animalidade*[47]. Compreende-se, portanto, que Xenofonte ponha na boca de Sócrates o seguinte:

> Todo homem, julgando ser o autodomínio (*enkráteia*) a base da virtude, deve procurar tê-lo na alma[48].

---

44. Xenofonte, *Memoráveis*, IV, 5, 8ss.

45. Cf. Jaeger, *Paideia*, II, p. 87 e nota 126.

46. Jaeger, *Paideia*, II, p. 87.

47. Sobre a *enkráteia* socrática podem-se ler com proveito as belas páginas de Maier, *Socrate*, II, pp. 32ss., o qual, todavia, não liga a *enkráteia* à nova concepção da *psyché* (Maier não chegou a perceber a revolução operada por Sócrates a propósito do conceito de alma; mas a sua monografia continua sendo fundamental para a compreensão de alguns aspectos importantes de Sócrates e do socratismo).

48. Xenofonte, *Memoráveis*, I, 5, 4s.

Procurar ter a *enkráteia* na alma significa fazer a *alma senhora do corpo*, a *razão senhora dos instintos*, como decorre de todos os exemplos que Xenofonte apresenta, e como, de modo claríssimo, confirma Platão especialmente no *Górgias*[49].

Inversamente, a falta de domínio de si torna senhor o corpo e os seus instintos e, portanto, torna o homem totalmente privado da virtude e semelhante aos animais mais selvagens.

Escreve Xenofonte, referindo um colóquio de Sócrates com Eutidemo:

— Em conclusão, parece-me que, segundo tu, ó Sócrates, quem se deixa vencer pelos prazeres do corpo nada tem a ver com qualquer virtude.

— Certo, Eutidemo, disse Sócrates. Que diferença há entre o homem privado do domínio de si e o mais selvagem dos animais? Quem não discerne o melhor e procura fazer sempre tudo quanto sumamente lhe agrada em que difere dos animais mais irracionais?[50]

Tese esta expressa também por Platão e levada ao limite irônico com a eficientíssima comparação do homem que não tem nenhum domínio de si com o carádrio, o qual, segundo a fantasia dos antigos, era uma espécie de ave selvagem ferocíssima, que, sem pousar, comia ao mesmo tempo que defecava[51].

Há mais, porém. Sócrates identificou expressamente a *liberdade* com a *enkráteia*. Isto fazendo, ele abria uma perspectiva inédita: de fato, antes dele, a liberdade tinha um significado quase exclusivamente jurídico e político; com ele assume o *significado moral de domínio da racionalidade sobre a animalidade*. Eis a passagem de Xenofonte que ilustra a equivalência entre *domínio de si* e *liberdade* (ἐλευθερία):

— Dize-me, Eutidemo, perguntei-lhe, não reputas a liberdade um bem nobre e magnífico tanto para o particular como para o Estado?

— É o mais precioso dos bens.

— Consideras livre o homem que se deixe dominar pelos prazeres do corpo e por isso se veja impossibilitado de praticar as melhores ações?

— De forma alguma.

— E não é, talvez, por te parecer digno de um homem livre realizar as melhores ações, que consideras indigno dele ter o que pode impedi-lo de realizá-las?

49. Cf. especialmente Platão, *Górgias*, 491 d ss.

50. Xenofonte, *Memoráveis*, IV, 5, 11s.

51. Platão, *Górgias*, 494 b.

— Justamente.

— E não te parece serem ignóbeis os que são privados do domínio de si?

— Sim, por Zeus, e com razão.

— Pensas que os que são privados do domínio de si sejam apenas impedidos de realizar as ações mais belas ou também constrangidos a realizar as mais horríveis?

— Em verdade, não me parece que sejam menos constrangidos a estas que impedidos de fazer aquelas.

— E como qualificas os senhores que impedem as belas ações e constrangem às mais horríveis?

— Os piores, indubitavelmente, por Zeus.

— E qual é, a teu ver, a pior das servidões?

— Em minha opinião, a que nos sujeita aos piores senhores.

— E os que são privados do domínio de si não são escravos da pior das servidões?

— Assim penso[52].

Em conexão com esses conceitos de *enkráteia* e *eleuthería*, Sócrates deve ter desenvolvido também o conceito de *autarquia* (αὐτάρκεια), ou seja, de *autonomia da virtude e do homem virtuoso.* Maier escreve que "talvez a expressão ainda tenha permanecido estranha a Sócrates; mas ele teve a coisa com muita clareza diante dos olhos"[53]. Ademais, deve-se notar que o adjetivo αὐτάρκης (autônomo, independente) encontra-se em Xenofonte[54], o termo autarquia ocorre no tardio Platão na definição do bem[55], e é técnico em Antístenes[56]. Sabemos ainda que o mestre do sofista Hípias indicava como fim a alcançar a *autarquia técnica*, ou seja, a capacidade de saber fazer por si tudo o que é necessário para a vida; e o próprio Hípias é representado por Platão como particularmente orgulhoso dessa capacidade de saber fazer tudo por si, com as próprias mãos[57]. Portanto, é lógico pensar que também a interiorização da autarquia, ou seja, a sua transformação de autarquia técnica em autarquia moral

52. Xenofonte, *Memoráveis*, IV, 5, 2ss.

53. Maier, *Socrate*, II, p. 30.

54. Cf. Xenofonte, *Memoráveis*, I, 2, 14; II, 6, 2.

55. Cf. Platão, *Filebo*, 67 a.

56. Cf. Diógenes Laércio, VI, 11 (= Decleva Caizzi, fr. 70).

57. Quanto ao mestre de Hípias, de nome Egesidamo, cf. Suda, na voz "Ippia"; sobre Hípias, cf. Platão, *Hípias menor*, 368 b ss.

tenha sido operada por Sócrates, mesmo que depois tenha recebido particular desenvolvimento no âmbito das escolas socráticas[58].

No conceito de autarquia, existem duas notas características: *a*) a autonomia com relação às necessidades e aos impulsos físicos pelo controle da razão (da *psyché*) e *b*) o fato de bastar só a razão (a *psyché*) para alcançar a felicidade. Quem se abandona à satisfação dos desejos e impulsos é constrangido a depender das coisas, dos homens e da sociedade, aqueles e esta em diferente medida necessários para alcançar o objeto que apaga os desejos: torna-se necessitado de tudo o que é dificilíssimo de alcançar e vítima de forças não controláveis por ele, perde a liberdade, a tranquilidade e a felicidade.

Diz o Sócrates de Xenofonte:

> Parece-me, Antifonte, que a felicidade consiste, para ti, na lassidão e no dispêndio: eu, ao contrário, pensava que *de nada necessitar é divino, de pouquíssimo é quase divino*. Ora o divino é a própria perfeição e quem está mais perto do divino está mais próximo da perfeição[59].

Werner Jaeger interpreta perfeitamente o novo valor socrático do conceito sobre o qual refletimos: "Na *autarquia* do sábio revive, no plano espiritual, um traço essencial da antiga concepção grega de heroísmo, realizada principalmente, para os gregos, na figura de Héracles e nas suas 'fadigas' (πόνοι), isto é, na capacidade de se ajudar a si próprio. Enquanto na forma primitiva desse ideal, o valor do herói estava todo na força provada ao enfrentar vitoriosamente potências hostis, encantamentos e monstros de toda sorte, essa força, agora, torna-se interior. Esta só se verifica se os desejos e tendências do homem são contidas e limitadas ao âmbito do que está em seu poder. Só o sábio, que afastou os monstros selvagens das paixões que se agitavam em seu peito, é verdadeiramente suficiente a si próprio: ele se aproxima ao máximo da divindade, do ser que não carece de nada"[60].

---

58. A tese de Maier (*Socrate*, II, p. 30, nota 1), segundo a qual "a transição da autarquia técnica dos sofistas à autarquia moral parece ter sido realizada por Antístenes", tem contra si a evidência, e contradiz também a afirmação do estudioso que referimos acima. É verdade, contudo, que Antístenes aprofundou muito mais este conceito do que os outros socráticos.

59. Xenofonte, *Memoráveis*, I, 6, 10.

60. Jaeger, *Paideia*, II, pp. 91ss.

A propósito desses três conceitos, eixos de sustentação da ética socrática, e fundamentais também para a compreensão da ética posterior, parece-nos que não foi ainda bem destacado o seu fundamental calibre intelectualista. Com efeito, o autodomínio (*enkráteia*) é domínio não da *vontade*, mas da *razão e do conhecimento* sobre os impulsos sensíveis; a liberdade (*eleutheria*) não é o livre-arbítrio, a liberdade do querer, mas a *liberdade do lógos*, ou seja, a capacidade da razão de impor as próprias instâncias às instâncias da animalidade humana. E a autarquia, como independência das necessidades animais, é, também ela, *autossuficiência do lógos* humano. Em suma, esses conceitos nascem da mesma matriz da qual nasce a doutrina da virtude-ciência e da onipotência da ciência, e carrega a mesma marca.

7. O prazer, o útil e a felicidade

No *Protágoras*, Platão põe na boca de Sócrates a afirmação de que o *prazer* e o *bem* coincidem, enquanto nos outros diálogos o Sócrates platônico não só não faz tal identificação, mas, justamente ao contrário, exclui que o prazer seja o bem. Ora, a afirmação do *Protágoras*, que alguns intérpretes de maneira absurda tomaram por boa, na realidade entra no jogo irônico-dialético desse diálogo e tem, não um valor autônomo, mas só de pressuposto comumente aceito: tem o valor de um "dado, mas não concedido". Noutros termos, seguindo o método a ele peculiar (do qual falaremos amplamente adiante), Sócrates, para levar os ouvintes a admitir os seus paradoxos éticos, move-se a partir da convicção comum a todos e que ninguém na realidade contesta (isto é, que o bem e o prazer são a mesma coisa), e, partindo dessa premissa, sobre a qual de fato todos concordam, demonstra que, em todo caso, não é o abandono ao prazer como tal que pode dar a felicidade, mas sim um perspicaz *cálculo do prazer*, uma sábia *mensuração do prazer* que, adequadamente, o saiba discriminar e dosar. E, se assim é, emerge como soberana e salvadora a *arte de mensurar* o prazer, que é ou implica razão e ciência. E, portanto, emerge, partindo também do pressuposto hedonista comum, de que *a virtude* (a suprema habilidade humana) *é ciência*[61].

61. Para a demonstração remetemos ao nosso trabalho, citado acima na nota 36.

De resto, um texto de Xenofonte, absolutamente insuspeito sobre este ponto, diz a mesma coisa:

— Nunca pensaste numa coisa, Eutidemo?

— Quê?

— Que a falta de domínio de si não consegue levar os homens nem mesmo aos prazeres aos quais só ela parece guiar, enquanto o domínio de si (ἐγκράτεια) comporta o mais elevado gozo de tudo.

— Como assim?

— A falta de domínio de si, não permitindo suportar a fome, a sede, nem o ardor dos desejos amorosos, nem a insônia — únicos motivos pelos quais com alegria se come, se bebe, se faz amor, com alegria se repousa e se dorme, depois de ter esperado e suportado, de modo que a satisfação seja a mais agradável possível —, a falta de domínio de si, como dizia, impede de gozar qualquer prazer digno de consideração pelo fato de satisfazer os apetites mais naturais e mais constantes. Ao contrário, só o domínio de si, fazendo-nos suportar todas as necessidades das quais falamos acima, é o único a proporcionar-nos na satisfação dessas necessidades um prazer digno de ser recordado.

— Tudo o que dizes é absolutamente verdade.

— Ademais, com relação ao aprendizado do que é belo e bom, ao cuidado pelo qual se pode prover diligentemente ao próprio corpo, dirigir com diligência a própria casa, ser útil aos amigos e à cidade, dominar os inimigos, — conhecimentos dos quais se extraem não só vantagens, mas também grandíssimos prazeres — enquanto os que dominam a si próprios gozam no cumprimento de tudo isso, os que são privados do domínio de si, ao contrário, não sentem nenhum gozo. Com efeito, a quem consideraremos menos digno de tais gozos senão aquele a quem estes são vetados por encontrar-se ocupado em buscar o prazer do momento?

Respondeu Eutidemo: — Em conclusão, Sócrates, parece-me que, na tua opinião, quem se deixa vencer pelos prazeres do corpo não tem qualquer relação com nenhuma virtude.

— Certo, Eutidemo, disse Sócrates [...][62].

De resto, torna-se evidente o grave erro cometido por todos os que fazem de Sócrates um hedonista, tão logo nos referimos à doutrina da *psyché* e à nova tábua de valores fundada sobre a *psyché*. Como de todos os assim chamados bens do corpo e de todos os bens exteriores, Sócrates não diz do prazer nem que é um bem em si, nem que é um

62. Xenofonte, *Memoráveis*, IV, 5, 9ss.

mal em si: tudo depende do uso que se faça deles: se o prazer é submetido à disciplina da *enkráteia* e da ciência, é algo positivo. É certo, porém, que a felicidade não depende do prazer como tal.

Análogo raciocínio deve ser feito também para o *útil*. Na verdade, quem lê os escritos socráticos de Xenofonte fica com a impressão de que Sócrates identifica o *bem* com o *útil*. E também Platão, embora em registro diferente, atribui a Sócrates a identificação do *bem* com o *vantajoso* e, portanto, com o útil. Explica-se, portanto, que muitíssimos intérpretes tenham considerado *utilitarista* a ética de Sócrates e tenham dado as mais desparatadas exegeses de tal utilitarismo. Mas se a ética de Sócrates fosse verdadeiramente utilitarista, não escaparia à conclusão de que, em última análise, o *fundamento da vida moral, para Sócrates, é o egoísmo*. Na realidade não é assim; mais uma vez, é o conceito de *psyché* que devolve as coisas aos seus lugares e encerra as inumeráveis discussões sobre essa questão. Com efeito, o útil de que fala Sócrates é sempre (ou prioritariamente) o *útil da alma*, e o útil do corpo só lhe interessa *em função do útil da alma*. Antes, podemos ulteriormente es-clarecer que o parâmetro da utilidade é dado pela *areté* da alma, ou seja, da *ciência* e do *conhecimento*. Com relação ao moderno significado do utilitarismo, que está de algum modo sempre ligado ao empirismo e ao positivismo, senão até mesmo ao materialismo, o utilitarismo socrático traz a marca oposta e pode ser corretamente compreendido só em conexão com a descoberta socrática da essência do homem como *psyché*[63].

Diferente é o discurso sobre a felicidade, a grega *eudaimonía*. Que Sócrates tendesse a alcançar a felicidade e que o seu filosofar quisesse chegar, em última análise, a *ensinar os homens a ser verdadeiramente felizes*, é indiscutível. Sócrates, portanto, é nitidamente *eudaimonista*: todos os filósofos gregos, ademais, foram *eudaimonistas*. Um discurso ético que não seja em alguma medida eudaimonista só é pensável a partir de Kant.

---

63. Ver como Maier (*Socrate*, II, p. 24), na tentativa de sair das dificuldades da interpretação utilitarista de Sócrates, capta intuitivamente o justo sentido. Ele escreve (*loc. cit.*): "A isso tendem, segundo a sua [de Sócrates] convicção, todos os preceitos morais: *à perfeição da alma individual*. Não existe outra lei moral. A própria virtude não é senão essa perfeição [...]". Se Maier tivesse ido a fundo nessa intuição (que aparece várias vezes no seu livro), teria sem dúvida antecipado a descoberta de Burnet e de Taylor.

Mas dizer que Sócrates é eudaimonista e que ensinava a alcançar a *eudaimonia* não significa nada, enquanto não se defina em quê ele aponta a felicidade. E também para estabelecer isso é preciso remeter-se à *psyché* e à sua *areté*. A felicidade não é dada nem pelos bens exteriores nem pelos bens do corpo, mas pelos bens da alma, ou seja, pelo aperfeiçoamento da alma mediante a virtude, que é conhecimento e ciência. Aperfeiçoar a alma com a virtude (com o conhecimento) significa, como vimos, para o homem, *atuar a sua mais autêntica natureza, ser plenamente si mesmo*, realizar o pleno acordo de si consigo, e é exatamente isso que leva a ser feliz.

A felicidade é, doravante, *inteiramente interiorizada*, desligada daquilo que vem de fora e até do que vem do corpo, e *posta na alma do homem*, e, portanto, consignada ao pleno domínio do homem. A felicidade não depende das coisas e da sorte, mas do *lógos* humano e da *interior formação que com o lógos o homem pode se dar*. Eis alguns fragmentos de diálogos tirados do *Górgias*, nos quais Sócrates, polemizando com o sofista Polo, nega que poder, riqueza e honras possam tornar felizes:

> Polo — Evidentemente, ó Sócrates, dirás que nem mesmo o Grande Rei sabe que é feliz!
>
> Sócrates — E direi simplesmente a verdade, porque eu não sei como ele está quanto à *formação interior* e quanto à justiça.
>
> Polo — Mas como? Toda a felicidade consiste nisso?
>
> Sócrates — No meu parecer, sim, ó Polo. De fato eu afirmo que quem é honesto e bom, seja homem ou mulher, é feliz, e que o injusto e mau é infeliz[64].

Por outro lado, também a infelicidade não vem de fora, mas de dentro de nós; não os outros, mas exclusivamente nós mesmos podemos fazer-nos os maiores males. Quem é bom possui na sua bondade a maior defesa contra o mal, e ninguém o pode tocar. Lemos na *Apologia*:

> Não creio ser possível que um homem melhor sofra danos de um pior. Poderá, sim, Anito, condenar-me à morte, exilar-me, despojar-me do direitos civis, todas essas coisas que ele, como todos os outros, pensará serem grandes males. Eu não penso. Creio ser mal muito maior fazer o que este faz, isto é, tentar condenar à morte um homem inocente[65].

---

64. Platão, *Górgias*, 470 e.

65. Platão, *Apologia*, 30 d.

E ainda:

> Não há, para o homem virtuoso, nenhum mal, quer na vida, quer na morte [...][66].

E eis quais são os bens e a felicidade para Sócrates:

> Digo-vos que exatamente isso é para o homem o bem maior, refletir todo dia sobre a virtude e sobre outros argumentos sobre os quais me haveis ouvido disputar e pesquisar sobre mim mesmo e sobre os outros, e que uma vida sem tais pesquisas não é digna de ser vivida[67].

Um último ponto deve ser esclarecido antes de encerrar este argumento. Não só a felicidade não carece de nada que venha *de fora* do homem, mas nem mesmo *de acima* do homem. A virtude é autárquica e não necessita de um prêmio no além, pois tem já em si o próprio prêmio, ou seja, a felicidade.

Compreende-se, portanto, que Sócrates não tenha sentido a necessidade de resolver a questão da imortalidade da alma no nível teórico. Ele diz a respeito:

> Morrer é uma destas duas coisas: ou é como um não ser mais nada, e quem está morto não tem mais nenhum sentimento de nada; ou é, como dizem alguns, uma espécie de mudança e de migração da alma deste lugar inferior para outro lugar[68].

No nível da razão, ambas as hipóteses parecem-lhe plausíveis, embora, no nível da fé, ele tenda para a segunda. No nível da razão, ele não podia demonstrar a imortalidade da alma porque faltavam-lhe as categorias metafísicas necessárias para tanto. Mas o que é importante é que ele proclamou, sem meios termos, a *possibilidade para o homem de ser feliz, prescindindo da sua sorte depois da morte, e a total autonomia da vida moral.*

Ao homem virtuoso não pode acontecer nada de mal, porque a virtude é radical defesa de todo mal. Com esta convicção, ele bebeu serenamente a cicuta que lhe causou a morte, e bebeu-a serenamente porque convencido de que a morte mata o corpo, mas não a virtude do homem; destrói a vida, não o ter bem vivido.

---

66. Platão, *Apologia*, 41 d.

67. Platão, *Apologia*, 38.

68. Platão, *Apologia*, 40 c.

8. A amizade

Com Sócrates teve início também a reflexão filosófica sobre a amizade, problemática sobre a qual florescerá posteriormente toda uma literatura, que vai do *Lisis* e do *Banquete* platônicos a dois livros da *Ética Nicomaqueia* (para recordar só as obras de maior significado), e que terá grande sucesso também na era helenística.

Estabelecer qual foi o pensamento socrático sobre a questão não é possível, dado o enorme desnível entre o que nos refere Xenofonte e o que Platão põe na boca do nosso filósofo. É certo que os desenvolvimentos platônicos, à medida que utilizam categorias metafísicas desconhecidas por Sócrates, não podem ser atribuídos a Sócrates; mas é provável que Xenofonte, por sua vez, tenha simplificado demais.

Em todo caso, de Xenofonte extrai-se claramente que Sócrates contribuiu notavelmente para depurar o conceito de amizade, *ligando-o ao valor moral*[69].

O amigo verdadeiro é, indubitavelmente, um bem grandíssimo para os homens, e para conquistar bons amigos o homem não deve economizar qualquer sacrifício.

Mas qual é o amigo verdadeiro? Não é certamente aquele que nos traz vantagens exteriores, por ser, por exemplo, poderoso, famoso, rico. É, ao invés, o homem virtuoso: o homem que possui prerrogativas ligadas à virtude, examinadas acima, ou seja, o homem que *é capaz de bastar-se a si mesmo* (αὐτάρκης), que tem domínio de si (ἐνκρατής) e que possui as qualidades daí decorrentes.

Naturalmente, a condição primeira para conquistar amigos bons é a de nos tornarmos bons nós mesmos: de fato, só quem é bom pode ser amigo de quem é bom. Os maus, entre si, não podem ser senão inimigos ou preferentemente inimigos; e nem mesmo pode florescer amizade entre maus e bons, justamente por causa da sua disparidade.

Em suma, também a amizade é remetida à dimensão da *psyché* e fundada sobre a *areté*. Exatamente nessa direção Sócrates cultivou as suas amizades; e não já discípulos, mas amigos quis que fossem os seus seguidores. E considerando bem, a arte do amor, na qual ele se

69. Cf. Xenofonte, *Memoráveis*, II, cap. 4-10.

vangloriava de ser particularmente dotado, não era senão a sua arte de "cuidar das almas".

9. A política

Sócrates não teve simpatia pela política militante, antes, sentiu por ela forte aversão. Na *Apologia* ele afirma até mesmo que a participação ativa na vida política foi-lhe vetada pelo seu "sinal divino" (do qual falaremos pormenorizadamente adiante)[70]. Ele criticou a práxis democrática, que confiava à decisão por sorteio funções e encargos que deveriam ser, ao invés, distribuídos na base da competência e do valor dos indivíduos. Mas não por isso ele foi simpatizante dos oligarcas. Com efeito, foi perseguido pelos democratas e pelos oligarcas e, pelas mesmas razões, ou seja, porque jamais hesitou em criticar os malfeitos de uns e de outros; antes, por opor-se à injustiça, chegou mesmo a pôr em risco a própria vida.

Todavia, o seu ensinamento esteve bem longe de ser *apolítico*. O horizonte socrático foi o da *polis* grega e, mais ainda, o da *polis* ateniense: a serviço de Atenas ele concebeu e apresentou todo o seu magistério.

Não há dúvida de que ele tendia à formação de homens que do modo melhor pudessem ocupar-se da coisa pública; e também não há dúvida de que a maior parte dos seus amigos o frequentavam justamente por isso. De resto, seja Xenofonte, seja Platão concordam em destacar a natureza política (no sentido grego, naturalmente) do ensinamento socrático.

Poder-se-ia dizer que, assim como o Sócrates irônico afirmou de si que o Deus quis que permanecesse privado de saber, mas fosse capaz de extraí-lo maieuticamente da alma dos outros, assim poderia ter afirmado que o Deus quis que não fosse político (militante), mas capaz de tornar políticos os outros.

Fica claro, do que dissemos até aqui, que o verdadeiro político, para Sócrates, não podia ser senão *o homem perfeito moralmente*, ou seja, o político devia ser *político na dimensão da alma e capaz de*

70. Cf. Platão, *Apologia de Sócrates*, 31 c ss.; cf. a seguir pp. 131-135.

cuidar das almas dos outros. Platão fará Sócrates dizer que "o bom político" será aquele que *cuida da alma* dos outros[71].

O desinteresse de Sócrates pela política militante tornar-se-á, nos socráticos menores, desinteresse político em geral. Ao invés, Platão deu-se muito bem conta do sentido superior da política, que, com o seu magistério, Sócrates desenvolveu; recolheu a sua mensagem e levou-a às extremas consequências. Já no *Górgias*, avaliando o alcance da obra educativa de Sócrates, deu-se conta de que, em comparação com ela, a dos políticos de profissão era quase nula, e não hesitou em proclamar Sócrates como o único "verdadeiro homem político" que a Grécia teve[72].

10. A revolução da não violência

Muito se discutiu sobre as razões que mereceram a Sócrates a condenação à morte. É claro que, em bases estritamente jurídicas, subsistia o crime a ele imputado: Sócrates não acreditava nos Deuses da cidade, e, ademais, induzia outros a fazer o mesmo. Mas é claro que, do ponto de vista moral, o juízo se inverte, e os acusadores juízes se tornam os verdadeiros culpados.

Em todo caso, o fato de *Sócrates ter sido um revolucionário*, e *em todos os sentidos,* é inegável. Mas são dois os modos pelos quais as revoluções se realizam: com o auxílio da força e da *violência* ou com a *não violência*. Ora, Sócrates não só atuou este segundo tipo de revolução, mas também foi o seu teórico de modo claríssimo. A arma da sua revolução não-violenta foi a *persuasão*: não só diante dos homens, mas igualmente diante do Estado. Levado à morte injustamente, foi-lhe oferecida a possibilidade de fugir: ele repeliu esta possibilidade de modo categórico, porque julgou-a *violenta* contra as leis. Platão o faz dizer:

> Não se deve desertar nem retirar-se nem abandonar o próprio posto, mas, seja na guerra, seja no tribunal ou em qualquer outro lugar, é preciso

---

71. Platão, *Górgias*, 504 d ss.

72. Platão, *Górgias*, 521 d.

fazer aquilo que a Pátria e a Cidade ordenam, *ou então persuadi-los* do que consiste a justiça: enquanto *usar violência não é coisa santa* [...][73].

Xenofonte, por sua vez, reafirma:

> Preferiu morrer, permanecendo fiel às leis, a viver, violando-as[74].

Uma única forma mais elevada de revolução não-violenta conhecerá a humanidade depois de Sócrates, a do amor: mas esta permaneceu totalmente desconhecida à grecidade, de modo que a socrática permanece como a mais elevada que o mundo pagão conheceu.

73. Platão, *Críton*, 51 b.

74. Xenofonte, *Memoráveis*, IV, 4, 4s.

III. A TEOLOGIA SOCRÁTICA E O SEU SIGNIFICADO

1. A posição de Sócrates diante do problema teológico

A primeira acusação dirigida contra Sócrates no processo, como dissemos, refere-se exatamente à atitude aberrante que o filósofo manteve tenazmente por toda a sua vida diante da crença oficial nos Deuses, e assim soava:

> Sócrates é réu de não acreditar nos Deuses nos quais acredita a cidade e de introduzir novas Divindades[1].

Evidentemente não se trata de uma acusação de *ateísmo*, porque não pode ser ateu quem é réu de introduzir novas Divindades e é reconhecido como tal; antes, diremos com terminologia moderna, trata-se de uma acusação de *heresia* (diante da religião de Estado).

Portanto, a posição de Sócrates diante de Deus e do Divino não só não tinha objetivamente nada em comum com as posições dos sofistas, que desembocavam (imediatamente ou não) no ateísmo, como vimos acima, mas isto era reconhecido até mesmo por aqueles que arrastaram o filósofo ao tribunal e, noutra perspectiva, não faziam diferença entre ele e os sofistas.

Mas por que Sócrates rejeitava a religião de Estado? Porque repugnava-lhe profundamente o sufocante antropomorfismo, físico ou moral, do qual estava penetrada. Indiretamente, por alguns testemunhos sobre Antístenes, sabemos que este filósofo, inspirando-se justamente em Sócrates, sustentava que "Deus não se assemelha a ninguém e, portanto, ninguém pode conhecê-lo por uma figura"[2], e que "não se o pode ver com os olhos"[3]: isto significa, exatamente, contestar qualquer possibilidade de representar Deus em formas humanas ou em qualquer outra forma física. E no *Eutífron* platônico, ao sacer-

---

1. Cf. Xenofonte, *Memoráveis*, I, 1, 1; Platão, *Apologia de Sócrates, passim; Eutífron*, 2 c ss.

2. Antístenes, frs. 40 a, 40 b, 40 c.

3. Antístenes, fr. 40 d.

dote que lhe narra (como prova da própria sabedoria nas coisas divinas) as lutas, as contendas e as furiosas iras dos deuses contra outros Deuses, Sócrates diz expressamente:

> Mas é justamente esta a razão pela qual sou acusado: porque, quando alguém narra-me coisas semelhantes sobre os Deuses, *eu não consigo aceitá-las*[4].

Isto significa que Sócrates considerava absurdo também o antropomorfismo moral, e negava que aos deuses pudessem ser atribuídos paixões, sentimentos e costumes humanos.

Até aqui, porém, Sócrates não é nada original, porque já Xenófanes denunciara, e de maneira paradigmática, o erro antropomórfico da tradicional concepção dos deuses em todas as suas formas[5].

Além disso, por várias indicações das fontes, parece que podemos extrair que Sócrates, também neste caso reagindo contra o exasperado politeísmo próprio da religião popular, afirmou uma concepção unitária do divino, mesmo que não excluísse a multiplicidade das suas manifestações. Escreve a respeito Maier: "Que ele tenha acabado por considerar única a potência dominadora do universo [...] é certo; e é verossímil que na ocasião tenha contraposto esta divindade única aos muitos deuses da fé popular [...]. Em todo caso, não se pode atribuir a Sócrates um monoteísmo semelhante ao que se nos tornou familiar por obra da teologia cristã e da filosofia moderna por ela determinada. Para as pessoas cultas do seu povo, no campo do divino não existia oposição entre unidade e pluralidade. Atrás da multiplicidade sentia-se o Deus uno, mas mesmo esta unidade não era imaginada senão na variedade viva do plural. E a filosofia não fazia senão confirmar esse modo de ver. Mesmo os filósofos monistas e singularistas admitiam na divindade, e sob ela, uma pluralidade de forças naturais, considerando-as também como divindades e pondo-as em relação determinada com os deuses da religião popular. Uma representação de Deus rigidamente monoteísta só é possível quando Deus é posto qualitativamente, e de maneira dinâmica, acima do mundo: mas isso não acontece entre os gregos. O verdadeiro dualismo entre Deus e mundo permaneceu estranho tanto à religião dos gregos

---

4. Platão, *Eutífron*, 6 a.

5. Cf. vol. I, pp. 97-105.

como à sua filosofia. E uma divinização personificadora tanto das forças da natureza como da realidade e dos ideais ético-culturais era tanto mais facilmente possível, enquanto faltava completamente ao grego o conceito da personalidade, tal como nós o temos. Certamente nem mesmo Sócrates rejeitou um politeísmo deste gênero"[6].

Mas mesmo nessa tendência a unificar o divino, embora mantendo a multiplicidade das suas manifestações, Sócrates tem um antecedente em Xenófanes. A diferença consiste apenas em que Xenófanes concebia Deus em chave cosmológica. Sócrates, como logo veremos, pensa-o sobretudo em chave ética.

Mas — e este é o problema mais difícil de ser resolvido em vista da compreensão da natureza da teologia socrática — consegue Sócrates, com base nas categorias da sua filosofia, *fundar teoricamente* uma concepção de Deus? Os físicos, como vimos, identificaram o Divino com o Princípio cosmogônico e, em todo caso, interpretaram-no em função das suas categorias cosmológicas; mas Sócrates, que rejeitou em bloco a filosofia da *physis*, não podia, evidentemente, valer-se de qualquer categoria extraída de tal filosofia. Por outro lado, não podendo dispor das ulteriores categorias metafísicas, que só depois da platônica "segunda navegação" seriam adquiridas, era fatal que Sócrates falasse de Deus (senão exclusiva, pelo menos principalmente) *em nível intuitivo*. Diante do problema de Deus, em última análise, Sócrates reencontra a mesma dificuldade já encontrada a propósito do problema da alma: e como na definição da alma, não podendo dizer o que ela é ontologicamente, definiu-a em função das suas operações, assim também procedeu ao falar de Deus e do divino. Ele extraiu de Anaxágoras e de Diógenes de Apolônia (e, talvez, também de Arquelau) a noção de Deus como *inteligência ordenadora, libertando-a*, contudo, dos pressupostos físicos sobre os quais se fundava naqueles filósofos, e centrou o seu discurso sobre as obras de Deus, substituindo às motivações físico-ontológicas, motivações de caráter prioritariamente ético ou, em todo caso, de origem tipicamente moral.

Mas vejamos de modo pormenorizado o que nos dizem as nossas fontes a respeito disso, uma vez que se trata de concepções que, porquanto adquiridas em nível principalmente intuitivo, são muito

6. Maier, *Socrate*, II, pp. 152s.

importantes tanto em si mesmas, como para os desenvolvimentos posteriores.

2. Deus como Inteligência finalizadora e como Providência

Quanto à concepção socrática de Deus, Xenofonte é quem — melhor que todos os outros — nos informa, nalgumas passagens dos *Memoráveis* (sobretudo em dois capítulos de grande penetração), questionadas pela crítica da maneira mais inverossímil, chegando até a duvidar da sua veracidade e da sua confiabilidade, mas que, na realidade, se lidas e interpretadas adequadamente, deixam ver claramente as marcas do genuíno pensamento de Sócrates.

Uma primeira passagem, referindo um diálogo que Xenofonte afirma ter ouvido pessoalmente entre Sócrates e Aristodemo, é uma verdadeira demonstração da existência de Deus, centrada nos seguintes conceitos: 1) o que não é simples obra do acaso, mas é constituído para alcançar um objetivo e um fim, postula uma inteligência que o tenha produzido propositadamente; 2) em particular, se observamos o homem, notamos que cada um e todos os seus órgãos são finalizados de modo a não poderem ser explicados senão como obra de uma inteligência (uma inteligência que, expressamente, quis esta obra); 3) contra este raciocínio não vale objetar que não se vê essa inteligência, enquanto se veem os artífices junto com suas obras: de fato, também a nossa alma, ou seja, a nossa inteligência, não se vê, entretanto, ninguém afirmaria que por isso não fazemos nada com a reflexão, mas tudo por acaso; 4) ademais, é possível estabelecer, com base nos privilégios que os homens têm com relação a todos os outros seres (estrutura física mais perfeita e, sobretudo, a posse da alma, ou seja, a inteligência), que o artífice divino cuida do homem de modo particular; 5) uma última confirmação dessa tese é extraída por Xenofonte da mântica (e essa é provavelmente um acréscimo pessoal)[7].

Duas características revelam os traços típicos do socratismo: em primeiro lugar, o nexo que é instituído entre Deus e a *psyché*, ou seja, entre Inteligência divina e inteligência humana; em segundo lugar, o

7. Cf. Xenofonte, *Memoráveis*, I, cap. 4, *passim*.

forte antropocentrismo (todas as provas a favor do finalismo são extraídas da estrutura do corpo, enquanto está ausente qualquer consideração de tipo cosmológico; o homem é visto como a mais conspícua obra de Deus e como o ser do qual ele mais cuida).

Mas leiamos as passagens que se referem ao primeiro ponto:

— E crês seres dotado de certa inteligência?

— Pergunta e responderei.

— E afirmas que fora de ti não exista absolutamente a inteligência, sobretudo considerando que no teu corpo tens uma pequena parte da terra, que é tão extensa, uma exígua parte de água, que é imensa, e que o teu corpo foi formado por alguém que tomou da grande massa dos elementos uma pequena parte de cada um? Se a inteligência não existisse de modo algum, como podes pensar que tu sozinho, por um feliz acaso, te apropriaste dela, e que estes elementos, infinitos em número e imensamente grandes, foram organizados em bela ordem, segundo supões, por uma força não inteligente?

— Sim, por Zeus, porque não vejo quem tem o poder de fazer isso, como vejo quem produz as coisas aqui na terra.

— Mas tampouco vês a *tua alma*, que tem poder sobre o corpo, de modo que, segundo o teu raciocínio, podes afirmar que não realizas nada com a reflexão, mas tudo por acaso[8].

Segue um elenco dos privilégios do homem com relação a todos os outros animais, e como último argumento se lê:

— E não bastou a Deus ocupar-se do corpo, mas, o que é ainda maior, *pôs no homem uma alma de extraordinário poder*. Existe outra criatura cuja alma se dê conta da existência dos deuses que dispuseram tão grandes e tão belas coisas? Que outra raça senão a dos homens venera os deuses? Que outra alma, além da humana, é capaz de evitar a fome ou a sede, o frio ou o calor, curar os males, manter a saúde, esforçar-se por aprender, ou é capaz, enfim, de recordar o que ouviu, viu, aprendeu? Não te parece claro que, com relação aos outros animais, os homens vivem como deuses, dispostos por natureza a dominar com o corpo e com a alma?[9]

E como conclusão de todo o discurso, enfim, lê-se:

— Reflete, caro, continuou, que a inteligência que há em ti governa o teu corpo segundo lhe apraz. Convém, portanto, crer que também a sapiência que está no universo dispõe as coisas como lhe agrada, e não que a tua vista

8. Xenofonte, *Memoráveis*, I, 4, 8ss.

9. Xenofonte, *Memoráveis*, I, 4, 13s.

possa alcançar um raio de muitos estádios, mas que o olho de Deus, ao invés, seja incapaz de abranger tudo junto, não que a tua alma consiga pensar nas coisas daqui, nas do Egito e da Sicília, mas que a sapiência de Deus, ao contrário, não seja capaz de se ocupar ao mesmo tempo com tudo [...][10].

Uma e outra característica (o antropocentrismo e a analogia Deus-alma humana) retornam, e até mesmo ampliadas, noutra passagem dos *Memoráveis*, que vale a pena ler por inteiro, porque, além de ser documento essencial para a compreensão do pensamento socrático, é essencial também para a compreensão do desenvolvimento do pensamento grego, que, aqui, segue a rota inversa à sua tendência de fundo, que é principalmente cosmocêntrica e, portanto, manifesta uma espécie de tendência escondida:

Não se apressava em tornar os seus amigos hábeis no falar, no agir e em afrontar uma situação: considerava que, primeiro, devessem ter um reto sentir. De fato, aos que, privados do reto sentir, eram capazes de fazer tudo isso, considerava que fossem injustos e mais hábeis em realizar o mal. E buscava em primeiro lugar dar-lhes ideias justas a respeito dos deuses. Outros assistiram e em seguida referiram as suas conversações com alguns sobre este ponto. Eu estive presente quando teve esta discussão com Eutidemo.

— Dize-me, perguntou-lhe, Eutidemo, nunca te ocorreu pensar com quanto carinho os deuses prepararam aos homens o necessário?

— Nunca, por Zeus, respondeu.

— E, no entanto, sabes que a nossa primeira e fundamental necessidade é a luz que os deuses nos concedem?

— Certo: se não a tivéssemos, seríamos semelhantes a cegos apesar dos nossos olhos.

— Temos também necessidade de repouso: e eles nos oferecem a noite como dulcíssima restauração.

— Também disso é preciso ser gratos, e muito.

— Ademais, o sol com o seu esplendor ilumina as várias horas do dia e todas as outras coisas, enquanto a noite com as suas trevas é escura; e então, não fazem estas brilhar as estrelas, que nos indicam as horas da noite, e nos permitem realizar muitas operações, para nós indispensáveis?

— Assim é, disse.

— E a lua faz-nos conhecer não só as partes da noite, mas também do mês.

— Sem dúvida.

---

10. Xenofonte, *Memoráveis*, I, 4, 17s.

— E como temos necessidade de alimento, no-lo fazem crescer do solo e nos dão estações aptas a nos fornecerem em grande quantidade todas as espécies de coisas não só necessárias, mas também agradáveis.

— Também isto é um sinal de afeto para com os homens.

— E o fato de dar-nos a água tão valiosa, que faz nascer e crescer, junto com a terra e as estações, tudo o que nos é útil e nos nutre, e, misturada com os alimentos, torna-os mais digeríveis, mais sadios, mais agradáveis: e, em vista da nossa absoluta necessidade, o fato de dar-nos em tão grande abundância?

— Também isto é sinal de uma providência.

— E o fato de ter-nos dado o fogo, que nos defende do frio, que nos defende das trevas, que nos ajuda em todas as artes e em tudo o que os homens fazem para a própria utilidade? Pois, para dizer tudo numa palavra, sem o fogo os homens não fazem nada que tenha valor para a vida.

— Também isto é uma prova evidente de amor pelos homens.

— E o fato de que o sol, depois do período invernal, avance amadurecendo certos produtos e dessecando outros, dos quais passou o tempo, e, feito isto, não continue mais a aproximar-se, mas volte para trás, cuidando para não nos arruinar com excessivo calor, e, quando, depois, distanciando-se, alcança o ponto no qual, se fosse mais longe, nos faria morrer por causa do gelo, cumpra uma nova revolução e comece a aproximar-se e volte àquela parte do céu na qual, mais que em qualquer outra, possa nos ser útil?

— Por Zeus, também isto parece que tenha sido feito justamente para a utilidade dos homens.

— E depois, como evidentemente não poderíamos suportar nem o calor nem o frio, se viessem inopinadamente, o fato de que o sol se nos avizinhe pouco a pouco, e, assim, pouco a pouco se afaste, de modo que sem nos darmos conta passamos de um extremo ao outro?

— Eu, disse Eutidemo, já estou me perguntando se os deuses não têm outra ocupação a não ser o cuidado dos homens: a única dificuldade é que os outros animais participam destes bens.

— E não é claro, retomou Sócrates, que também estes existem e crescem para o homem? Que outra criatura, mais que o homem, tira proveito das cabras, das ovelhas, dos bois, dos cavalos, dos asnos e dos outros animais? Muito mais, a meu ver, que dos produtos do solo — e, na realidade, destes, não menos que daqueles, extraímos alimentos e nos enriquecemos. Muitos, na verdade, não usam como alimento os produtos da terra e nutrem-se de leite, de queijo, de carne que lhes fornecem os rebanhos: mas todos domesticam e domam os animais úteis e servem-se deles como ajuda na guerra e noutros trabalhos.

— Reconheço também isto, disse, porque vejo que a muitos animais, muito mais fortes que nós, os homens sabem tornar tão dóceis a ponto de fazerem o que querem.

— Ademais, como existem tantas coisas belas e úteis, mas diferentes umas das outras, que te parece o fato de ter dado aos homens sentidos adaptados a cada uma, graças aos quais gozamos de tudo o que é bom? E o fato de ter plantado em nós a razão que nos permite julgar a utilidade dos vários objetos percebidos, ajudando-nos com o raciocínio e a memória, e permitindo-nos excogitar muitos meios para gozar os bens e evitar os males? E o fato de ter-nos dado a faculdade de nos exprimir, mediante a qual participamos de todos os bens, instruímo-nos uns aos outros, os pomos em comum, fixamos leis e administramos estados?

— Parece-me, verdadeiramente, Sócrates, que os deuses tratam os homens com o maior desvelo.

— E depois, dada a nossa incapacidade de prever o que nos acontecerá no futuro, o fato de nos socorrer também nisso, revelando, a quem os interroga, o êxito das diversas coisas mediante a adivinhação e ensinando também os melhores meios para ter sucesso?

— E a ti, Sócrates, parece que tratam de modo ainda mais afetuoso que aos outros, se te prenunciam como deves ou não deves agir, sem que os consulte.

— E que eu digo a verdade, poderás reconhecê-la também tu, se, em vez de esperar que os deuses se te revelem de maneira visível, te contentes em ver as suas obras para venerá-los e honrá-los. Considera que eles mesmos mostram querer que assim seja: de fato, os que nos dispensam os bens, não o fazem comparecendo diante de nós, e o mesmo Deus que ordena e mantém todo o universo, sede de toda beleza e do todo bem, que sempre oferece, a quem precisa, as coisas intactas, sãs, imunes ao perecimento, prontas para servir com mais agilidade do que o pensamento e sem falha, este Deus, digo, manifesta-se na produção de obras grandiosas, mas não se manifesta em governá-las. Considera também que o sol, exposto, como parece, aos olhos de todos, não se deixa ver minuciosamente pelos homens, mas se alguém tem a audácia de fixá-lo, cega-o. Também os ministros dos deuses são invisíveis: o raio, sabemos bem, desce do alto e domina sobre tudo aquilo que encontra, mas não se o vê, nem quando irrompe nem quando desaparece; tampouco os ventos se veem, mas os seus efeitos nos são manifestos e, junto, advertimos a sua aproximação. Enfim, a alma do homem, a qual participa, mais do que tudo o que é humano, do divino, tem um indiscutível domínio sobre nós; mas tampouco se a vê. Refletindo sobre tudo isso, não se deve desprezar o invisível, mas reconhecer o poder dos efeitos e honrar a divindade[11].

Ora, que a substância desta exposição provenha efetivamente de Sócrates é praticamente certo, e Platão, assim como o próprio Aristó-

11. Xenofonte, *Memoráveis*, IV, 3, 1-14.

teles, fornecem-nos confirmações precisas[12]. De resto, também neste caso, a relação entre o antes e o depois de Sócrates torna-se iluminadora. Antes de Sócrates, só Diógenes de Apolônia (desenvolvendo um pensamento de fundo de Anaxágoras) sustentou uma concepção teleológica do universo, como vimos acima; todavia, para Diógenes, a Inteligência ordenadora que tudo governa era o *ar* (e a própria alma era ar) e todo o seu discurso era de caráter físico-cosmológico. Sócrates inspirou-se, sem dúvida, no discurso de Diógenes, mas eliminou dele, radicalmente, a fundamentação físico-cosmológica e deu-lhe a nova direção que vimos. Ele falou de Deus simplesmente em termos de inteligência, atividade finalizadora e providência, procedendo no seu discurso de modo puramente intuitivo ou por via de analogia. Mas o que é a inteligência em si, Sócrates não foi capaz de dizê-lo, nem capaz de estabelecer o preciso estatuto ontológico do fim, nem pôde, por consequência, dar um sentido senão genérico àquele cuidado ou providência que Deus tem pelos homens. O trabalho de Platão e de Aristóteles, como veremos, consistirá justamente em dar fundamento a estas intuições, e, consequentemente, redimensioná-las. Sócrates representa, pois, a verdadeira crise do discurso *físico*[13] sobre Deus e a premissa para um discurso teológico em chave metafísica.

---

12. Platão, no *Filebo* (28 d ss.), confirma plenamente não só a hipótese de que Sócrates sustentava a concepção da Inteligência universal ordenadora, mas também que ele a tinha conscientemente extraído dos físicos. Aristóteles aproveita ideias encontradas no capítulo dos *Memoráveis* acima lido nos seus escritos esotéricos, como, não sem estupor, observou Maier (*Socrate*, I, p. 98; II, p. 140). De nossa parte reconfirmamos a tese a propósito do *Tratado sobre cosmo*, que demonstramos ser autêntico e pertencer ao grupo dos exotéricos [Reale, *Aristotele, Trattato sul cosmo*, Nápoles (Loffredo) 1974], o qual apresenta até mesmo tangências verbais com Xenofonte. É claro que a fonte original não é Xenofonte ou, pelo menos, não como autor que fala em primeira pessoa: Xenofonte não estaria, certamente, em condições de efetuar aquelas reformas das quais falamos, ou seja, operar a des-cosmologização do discurso de Diógenes de Apolônia e a ele substituir, como fundamento, a base do discurso socrático. Portanto, Platão e Aristóteles reconfirmam a genuinidade dos principais conceitos do discurso sobre Deus-providência que Xenofonte põe na boca de Sócrates. (Insustentável, portanto, a nosso ver, a tese de Theiler, *Zur Geschichte der teleologischen Naturbetrachtung*, segundo a qual Xenofonte teria extraído o material diretamente de Diógenes).

13. Os sofistas, ao invés, como vimos, representam a crise *negativa* do discurso físico sobre Deus.

3. O "daimónion" de Sócrates

Na acusação principal movida contra Sócrates (em conexão com a acusação de não crer nos Deuses nos quais acreditava a Cidade, e até mesmo como prova suplementar), como já dissemos, afirmava-se que Sócrates introduzia "novas *daimonia*", que os acusadores entendiam como novas "divindades".

A terminologia (τὰ δαιμόνια) indica de modo claro que os acusadores referiam-se ao fato de Sócrates, repetidamente, ter afirmado que advertia em si, em determinadas circunstâncias, um fenômeno divino e sobrenatural, que ele chamava de δαιμόνιον.

Que é este *daimónion*?

Eis o que Platão põe na boca de Sócrates na *Apologia*:

> A razão disso [i.é, do fato de Sócrates ter-se mantido longe da política militante] é aquela que muitas vezes e em muitas circunstâncias me haveis ouvido dizer, ou seja, que em mim verifica-se *algo de divino e demoníaco*, exatamente aquilo que Meleto, zombando, escreveu no seu ato de acusação: é como uma *voz que se me faz ouvir desde quando era criança*, e, quando se faz ouvir, *sempre me impede de fazer aquilo que eu estou a ponto de fazer, mas não me exorta nunca a fazer*[14].

Platão constantemente repete isso toda vez que se refere ao *daimónion* socrático: trata-se de um "sinal" (σημεῖον) ou uma "voz" (φωνή) que Sócrates expressamente dizia ser voz de Deus (τοῦ θεοῦ), isto é, uma voz que lhe provinha de Deus. Também Xenofonte diz a mesma coisa, e discorda de Platão apenas enquanto afirma que o *daimónion* dizia a Sócrates não só o que *não* devia fazer, mas também, positivamente, o que devia fazer.

É claro que o *daimónion* era considerado por Sócrates uma espécie de *divina revelação* a ele concedida, privilégio totalmente excepcional dado a ele pela divindade e, em suma, uma experiência que, de algum modo, transcendia os limites do humano.

Os intérpretes ficaram, na sua maioria, desconcertados e deram do *daimónion* socrático exegeses as mais discordantes. Alguns acreditaram poder decidir radicalmente a questão atribuindo inteiramente à ironia socrática e à sua inventividade toda a questão do *daimónion*;

14. Platão, *Apologia de Sócrates*, 31 c-d.

outros entenderam essa peculiaríssima experiência socrática em chave, por assim dizer, psiquiátrica, como um fato de natureza psicológica; outros, mais moderadamente, reduziram-no à *voz da consciência*, ou ao *sentimento do conveniente*, ou ao *sentimento que invade o gênio*; e os exemplos poderiam multiplicar-se, até chegar às modernas interpretações em chave psicanalítica ou inspiradas na psicanálise. Trata-se, na verdade, de estudiosos que não acreditam no fato religioso e o resolvem ou dissolvem de maneira positivista ou psicologista ou psicanalítica e, por consequência, alteram de maneira irreparável o que há de peculiar na experiência do *daimónion* socrático.

Antes de tudo, é preciso observar que *daimónion* (τὸ δαιμόνιον) é neutro e, portanto (e sobre este ponto têm razão em insistir os intérpretes de tendência positivista e racionalista), não indica um demônio-pessoa, ou seja, um ser pessoal (uma espécie de anjo ou de gênio), mas um *fato* ou *evento* ou *fenômeno* divino: com efeito, tanto em Platão como em Xenofonte, o *daimónion* nunca é chamado *demônio*, mas sim "sinal" e "voz divina".

Observado isso, porém, deve-se logo notar o seguinte: *a*) Sócrates, na *Apologia* de Platão, põe expressamente em conexão o "sinal divino" com os demônios, explicando que, à medida que ele crê em "coisas demoníacas", crê nos demônios e, portanto, nos deuses dos quais os demônios derivam[15]; *b*) ademais, também de maneira expressa, ele o põe em conexão com o próprio Deus, dizendo, sem qualquer possibilidade de equívoco, que o sinal e a voz que ouvia dentro de si eram sinal de Deus e voz de Deus[16]. Ora, toda a grecidade considerou os demônios intermediários entre os deuses e os homens e é altamente provável, para não dizer certo, que essa fosse também a crença de Sócrates. Para o grego, não era facilmente pensável um contato ou uma relação *imediata* de Deus com o homem, e a concepção pluralista do divino, que, como vimos, também Sócrates condividiu, levava a pensar a relação entre Deus e o homem através dos demônios como intermediários.

O "sinal divino" devia, pois, vir a Sócrates através de um demônio, entretanto, ele evitou esta palavra e não é correto (como fazem

15. Cf. Platão, *Apologia de Sócrates*, 27 b ss.

16. Cf. por exemplo Platão, *Apologia de Sócrates*, 40 b.

muitos) traduzir sem mais *daimónion* por *demônio*, porque, fazendo isto, explicita-se aquilo que por Sócrates foi deixado voluntariamente indeterminado: ele, de fato, preferiu ater-se ao que sentia em si e a qualificar como divino esse fenômeno, sem aprofundar o modo pelo qual ele advinha e por quais mediações.

Em conclusão, o *daimónion* foi entendido por Sócrates como um fato extraordinário e de natureza sobre-humana. Para compreendê-lo, é indispensável ligá-lo a dois fatores: em primeiro lugar, à religiosidade socrática, que foi de excepcional intensidade; em segundo lugar, à concepção socrática do Deus-providência[17]. De Xenofonte, como vimos no precedente parágrafo, aprendemos que Deus dispôs os membros do homem em função do bem do homem e ordenou todo o universo e as suas partes em função, mais uma vez, do bem do homem. De Platão extrai-se, ademais, que Deus, além de um cuidado genérico por todos os homens, tem um cuidado particular pelo *homem bom*[18] (note-se: não por cada homem individual — tese que permaneceu estranha à grecidade —, mas só pelo homem virtuoso). É natural, portanto, que, no contexto dessa crença, Sócrates situasse a própria experiência do *daimónion*: tratava-se, ao seu ver, de um particularíssimo sinal com o qual, a ele que tendia com todas as suas forças ao bem, em certas ocasiões, a Divindade providente indicava a via justa.

Mas há ainda um ponto essencial a esclarecer em vista de uma correta compreensão do *daimónion*, e trata-se do âmbito no qual, propriamente, situa-se a sua influência.

Que revela, exatamente, a voz divina?

Em primeiro lugar, deve-se observar que o *daimónion* não tem nada a ver com o âmbito das verdades filosóficas: a "voz divina" não revela absolutamente a Sócrates a "sabedoria humana", nem lhe sugere alguma das proposições gerais ou particulares da sua ética. Para Sócrates, os princípios filosóficos tiram por inteiro a sua validez do *lógos* e não da divina revelação: os procedimentos proféticos de Pitágoras, de Empédocles ou mesmo de Parmênides são quase totalmente estranhos ao nosso filósofo.

17. Sobre este ponto viu muito bem Maier, *Socrate*, II, pp. 168ss.

18. Também este ponto foi posto à luz por Maier, *Socrate*, II, pp. 136-171; cf. em particular p. 143.

Ademais, por estranho que possa parecer, Sócrates não liga imediatamente ao *daimónion* nem mesmo a sua convicção de ter recebido dos deuses, como especial missão, a tarefa de exortar os atenienses a cuidar da alma e da virtude. Lemos na *Apologia* platônica:

Para mim, vo-lo repito, fazer isto foi ordenado por Deus [note-se: ὑπὸ τοῦ θεοῦ], com *vaticínios* e com *sonhos*, e em suma, com outro qualquer daqueles modos nos quais a *sorte divina* (θεία μοῖρα) ordena às vezes ao homem fazer alguma coisa[19].

Excluídos o âmbito da filosofia e, também, o da própria escolha ética de base da vida de Sócrates, não resta senão o âmbito das *ações e dos eventos particulares da vida de Sócrates*. E é exatamente a esse âmbito que todos os textos à nossa disposição sobre o *daimónion* socrático remetem. O sinal divino amiúde impedia fazer determinadas ações (sair de um lugar, atravessar um rio, acolher no seu grupo a determinadas pessoas), e o fato de não fazer aquelas ações resultava posteriormente em grande vantagem. A mais consistente proibição feita a Sócrates pela voz divina foi, sem dúvida, aquela, como já acenamos, de não se ocupar de política militante. E a vantagem que Sócrates teve ao obedecer a tal voz é expressamente destacada na *Apologia*:

Vós bem o sabeis, atenienses: que se há tempo eu me tivesse ocupado com as questões do Estado, há tempo também estaria morto e não teria feito nada de útil nem a vós nem a mim[20].

Uma passagem de Xenofonte ajuda-nos a captar perfeitamente este ponto e concluir:

Quanto a se tornar construtor, metalúrgico, camponês, governante, ou estudioso destas atividades, ou especialista em cálculo, em economia, em estratégia, todas estas matérias ele considerava que se aprendem só com a força da inteligência humana: *mas o que há de mais importante nelas, dizia que os deuses as reservaram para si e, portanto, não é manifesto aos homens*. Na realidade, quem cultivou bem um campo não sabe quem colherá os seus

19. Platão, *Apologia de Sócrates*, 33 c. Como se vê, Sócrates menciona vaticínios (por exemplo a resposta do oráculo de Delfos), e sonhos e outras coisas semelhantes, mas, rigorosamente, evita misturar com eles aquele *daimónion* do qual fala antes e depois desta passagem.

20. Platão, *Apologia de Sócrates*, 31 d.

frutos; quem construiu bem uma casa, não sabe quem a habitará; o comandante não sabe se lhe será vantajoso o comando, nem o estadista se lhe aproveitará ser chefe do Estado; quem desposou uma bela mulher para ser feliz não sabe se sofrerá por sua causa, nem quem buscou parentela poderosa na cidade sabe se por ela será expulso da pátria. Portanto, aqueles que não consideravam nenhuma destas coisas em poder da divindade, mas todas em poder da inteligência humana, dizia serem loucos: assim também chamava loucos os que pediam ao oráculo aquilo que os deuses concederam aos homens resolver mediante o estudo [...] ou aquilo que é possível saber recorrendo ao cálculo, à medida, aos pesos[21].

Ora, o *daimónion*, com as suas proibições, tornava manifesto a Sócrates exatamente aquilo que os deuses tinham reservado para si, e que às vezes revelavam mediante os oráculos[22] e, portanto, era indubitavelmente entendido por Sócrates como uma espécie de *oráculo interior*, com todas aquelas implicações que acima esclarecemos.

4. Relações entre a teologia e a ética de Sócrates

Vimos que o fenômeno do *daimónion*, de caráter peculiarmente religioso, não fere de modo algum a autonomia do âmbito da filosofia socrática. O mesmo devemos dizer a propósito das relações entre a fé religiosa e a teologia em geral, professada por Sócrates, e a sua ética.

A ética socrática não é *teônoma* e, portanto, não tira a sua validez do fato de ser um mandamento ou um querer divino: esta, ao invés, funda-se, como amplamente vimos acima, de maneira totalmente autônoma, sobre aquela que, para Sócrates, constitui a essência do homem, ou seja, a *psyché*. Vimos também que a ética socrática manteve-se autônoma mesmo diante da questão da imortalidade da alma: os valores morais impõem-se por si, prescindindo do fato de a alma durar ou não depois da morte do corpo. Compreende-se, portanto, que, para Sócrates, assim como Deus não intervém na fundação da ética, também não intervenha com prêmios ou castigos, nem neste mundo nem no outro. Diz muito bem a esse respeito Maier: "[...] à

21. Xenofonte, *Memoráveis*, I, 1, 7-9.

22. Zeller (*Die Philosophie der Griechen*, II, 1^5, pp. 83s.) é um dos poucos estudiosos que captou bem este ponto.

divindade não cabe nem mesmo a tarefa de assegurar uma côngrua correspondência entre mérito moral e felicidade, e de instaurá-la a partir de fora com os seus meios. A felicidade é, de fato, para Sócrates, algo de profundamente interior, que tem a sua origem e a sua pátria na alma do homem: reside na própria vida moral. O bom dá a si mesmo a sua recompensa, o mau, o próprio castigo"[23].

Mas então — perguntará o leitor — como se pode, de um lado, conciliar tudo isto com a concepção socrática da divindade, concebida e interpretada substancialmente como inteligência providente? E, de outro lado, não contradiz essa ordem de pensamentos a firme convicção socrática de que Deus tem cuidado particular da causa dos bons e, no limite, chega até mesmo a mandar-lhe o sinal demoníaco?

A resposta é simples. Os valores morais não são criados e impostos pela divindade, mas são *valores supremos*, porque são os valores do espírito e, *assim sendo, são reconhecidos também pela divindade*. Portanto explica-se bem que Deus, mesmo não sendo *autor* dos valores morais, seja *protetor* deles. Em suma, os valores morais não são tais *porque queridos* por Deus, mas pela sua intrínseca, objetiva perfeição, recebem de Deus a máxima consideração. O que significa, como alguém justamente observou, que Sócrates, em certo sentido, reconhece aos valores morais importância final para a realidade cósmica (e é, justamente, desenvolvendo esta intuição e fundando-a no plano metafísico, que Euclides e Platão, como veremos, farão do Bem a suprema realidade universal).

Tudo isto explica perfeitamente o pensamento de Sócrates (que, como dissemos, à primeira vista pode parecer anômalo e contraditório) de que a divindade não se preocupe *em geral* com *todos* os homens, mas *só do homem virtuoso* cuide *de modo particular*. Diz Sócrates aos seus juízes, na *Apologia* de Platão:

> Pois bem, ó juízes, também vós deveis esperar diante da morte, e ter na alma por verdadeira uma coisa: que *ao homem bom* não é possível que aconteça mal algum, nem em vida nem na morte, e que *os deuses não se desinteressam das questões do homem bom*[24].

---

23. Maier, *Socrate*, II, p. 138.

24. Platão, *Apologia de Sócrates*, 41 c-d.

Em nenhum texto de que dispomos se acena, ao invés, a um interesse e um cuidado dos Deuses por *todos os homens individualmente*, e menos ainda a um cuidado dos Deuses pelo homem individual que caminhe fora da reta via, em vista de reconduzi-lo. Ora, a Divindade intervém só a favor do indivíduo que encarna a virtude, porque atraída, por assim dizer, pelo caráter absoluto do valor que ele encarna, como por uma espécie de lei de comunhão do semelhante com o semelhante, mas não por um efetivo ato de amor, como é próprio, para que nos entendamos, do Deus cristão, que não tem proporção com o valor das nossas ações e é, portanto, caracterizado pela total gratuidade do puro dom.

Se assim é, se a divindade ocupa-se de modo especial do indivíduo não enquanto homem individual, mas enquanto bom, é também verdade o inverso: é verdade que o homem não tem necessidade da ajuda da divindade para ser bom. O cuidado especial da divindade pelo homem bom é um consequente (ou seja, um efeito) e não um antecedente (ou seja, uma condição) do seu ser bom. É, portanto, exato o que escreveu Maier: "Para Sócrates, a autarquia moral continua sendo a última âncora de todo desejo de felicidade e de toda confiança na vida; não lhe passa pela cabeça buscar na ligação religiosa à divindade e na ajuda divina um sólido apoio para o homem carente de libertação e de salvação. O otimismo socrático, não se deve esquecer, funda-se completamente sobre o sentimento moral e a fé socrática é, na sua base mais profunda, fé moral. Em suma, a 'filosofia' de Sócrates é e permanece um evangelho do aquém"[25].

25. Maier, *Socrate*, II, pp. 143s.

IV. A DIALÉTICA SOCRÁTICA

1. Função protrética do método dialógico

Para a correta interpretação do "método" socrático de filosofar, precisamos nos remeter ao novo conceito de *psyché*: à alma e ao cuidado da alma, com efeito, tende de modo perfeitamente consciente a dialética de Sócrates, com todos os complexos meios dos quais ela se serve.

E em primeiro lugar, é a referência ao novo conceito de *psyché* que explica a drástica ruptura com o método dos sofistas e com a sua revolução. Comum a todos os sofistas, sem exceção, era o sistema de ensinamento das suas doutrinas mediante *discursos de efeito*, verdadeiras arengas que podiam ser esticadas ao bel-prazer, encantando os ouvintes com o fascínio da palavra fluente, que parecia inexaurível. E nestes discursos se alternava amiúde a prova lógica com citação do testemunho dos poetas e, mais ainda, a citação dos poetas frequentemente tinha o lugar de prova lógica, com o efeito (capciosamente calculado) de pronta e segura incidência sobre o público.

Mas a que serve tudo isso? Como demonstração de bravura e para conquistar o ouvinte, mas não serve absolutamente para fornecer à alma o autêntico alimento e, portanto, para curá-la e torná-la melhor, mas, ao contrário, pode servir *para arruinar a alma de modo irreparável*[1]. Não se cuida da alma do homem com arengas dirigidas a massas de ouvintes, nas quais a individualidade de quem ouve é, como tal, quase totalmente descuidada e ignorada, e não se cuida com discursos em benefício do mestre ou de quem se crê tal: da alma, da alma individual, só se cuida com o *dia-logo*, ou seja, com o *lógos* que, procedendo por pergunta e resposta, envolve efetivamente mestre e discípulo numa experiência espiritual única de pesquisa em comum da verdade. Ao "discurso longo" de efeito, que é monólogo fechado, substitui-se o "discurso breve", como o chama Sócrates, que é, justamente, o diálogo aberto, sempre pronto a dobrar-se às exigências

1. Cf. Platão, *Protágoras*, 311 b-314 c.

mais profundas daqueles que, juntos, buscam e põem em confronto, por assim dizer, alma com alma. E compreende-se, consequentemente, que, nesse diálogo, para a voz dos poetas não havia mais lugar: para Sócrates, chamar em causa o testemunho dos poetas nas discussões filosóficas tinha o efeito de uma voz totalmente estranha, em total falta de sintonia com a razão da qual o diálogo nasce e do qual se alimenta.

É, pois, evidente, na base do que dissemos, que as finalidades do método dialógico socrático são, *fundamentalmente, de natureza ética e educativa* e só *em segundo lugar e mediatamente de natureza lógica e gnosiológica*. A dialética socrática tem em vista a exortação à virtude, o convencimento do homem de que a alma e o cuidado da alma são o máximo bem para o homem, a purificação da alma provando-a a fundo com perguntas e respostas, para libertá-la dos erros e dispô-la à verdade[2].

Mas leiamos alguns documentos que comprovem as afirmações feitas.

Que o método dialógico socrático visasse provar a alma e levá-la a dar conta de si é expresso muito bem nesta passagem do *Laques* platônico:

> Nícias — Ó Lisímaco, parece-me que conheces a Sócrates somente através de seu pai, e que jamais o encontraste, senão quando criança, nas ocasiões em que, acompanhando o pai entre o povo, possas tê-lo encontrado, ou num templo ou nalguma outra reunião. Mas, depois de adulto, não o encontraste nunca, pelo que vejo.
>
> Lisímaco — E por que, Nícias?
>
> Nícias — Porque, ao que me parece, não sabes que qualquer um que se aproxime dele e ponha-se com ele a raciocinar, *qualquer que seja o assunto a tratar, arrastado na espiral do discurso, é inevitavelmente constrangido a ir adiante, até que chegue a dar conta de si, e a dizer de que modo vive e de que modo viveu*; e, uma vez chegado a isto, Sócrates não o deixa mais, enquanto não tiver discernido muito bem cada palavra. Eu tenho o hábito de frequentá-lo e sei que nisso *ninguém lhe escapa*, como sei muito bem que nem mesmo eu lhe escaparei. Porque, ó Lisímaco, tenho prazer em estar com

---

2. A finalidade protrética da dialética socrática foi muito bem captada por Maier, *Socrate*, II, pp. 67ss., o qual, porém, não tendo compreendido o papel que em Sócrates desempenha o conceito de *psyché*, não chega a esclarecer até o fim como opera tal dialética protrética.

ele, e penso que não é mal que haja alguém que *nos recorde que não temos vivido e não vivemos como se deveria*, pois somos inevitavelmente induzidos a ser mais atentos com relação ao futuro, quando não nos subtraiamos a semelhantes provas, e, segundo o dito de Sólon, nos mostremos dispostos e consideremos justo dever continuar a aprender enquanto vivemos, e não creiamos que com a velhice devamos necessariamente perder também o juízo. Para mim, em todo caso, não é coisa nova nem desagradável o fato de *ser posto à prova por Sócrates*; e já o sabia há muito que, estando Sócrates presente, o discurso giraria *não sobre os jovens, mas sobre nós mesmos* [...][3].

No *Cármides*, a discussão dialética, com imagem paradigmática, é representada como um "espólio", um "desnudamento da alma" e uma "contemplação" de si mesma[4].

E na *Apologia*, Sócrates apresenta aos juízes o seu modo de filosofar, o seu modo de andar interrogando, provando e refutando cada um dos atenienses como uma exortação, um incitamento e uma ajuda a "cuidar da alma", como um estímulo irresistível a "dar conta da própria vida"[5]. E justamente a isso ele atribui a razão última que lhe mereceu a condenação à morte: fazê-lo calar com a morte, para muitos, significava libertar-se de dever *pôr a nu a própria alma*; mas o processo iniciado por Sócrates já era irreversível e a supressão física da sua pessoa não deteria aquele processo. Assim, Platão pode pôr na boca de Sócrates condenado à morte esta profecia:

> Eu digo, ó cidadãos que me matais, que uma vingança recairá sobre vós, logo depois da minha morte, muito mais grave do que aquela que cometeis ao matar-me. Hoje fazeis isto *na esperança de vos libertardes do dever de dar conta da própria vida*; e, ao invés, passar-vos-á todo o contrário: eu vo-lo digo antecipadamente. *Não mais apenas eu, mas muitos vos pedirão contas*: todos aqueles que até hoje eu moderava, e vós não percebestes. E serão tanto mais obstinados quanto mais jovens; e a vossa irritação será tanto maior. Pois se pensais que matando homens, impedis que alguém vos repreenda pela vossa vida não reta, estais enganados. Não, não é este o modo de se libertar deles; e não é nem possível nem belo; mas há outro modo belíssimo e muito fácil, em vez de caçar ao outro a palavra, *esforçar-se por ser sempre mais virtuosos e melhores*[6].

---

3. Platão, *Laques*, 187 d-188 b.
4. Platão, *Cármides*, 154 d-e.
5. Platão, *Apologia de Sócrates*, 29 d-e.
6. Platão, *Apologia de Sócrates*, 39 c-d.

Tendo visto o fim da dialética socrática, devemos indicar as suas características de fundo, examinar os modos nos quais se exercitava e individuar os momentos essenciais nos quais se decompunha.

2. O não saber socrático

À medida que é revolucionário o fim da dialética socrática, igualmente revolucionário é o seu ponto de partida. Sócrates parte constantemente da afirmação de *não saber*, pondo-se diante do interlocutor na posição de quem tem tudo a aprender, mais que na posição de quem tem a ensinar. Antes, pode-se dizer que é precisamente essa afirmação inicial de não saber que inverte o "discurso de efeito", ou seja, o monólogo sofístico, e abre a possibilidade do diálogo.

Sobre o não saber socrático muito se equivocou, chegando a ver nele até mesmo o princípio do ceticismo. Na realidade, ele deve ser entendido em chave totalmente diferente, ou seja, como afirmação de ruptura diante do saber da especulação dos físicos e dos sofistas e da cultura tradicional em geral, e como abertura daquela nova forma de saber que Sócrates mesmo chamava de "sabedoria humana" e, expressamente, admitia possuir.

A afirmação socrática do não saber diante do saber dos físicos significava, como já vimos, a denúncia de querer realizar uma empresa que vai além das forças e das capacidades humanas e, na vã tentativa de conhecer as secretas leis do cosmo, descuida o homem e, deste modo, na vazia busca do outro de si, esquece o próprio homem.

Diante dos sofistas significava, ao invés, a denúncia de uma pretensão de saber quase ilimitada.

Górgias afirmava, com uma autoconfiança que chegava à imprudência, ser capaz de responder a qualquer coisa que se lhe perguntasse, e que ninguém tinha na realidade sabido fazer-lhe perguntas verdadeiramente novas[7]. Protágoras, com igual ostentação, afirmava ser capaz de tornar cada vez melhor aquele que o frequentava, ensinando-lhe a vida política[8].

---

7. Platão, *Górgias*, 448 a.

8. Platão, *Protágoras*, 318 a.

Hípias se gloriava de saber fazer de tudo[9], e assim os exemplos poderiam se multiplicar.

Diante do tradicional saber próprio dos políticos, dos poetas e dos cultores das várias artes, enfim, a afirmação socrática do não saber significava a denúncia de uma inconsistência quase total, derivada do fato de permanecerem na superfície dos problemas ou de procederem por pura intuição e por natural disposição, ou da presunção de saber tudo pelo simples fato de dominarem uma única arte[10].

Há mais, porém.

O significado da afirmação do não saber socrático só se mede exatamente pondo-a em relação com o saber de Deus, além da relação com o saber dos homens. Já vimos acima como, para Sócrates, Deus é onisciente, estendendo-se o seu conhecimento do universo ao homem, sem qualquer restrição, até os mais recônditos pensamentos da alma humana. Pois bem, é comparando-o com a estatura deste saber divino que o saber humano se mostra em toda a sua fragilidade e pequenez — e não só aquele ilusório saber do qual falamos acima, mas até mesmo a própria *sabedoria humana* socrática resultam um não saber. De resto, na *Apologia*, o próprio Sócrates, interpretando a sentença do Oráculo de Delfos, segundo o qual ninguém era mais sábio que Sócrates, explicita este conceito:

> Só Deus é sapiente, e isto ele quis dizer no seu oráculo: que pouco ou nada vale a sapiência do homem; e, afirmando que Sócrates é sapiente, não quis, creio, referir-se propriamente a mim, Sócrates, mas apenas usar o meu nome como um exemplo; como se tivesse querido dizer o seguinte: "Ó homens, entre vós é sapientíssimo aquele que, como Sócrates, tenha reconhecido que, na verdade, a sua sapiência não tem nenhum valor"[11].

Enfim, devemos observar o valor e a *função irônica,* que a afirmação do não saber desempenha no interior do método socrático. Não só quando está em jogo a afirmação de princípio com as precisas implicações acima examinadas, mas também quando estão em jogo questões particulares, que Sócrates bem conhece, ele *se finge* de "ignorante". Mas este "fingimento", no caso particular, provoca o efeito

9. Cf. Platão, *Hípias menor*, 368 b ss.

10. Platão, *Apologia de Sócrates*, 21 b-22 e.

11. Platão, *Apologia de Sócrates*, 23 a-b.

análogo ao da proclamação do princípio geral: provoca o choque benéfico sobre o ouvinte e o atrito do qual nasce a centelha do diálogo.

E chegamos assim à "ironia", que constitui o elemento mais característico do método socrático, e que devemos agora esclarecer.

3. A ironia socrática

Ironia (εἰρωνεία) significa, em geral, *dissimulação* e, no nosso caso específico, indica o jogo múltiplo e variado de disfarces e fingimentos que Sócrates punha em ato para forçar o interlocutor a dar conta de si. Eis como Maier a descreve: "O seu tom fundamental é zombar com superioridade dos homens, uma zombaria bizarra que, todavia, deixa entrever um certo desprezo pelo interlocutor [seria melhor dizer: pelo que supõe o interlocutor] ou, pelo menos, a intenção de atenuar o alto conceito que este poderia fazer de si mesmo, e de divertir-se com ele. Na zombaria, Sócrates assume, por palavras ou por fatos, alguma máscara, mostra-se como profundo amigo do interlocutor, como admirador das capacidades e méritos, como que pedindo-lhe conselho ou orientação e assim por diante. Mas ao mesmo tempo cuida que, para quem observa mais a fundo, o fingimento seja transparente; e neste jogo não falta nunca o tom menor de seriedade, embora muito amiúde o ponto de seriedade se encontre só no fim ao qual a zombaria se destina. Mas este fim é sempre sério. De fato, em substância não é senão o fim de toda a ação socrática: a ironia de Sócrates é meio essencial da dialética moral"[12]. Nós acrescentaremos que o jogo irônico de Sócrates vai ainda mais a fundo: nas suas dissimulações, ele finge até mesmo assumir pessoalmente ideias e métodos do interlocutor (especialmente se este é homem de cultura e, em particular, se é sofista), para engrandecê-los ao limite da caricatura, ou para invertê-los com a mesma lógica que lhes é própria e fixá-los na contradição.

Sob as diferentes máscaras que Sócrates assumia eram visíveis os traços da máscara principal, a do não saber e da ignorância: pode-se

12. Maier, *Socrate*, II, pp. 76ss.

mesmo dizer que, no fundo, as máscaras policrômicas da ironia socrática não são mais que variantes dessa principal e, com um multiforme jogo de dissoluções, sempre remetiam a ela.

E era precisamente ela que provocava a fúria dos adversários[13]: a máscara da ignorância assumida por Sócrates era sempre o meio mais eficaz para desmascarar o aparente saber dos outros e revelar-lhes a sua radical ignorância. Mas era também ela que, no modo mais eficaz, ajudava aqueles que, com plena disponibilidade, confiavam-se ao magistério socrático e aceitavam dar conta de si.

Dado que a ironia, no sentido aqui entendido, é consubstancial ao método socrático e pervade-o inteiramente, pode-se seguramente afirmar que a dialética socrática, enquanto tal, pode ser chamada de "ironia". E dado que sem diálogo, para Sócrates, não há filosofia, pode-se dizer que *a ironia é a cifra do filosofar socrático.*

Mas resta ainda falar dos dois momentos essenciais nos quais a dialética e, portanto, a ironia, se desenvolvem, ou seja, o da "confutação" e o da "maiêutica".

4. Confutação *(elenchos)* e maiêutica

O primeiro momento da ironia era, por assim dizer, a *pars destruens*, isto é, o momento (como acima dissemos) em que Sócrates levava aquele com quem dialogava a reconhecer a própria presunção de saber e, portanto, a própria ignorância. Ele forçava a definir o assunto em torno ao qual versava a pesquisa; depois se aprofundava de vários modos na definição, explicitava as falhas, as contradições às quais levava; convidava em seguida a tentar uma nova definição e, com o mesmo procedimento, confutava-a, e assim por diante, até o momento em que o interlocutor se reconhecia ignorante.

Eis como, no *Sofista,* Platão descreveu este momento do método:

---

13. Platão, *República*, I, 337 a: "E ele [Trasímaco] ao ouvir-me prorrompeu em grande gritaria e disse: por Héracles, eis aqui a famosa habitual ironia de Sócrates! Eu sabia, até mesmo o dizia antes aos que estão aqui, que tu não só não responderias, mas farias ironia e tentarias qualquer outra via antes que responder às perguntas que te fossem dirigidas".

Se alguém crê dizer alguma coisa sobre questões em torno às quais não diz nada que tenha sentido, sobre estas eles [i.é, Sócrates e os seguidores do método socrático] o interrogam. Depois analisam com facilidade as suas opiniões, enquanto opiniões de alguém privado de rigor no pensamento: com o discurso as reúnem e as confrontam entre si, e assim em seguida demonstram que elas, ao mesmo tempo, a respeito dos mesmos assuntos, com relação às mesmas coisas, segundo os mesmos pontos de vista, estão todas em oposição entre si. E aqueles, assistindo a tudo isso, experimentam um descontentamento com eles mesmos, fazem-se mais dóceis diante dos outros, e assim libertam-se de todas as enraizadas e orgulhosas opiniões que tinham sobre si, e esta é entre todas a libertação mais doce para quem a assiste e a mais estavelmente fundada para quem passa por ela. Pensam, com efeito, [...] os autores desta purificação, de maneira análoga ao que dizem os médicos do corpo, isto é, que um corpo não pode gozar do alimento que se lhe oferece antes de se eliminarem dele os impedimentos internos; exatamente a mesma coisa aqueles purificadores chegaram a pensar da alma, isto é, que ela não desfrutará dos conhecimentos a ela fornecidos antes que alguém, exercitando a confutação, reduza à vergonha de si o confutado, tirando as opiniões que cortam a via aos conhecimentos e purificando-a totalmente de modo a saber somente o que sabe e nada mais [...]. Por todas estas coisas [...] *nós devemos afirmar que a confutação é a maior, a fundamental purificação, e quem não foi beneficiado por ela, seja ele o Grande Rei, só pode ser considerado como maculado pelas mais graves impurezas e privado de educação, e até mesmo um bruto, justamente naquelas coisas com relação às quais qualquer um que verdadeiramente quisesse ser um homem feliz, acreditava estar purificado e embelezado da maneira mais plena*[14].

Foi justamente com este momento *confutatório* do seu método que Sócrates adquiriu as mais vivas aversões e as mais duras inimizades, que, no limite, lhe valeram a condenação à morte. E é claro que os medíocres deviam reagir negativamente a essa confutação. Eles partiam de uma ingênua certeza e segurança de saber, eram frequentemente postos em xeque-mate até a exaustão de todos os seus recursos. Por consequência, produzia-se neles uma crise que derivava, de um lado, de um improviso ofuscamento daquilo que antes consideravam seguro, e, de outro, da falta de novas certezas às quais se agarrar. E dado que a soberba impedia-os de admitir que não sabiam efetivamente, acusavam Sócrates de confundir-lhes as ideias

14. Platão, *Sofista*, 230 b-e.

e entorpecê-los. Daqui a acusação contra Sócrates de ser um semeador de dúvidas e, portanto, um corruptor. Melhor do que todos, exprime esta atitude a personagem Ménon, no homônimo diálogo platônico:

> Ó Sócrates, tinha ouvido, antes mesmo de encontrar-me contigo, que tu não fazes senão duvidar e que fazes duvidar também os outros: ora, como me parece, tu me fascinas, me encantas, me enredas completamente, de modo que me tornei cheio de dúvidas. E parece-me verdadeiramente, se é lícito brincar, que te assemelhas muitíssimo, pelo aspecto e por tudo o mais, à raia marinha; também esta, de fato, entorpece quem dela se aproxima e a toca: e parece-me que agora, tu também produziste sobre mim um efeito semelhante. Com efeito, tenho a alma e a boca entorpecidas e não sei mais o que te responder. Contudo, muitas e muitas vezes discorri sobre a virtude, diante de muitas pessoas e muito bem, pelo menos segundo me parecia; agora, ao invés, não sei nem mesmo dizer o que ela é. E parece-me que tu decidiste acertadamente não atravessar o mar e não viajar: se tu, de fato, fizesses tais coisas, em outra cidade, serias expulso imediatamente como impostor[15].

Mas se sobre os medíocres, que não admitiam reconhecer-se ignorantes, era este o efeito que produzia a confutação, outro êxito ela produzia sobre os melhores. Como vimos na passagem do *Sofista*, ela *purificava*, enquanto destruía certezas não autênticas, mas aparentes e falsas, e logo conduzia não a uma perda, mas a um ganho. E o ganho, ainda uma vez, o *Sofista* nos disse em que consistia: *enquanto existem na alma falsas opiniões e falsas certezas, é impossível alcançar a verdade; porém, eliminadas aquelas, a alma fica purificada e pronta para alcançar, se dela está grávida, a verdade.*

E assim passamos ao segundo momento do método irônico.

Dissemos que, para Sócrates, a alma só pode alcançar a verdade "se dela está grávida"; ele, de fato, como vimos, professava-se ignorante e, portanto, negava decididamente ser capaz de comunicar aos outros um saber ou, pelo menos, um saber constituído de determinados conteúdos. Mas como a mulher que está grávida no corpo tem necessidade do obstetra para dar à luz, assim o discípulo que tem a alma grávida da verdade tem necessidade de uma espécie de obstetra espiritual, que ajude esta verdade a vir à luz, e esta é, justamente, a maiêutica socrática.

---

15. Platão, *Ménon*, 80 a-b.

Platão no-la descreveu em páginas exemplares, que não podem ser resumidas nem parafraseadas, mantendo todas as múltiplas alusões e as características nuanças das quais estão cheias, e que, portanto, vale a pena ler por inteiro:

Sócrates — Tu sentes as dores, caro Teeteto: sinal de que não estás vazio, mas pleno.

Teeteto — Não sei, ó Sócrates: digo-te só aquilo que experimento.

Sócrates — Meu caro amigo, e não ouviste dizer que eu sou filho de uma hábil e vigorosa parteira, chamada Fenarete?

Teeteto — Sim, isto ouvi dizer.

Sócrates — E que eu exerço a mesma arte, ouviste dizer?

Teeteto — Não, nunca.

Sócrates — Sabe, pois, que assim é. Tu, porém, não deves dizê-lo aos outros. Não o sabem, caro amigo, que eu possuo esta arte; e, não sabendo, não dizem isto de mim, mas que eu sou o mais extravagante dos homens e que não faço outra coisa senão semear dúvidas. Também isto terás ouvido dizer, não é verdade?

Teeteto — Sim.

Sócrates — E queres que eu te diga a razão disso?

Teeteto — Perfeitamente.

Sócrates — Procura entender bem o que é esta profissão de parteira, e compreenderás mais facilmente o que quero dizer. Tu sabes que nenhuma mulher, enquanto é capaz de conceber e gerar, atua como parteira com relação a outras mulheres; mas só aquelas que não podem mais gerar.

Teeteto — Certo.

Sócrates — A causa disso dizem ter sido Artêmis, a quem coube presidir os partos sendo virgem. Ela, pois, às mulheres estéreis, não concedeu atuar como parteiras, sendo a natureza humana demasiado débil para que alguém possa adquirir uma arte da qual não tenha tido experiência; mas atribuiu este ofício àquelas mulheres que pela sua idade não podiam mais gerar, honrando deste modo a semelhança que elas tinham com ela.

Teeteto — Naturalmente.

Sócrates — E não é também natural, e até mesmo necessário, que sejam as parteiras a reconhecer, melhor do que qualquer outra, se uma mulher está grávida ou não?

Teeteto — Certamente.

Sócrates — E não são as parteiras que, administrando remédios e fazendo encantamentos, podem despertar as dores ou torná-las menores se querem; e facilitar o parto às que têm dificuldade; e também fazer abortar, se pensam que devem fazê-lo, quando o feto está ainda imaturo?

Teeteto — É verdade.

Sócrates — E não observaste nunca a respeito delas também o seguinte: que são habilíssimas em promover casamentos, especialistas que são em conhecer que homem e que mulher devem se unir para gerar os melhores filhos?

Teeteto — Não sabia disso.

Sócrates — Pois então sabe que desta arte elas se vangloriam mais do que do corte do umbigo. Pensa um pouco: crês que seja a mesma arte ou duas artes distintas a de recolher com todo cuidado os frutos da terra, e a de reconhecer em que terra tal planta deve ser plantada, e que semente deve ser semeada?

Teeteto — A mesma arte, creio.

Sócrates — E quanto à mulher, crês que sejam diferentes a arte de semear e a de colher?

Teeteto — Não me parece.

Sócrates — Não é, com efeito. Mas, por causa daquele tipo de união de homem e mulher, contra as leis e contra a natureza, ao qual se dá o nome de rufianismo, as parteiras que são ciosas da sua reputação, abstêm-se também de promover casamentos honestos, por medo de serem acusadas de fazer um mau negócio; pois só às parteiras verdadeiramente dignas convém, creio eu, promover casamentos como se deve.

Teeteto — A mim também parece.

Sócrates — Este é, portanto, o ofício das parteiras; e ele é digno, mas inferior ao meu. Com efeito, às mulheres não ocorre dar à luz ora a quimeras e ora a seres reais, o que não é fácil reconhecer; pois se isto acontecesse, não te parece que seria um grande e belo ofício para as parteiras distinguir o verdadeiro do não verdadeiro?

Teeteto — Sim, isto me parece.

Sócrates — Ora, a minha arte de obstetra assemelha-se em todo o resto à das parteiras, mas difere dela no fato de agir sobre homens e não sobre mulheres, e cuidar das almas grávidas e não dos corpos. E a minha maior capacidade é que eu consigo discernir seguramente se a alma do jovem dá à luz a uma quimera e a uma mentira, ou se a algo real. Pois eu tenho em comum com as parteiras o fato de ser também estéril... de sapiência; e a reprovação que muitos já me fizeram, que eu sempre interrogo os outros, mas não manifesto nunca sobre qualquer questão o meu pensamento, ignorante que sou, é uma reprovação verdadeira. E a razão é que o Deus obrigou-me a ser obstetra, mas proibiu-me gerar. Eu sou, portanto, ignorante, e de mim não saiu nenhuma sapiente descoberta que tenha sido produzida pela minha alma; ao invés, aqueles que se comprazem da minha companhia, embora alguns deles pareçam no início totalmente ignorantes, continuando a frequentar-me, conseguem em seguida, desde que Deus o permita, extraordinário proveito, como eles mesmos e os outros constatam. E é claro que não aprenderam nada de mim, mas unicamente por si mesmos aprenderam e geraram muitas e belas coisas. Porém, o mérito de tê-los ajudado cabe a Deus e a mim. E eis a prova. Muitos que não conheciam isto e consideravam que o mérito fosse todo deles, e olhavam-me com certo desprezo, um dia, mais cedo do que deviam, afastaram-se de mim, por sua própria vontade ou instigados por outros; e, uma vez longe, não fizeram senão abortar em todas as suas produções, por causa das más ligações que contraíram, mas também arruinaram, por falha de educação, tudo aquilo que com a minha ajuda tinham dado à luz, tendo mais em conta as mentiras e as quimeras do que a verdade; e acabaram por parecer extremamente ignorantes a si mesmos e aos outros. Há alguns que voltam a buscar a minha companhia e fazem proezas para conseguir isto; e se com alguns deles o demônio que está sempre presente em mim me impede de estabelecer relações, com outros, ao contrário, o permite, e estes voltam a tirar proveito disso. Ora, os que se relacionam comigo também nisso padecem as mesmas penas das mulheres parturientes: pois sentem as dores, e dia e noite estão cheios de inquietação muito mais que as mulheres. E a minha arte tem justamente o poder de, ao mesmo tempo, suscitar e acalmar as suas dores. Assim se passa com eles. Há outros, ó Teeteto, que não me parecem grávidos; com relação a estes, sabendo que não têm necessidade de mim, esforço-me por encontrar-lhes um lugar; e com a ajuda de Deus, consigo muito facilmente encontrar alguém com quem possam relacionar-se e encontrar satisfação nisso. E assim, a muitos aproximei de Pródico, e muitos a outros sábios e divinos homens. Pois bem, caro amigo, contei-te toda esta história justamente por isso, porque suspeito que tu, e talvez tu mesmo creias, estejas grávido e sintas as dores do parto. Portanto, confia-te a mim, que sou obstetra e filho de parteira; e o que te pergunto, tenta responder da melhor maneira possível. Se, depois, examinando as tuas respostas, eu encontrar que algumas são quimeras e não verdades, arranco-as de ti e lanço-as fora, e não te zangues comigo como fazem com seus filhos as que dão à luz pela primeira vez. Já muitos, caro amigo, têm contra mim esta má disposição, tanto que estão até mesmo prontos a agredir-me se eu tento arrancar deles alguma opinião extravagante; e não veem que faço isso por benevolência, longe como estão de saber que nenhum Deus quer o mal dos homens; e não é, na verdade, por maldade que eu faço isso, mas só porque não considero lícito aceitar a falsidade ou obscurecer a verdade[16].

16. Platão, *Teeteto*, 148 e-151 d. Maier (*Socrate*, II, pp. 68s.) considera que a "maiêutica", tal como descrita nesta passagem, é uma inovação de Platão, o qual (como também no *Ménon* e em outros diálogos) tende a demonstrar a existência de um

Arte de obstetra dirigida à *psyché*, eis como Sócrates define a sua arte irônico-maiêutica, e não se poderia fazê-lo de melhor maneira, nem se poderia representar melhor o papel central da *alma* na dialética socrática.

5. Sócrates, fundador da lógica?

Foi por muito tempo um lugar-comum a afirmação de que Sócrates é o *criador ou o descobridor do conceito* e, por consequência, o fundador da lógica ocidental. Já os elementos que fomos progressivamente destacando e as passagens platônicas que apresentamos para ilustrar o método irônico socrático seriam por si suficientes para tirar toda plausibilidade a esta afirmação. O método dialógico socrático tem, com efeito, um fim essencialmente ético-pedagógico e até mesmo religioso (dado que Sócrates afirma praticá-lo *por ordem de Deus*), e a peculiar valência lógica, que ele inegavelmente tem, não é posta por Sócrates em primeiro plano. Todavia, dado que esta interpretação de Sócrates como descobridor do conceito foi difundida por autorizados intérpretes e é até hoje muito apoiada pela manualística, é necessário que a submetamos a um exame crítico, que demonstre a sua falta de fundamento.

---

patrimônio apriorístico de conhecimentos latentes na alma humana. Mas a passagem que lemos não relaciona de modo algum a maiêutica com a doutrina platônica do inatismo, tal como é exposta no *Ménon* e em outros diálogos (*Fédon, Fedro*), mas até mesmo contradiz a doutrina do inatismo, à medida que fala de almas não grávidas e, portanto, incapazes de se beneficiar da companhia de Sócrates e, portanto, incapazes de dar à luz a verdade. Esta não gravidez de algumas almas está, pois, em nítida antítese com a doutrina do inatismo platônico, *que vale para todas as almas indistintamente*. Para nós, portanto, a "maiêutica" (e a página lida é a mais bela prova) não coincide de modo algum com a doutrina platônica da "anamnese": esta é, ao invés, a teoria que Platão excogitou para sair das aporias que a maiêutica implicava: a maiêutica socrática implicava que *só algumas* almas são fecundas da verdade, a anamnese platônica implicava, ao invés, que *todas* o são, justamente à medida que são almas (mesmo as dos escravos, por exemplo; cf. o *Ménon* onde, para provar a doutrina da anamnese, interroga-se justamente um escravo). De resto, uma expressiva confirmação da tese da autenticidade da doutrina da maiêutica como *arte de fazer a alma dar à luz* é dada pela linguagem que Aristófanes, nas *Nuvens* (vv. 135-137), põe na boca de Sócrates, e que corresponde à do *Teeteto*.

Já Schleiermacher viu no pensamento socrático o despertar da ideia da ciência e o nascimento das primeiras formas próprias da ciência[17]. E Zeller, dando a esta exegese a forma mais completa, escreveu que "é a ideia de ciência que está na base da filosofia de Sócrates"[18], no sentido de que não só Sócrates fez ciência como os outros filósofos, mas por primeiro alcançou a consciência da ideia de ciência enquanto tal e das condições e procedimentos que a tornam possível. E a condição para haver ciência seria redutível a este princípio: não se pode afirmar nada de um objeto enquanto não se conheça dele *o conceito*, a sua essência universal permanente. Consequentemente, o procedimento seguido por Sócrates para alcançar o conceito seria o da *indução*, a passagem lógica dos casos particulares ao universal.

Daqui, em seguida, partiram os intérpretes que, forçando ulteriormente a questão, fizeram de Sócrates o fundador da cultura racionalista e o pai do moderno racionalismo.

Ora, a fonte na qual se basearam estes intérpretes, que veem em Sócrates o descobridor do conceito e da lógica ocidental, é oferecida por algumas passagens da *Metafísica* de Aristóteles, que convém ler:

> Sócrates ocupava-se de questões éticas e não da natureza na sua totalidade, mas no âmbito daquelas buscava o *universal*, tendo por primeiro fixado a atenção sobre as *definições*. Ora, Platão aceitou esta doutrina socrática, mas acreditou, por causa das convicções que ele acolheu dos heraclitianos [i.é, aquelas doutrinas segundo as quais todas as coisas sensíveis estão em perene fluxo], que as definições se referissem a outras realidades e não às sensíveis: de fato, ele afirmava ser impossível que a definição universal se referisse a algum dos objetos sensíveis, porque sujeitos a contínua mudança; ele então chamou estas outras realidades de Ideias e afirmou que os sensíveis existem separados delas [...][19].

E ainda:

> Sócrates [...] buscava a essência das coisas e a reta razão: de fato ele tentava seguir o procedimento silogístico, e o princípio dos silogismos é, justamente, a essência [...]. Com efeito, duas são as descobertas que com

17. F. Schleiermacher, *Über den Werth des Sokrates als Philosophen*, in *Sämmtliche Werke*, III, 2, pp. 287-308.

18. Zeller, *Die Philosophie der Griechen*, II, 1, p. 106.

19. Aristóteles, *Metafísica*, A 6, 987 b 1 ss.

razão podem ser atribuídas a Sócrates: os *raciocínios indutivos* e a *definição universal*; e estas descobertas constituem a base da ciência[20].

E enfim:

A este modo de raciocinar [próprio dos platônicos] deu início Sócrates mediante as definições; Sócrates, porém, não sabia as definições das coisas particulares[21].

Ora, os estudos destes últimos decênios puseram bem à luz que Aristóteles deve ser tomado com extrema cautela como fonte histórica, porque ele, mais do que referir o pensamento dos autores dos quais fala, interpreta-o e sistematiza-o em função das suas próprias categorias[22]. Em particular, nas passagens que lemos, diz duas coisas que são exatas e que são observações objetivas, isto é, que Sócrates ocupou-se de questões éticas e que a doutrina das Ideias é de Platão e não de Sócrates. Mas a terceira coisa que Aristóteles diz, a que qualifica Sócrates como o descobridor do universal, da definição e do procedimento indutivo, *não pode ser de modo algum verdadeira*, pelo simples motivo de que tais descobertas postulavam toda uma série de categorias lógicas e metafísicas (universal-particular, essência-conceito, dedução-indução) que não só não estavam à disposição de Sócrates, mas nem sequer do primeiro Platão. Só a partir da *República* aquelas categorias começariam a se constituir e, mais ainda, só com Aristóteles tomariam forma aquelas figuras lógicas que ele pretende atribuir a Sócrates.

Na pergunta "que é?", com a qual Sócrates martelava os interlocutores, como hoje cada vez mais se reconhece no nível dos estudos especializados, "não estava absolutamente contido o conhecimento teórico da essência lógica do conceito universal"[23]: de fato, com aquela pergunta, ele *queria pôr em movimento todo o processo irônico-maiêutico e não queria absolutamente alcançar definições lógicas*. Sócrates abriu o caminho que devia levar à descoberta do conceito e da definição e, antes ainda, à descoberta da essência (do *eidos* platônico), e exerceu também um notável impulso nessa direção, mas

20. Aristóteles, *Metafísica*, M 4, 1078 b 23-30.

21. Aristóteles, *Metafísica*, M 9, 1086 b 2 ss.; cf. também M 4, 1078 b 39 ss.

22. Ver o nosso comentário ao livro A da *Metafísica* aristotélica, *passim*.

23. Jaeger, *Paideia*, II, p. 170.

não estabeleceu a estrutura do conceito e da definição, tendo-lhe faltado todos os instrumentos necessários para isto, os quais, como já dissemos, foram descobertos posteriormente.

A mesma observação vale a propósito da indução, que Sócrates certamente aplicou largamente, levando amiúde o interlocutor do caso particular ao geral, valendo-se sobretudo de exemplos e analogias, mas não a individuou em nível teórico e, portanto, não a teorizou de modo reflexo. De resto a terminologia "raciocínios indutivos" não só não é socrática, mas, propriamente, nem sequer platônica: ela é tipicamente aristotélica e supõe todas as aquisições dos *Analíticos*.

É preciso, pois, concluir que Aristóteles, puro teórico como era, incorreu em erro de perspectiva histórica, ao pretender encontrar em Sócrates algumas descobertas que são suas; e os estudiosos modernos, Zeller à frente, que se fundaram sobre ele, deixaram-se arrastar em análogo erro de perspectiva. E dado que Zeller, como sabemos, foi a fonte imediata ou mediata da moderna manualística, a tese, à força de ser repetida, tornou-se *communis opinio*, e só as mais rigorosas e penetrantes técnicas contemporâneas de pesquisa historiográfica demonstram a sua falta de fundamento.

Não distante da verdade histórica parecem estar, ao invés, as afirmações que se leem nas seguintes passagens de Xenofonte:

> De que modo tornava os seus amigos mais hábeis na dialética, eis o que tentarei expor. Sócrates considerava que todos os que conhecem o *que é um objeto* podem explicá-lo também aos outros, mas os que não o conhecem, dizia não ser estranho que se enganassem e enganassem os outros. Por isso, estando com os amigos, não cessava de examinar o que é cada objeto[24].

> [Sócrates] acrescentava também que o vocábulo "dialética" derivava do uso de reunir-se para discutir, *distinguindo as coisas por gêneros*; em consequência disso, era preciso preparar-se da melhor maneira possível neste exercício e aplicar-se a ele com o máximo cuidado, porque este estudo torna os homens ótimos e aptos em sumo grau para dirigir e para discutir[25].

> Quando discutia uma questão, *discutia mediante princípios concordemente admitidos*, considerando que este era o único método seguro. Por isso entre os que eu conheço, só ele, quando discutia, ganhava numeroso consenso dos

24. Xenofonte, *Memoráveis*, IV, 6, 1.
25. Xenofonte, *Memoráveis*, IV, 5, 12.

ouvintes. E dizia que Homero fez de Ulisses um orador seguro justamente porque era capaz de guiar o discurso mediante princípios reconhecidos por todos[26].

Ora, dos três critérios lógicos que se extraem dessas passagens, nenhum soa suspeito nem dá sinais de posteriores doutrinas, pelo contrário, todos resultam confirmados pelos diálogos platônicos nos quis se vê como Sócrates os exercitava concretamente.

a) Sócrates buscava "o que é" das coisas e levava a fazer o mesmo. E isto é exato, mas não significa absolutamente que ele tivesse descoberto a natureza ontológica da essência, ou, como diz Aristóteles, a natureza lógica do *universal* e da *definição* (do conceito). Não significa tampouco que Sócrates necessariamente soubesse encontrar e indicar aquele "o que é", dado que a finalidade do método era protrética, e o que o filósofo *in primis et ante omnia* queria obter era o exame da *psyché* do interlocutor.

b) Sócrates ensinava que a dialética procede "distinguindo por gêneros" ou "classificando por gêneros" e isto também é, ou pode muito bem ser, verdade (desde que se entenda o termo "gênero" em sentido tardoplatônico ou aristotélico), uma vez que classificar por gênero insere-se no procedimento que visa individuar "o que é" uma coisa.

c) Sócrates, quando queria resolver uma questão, procedia discutindo na base de princípios aceitos concordemente por todos os ouvintes (mesmo que não condivididos por Sócrates), e deles partia para tirar as suas conclusões. E isto é perfeitamente confirmado pelos diálogos platônicos. O exemplo mais eloquente é o *Protágoras*, onde Sócrates, para poder demonstrar que *a virtude é ciência*, como já dissemos, parte do princípio admitido por todos de que o bem e o prazer coincidem (que é um princípio não aceito por ele pessoalmente), e, tirando dele uma série de conclusões, sobre as quais cuida sempre de garantir o assenso dos ouvintes, chega a afirmar a própria tese.

26. Xenofonte, *Memoráveis*, IV, 6, 15.

Este modo de proceder de Sócrates só se explica perfeitamente se temos presente a função protrética da sua dialética. E o mesmo vale também para todos aqueles artifícios, muitas vezes visivelmente capciosos, que encontramos especialmente nos primeiros diálogos platônicos, os quais só recebem a sua justa interpretação nessa perspectiva[27].

Em conclusão, Sócrates foi uma excelente mente lógica, mas não elaborou uma lógica em nível teórico; na sua dialética encontram-se os germes que levarão a futuras e importantes descobertas lógicas, mas não descobertas lógicas conscientemente formuladas.

Só com base nesta exegese é possível explicar as diferentes tomadas de posição dos discípulos de Sócrates e as opostas direções assumidas pelas Escolas socráticas. Alguns, de fato, dirigindo-se exclusivamente para finalidades éticas do método socrático, abandonaram qualquer aprofundamento lógico e rejeitaram as tentativas daqueles que se moveram nessa direção. Platão desenvolveu, ao invés, os germes lógico-metafísicos da dialética socrática, até elaborar um grandioso sistema especulativo. Euclides e a escola megárica, enfim, desenvolveram aquele aspecto da dialética socrática que deságua na erística, como veremos.

---

27. Ponto bem esclarecido por Maier, embora com as reservas feitas anteriormente na nota 2.

V. APORIAS E LIMITES ESTRUTURAIS DO SOCRATISMO

Concluamos com um exame das principais aporias e dos limites estruturais da filosofia socrática, destacando algumas observações já feitas e desenvolvendo outras, que nos ajudarão a compreender melhor o ulterior desenvolvimento do pensamento grego.

Vimos que toda a pesquisa socrática, o seu método irônico-maiêutico, a sua protrética, todo o arco da sua temática giram em torno do eixo do problema da alma entendida no novo sentido que indicamos. Mas Sócrates não soube determinar a natureza da alma e limitou-se a defini-la de maneira, como se diria hoje, puramente operativa. Taylor esclarece muito bem este ponto (desmentindo, em favor da verdade, a própria tese geral de que quase tudo o que diz Platão é de Sócrates)[1]: "[Sócrates] não nos diz nada sobre a questão do *que é* a alma, a não ser que ela é 'aquilo que está em nós, o que quer que seja, em virtude do qual somos denominados sábios ou insensatos, bons ou maus', e que não pode ser vista ou percebida por nenhum dos sentidos. Não é uma doutrina das 'faculdades' da alma, nem da sua 'substância'. A ideia é que a 'obra' ou a 'função' desse constituinte divino do homem é apenas de *conhecer*, perceber as coisas na sua realidade e, por consequência, particularmente, conhecer o bem e o mal, e *dirigir* ou *governar* os atos do homem de modo que eles conduzam a uma vida na qual o mal é evitado e o bem alcançado"[2]. No máximo ele chegou a dizer que a alma, como nenhuma outra coisa, participa do Divino; mas depois não soube nem pôde determinar o que é o Divino. Para determinar ulteriormente o conceito de alma, Sócrates deveria usar conceitos ontológicos dos quais absolutamente não dispunha. E é, pois, totalmente natural que ele, *filosoficamente,* não pudesse provar a imortalidade da alma. Alguém (como já dissemos) chegou a pensar que Sócrates duvidasse da imortalidade da alma e do além: mas o texto da *Apologia* não sugere absolutamente isso; demonstra simplesmente que ele não tinha instrumentos para resolver o problema com segurança em nenhum dos dois

1. Cf. *supra*, p. 94, nota 20.
2. Taylor, *Socrate*, p. 103.

modos, e tudo leva a crer que ele considerava mais digna de fé a tese da imortalidade.

Para a *fundação* desta tese, assim como para a determinação especulativa da natureza da alma, era preciso dispor de categorias metafísicas sem as quais o socrático "cuidado da alma" não podia ter aquele sentido que Sócrates lhe atribuiu. E, de fato, os socráticos (dos quais falaremos logo), que não dispunham daquelas categorias, diminuíram ou desviaram em outra direção a mensagem de Sócrates, chegando até a invertê-la nalguns pontos essenciais; enquanto Platão, que conquistará aquelas categorias metafísicas, a tornará verdadeira e a explicitará nas suas valências mais autênticas.

Análoga observação, como já acenamos, deve ser feita sobre a concepção socrática de Deus e do divino. Ele extraiu importantes pensamentos dos naturalistas, esvaziando-os, porém, dos seus pressupostos físicos, mas sem saber dar-lhes ulteriores fundamentos, e contentando-se, na sua argumentação, com intuições e analogias. Assim como das obras da alma chega-se à alma como inteligência, do mesmo modo, das obras de Deus chega-se a Deus como inteligência e como providência. Para ir além dessas analogias, ele deveria conquistar as categorias da ontologia do inteligível.

O mesmo limite estrutural é observável na teleologia socrática. A concepção do finalismo universal, que Sócrates pode ter extraído de Diógenes de Apolônia, não tem mais na sua base uma determinada concepção da *physis*, mas não sabe, contudo, dar-se nenhuma outra base teórica. Ele chegou a identificar o *bem* com o fim: "[...] Se uma coisa se adapta bem a um fim, com relação a este é bela e boa, feia ou má no caso contrário"[3]; mas, mesmo neste caso, chega a isso no nível empírico e intuitivo: as suas provas da tese não vão além de exemplos e analogias. Caberá a Platão, com a sua "segunda navegação", ou seja, com a sua teoria das Ideias, e a Aristóteles, com a doutrina metafísica das quatro causas, dar fundamento ontológico à teleologia intuitiva de Sócrates.

Das aporias do intelectualismo socrático já falamos amplamente. Aqui devemos apenas completar o que já dissemos, observando as ulteriores aporias implícitas na doutrina da virtude-saber. É certo que

---

3. Xenofonte, *Memoráveis*, III, 8, 7.

o *saber* socrático não é vazio, como alguém pretendeu, dado que tem por objeto a *psyché* e o cuidado da *psyché*, e dado também que se cuida da *psyché simplesmente espoliando-a das ilusões do saber e levando-a ao reconhecimento do não saber*. Todavia, é igualmente certo que o discurso socrático deixa a impressão de, em certo ponto, desviar-se ou, pelo menos, ficar bloqueado na metade do caminho. E é também certo que, tal como era formulado, o discurso socrático só tinha sentido na boca de Sócrates, sustentado pela irrepetível força da sua personalidade. Na boca dos discípulos, aquele discurso, fatalmente, devia ou reduzir-se ou dilatar-se mediante o aprofundamento daquelas instâncias com a fundação metafísica das mesmas. Contra as simplificações operadas pelas escolas socráticas menores, será mais uma vez Platão quem tentará dar um preciso conteúdo àquele saber, atribuindo-lhe por objeto supremo, primeiro genericamente, o bem, e, sucessivamente, tentando dar a esse bem estatura ontológica, de novo mediante a "segunda navegação".

Também a ilimitada confiança socrática no saber, no *lógos* em geral (e não só no seu conteúdo particular), recebe um duro abalo sobretudo nos feitos problemáticos da maiêutica. O *lógos* socrático, em última análise, não está em condições de fazer todas as almas darem à luz, mas *só as que estão grávidas*. Esta é uma confissão cheia de múltiplas implicações, que, contudo, Sócrates não sabe e não pode explicitar: o *lógos* e o instrumento dialógico fundado inteiramente sobre o *lógos* não bastam para produzir ou, pelo menos, não bastam para *fazer reconhecer a verdade e para fazer viver na verdade*. Muitos voltaram as costas ao *lógos* socrático: porque não estavam "grávidos", diz o filósofo. Mas, então, quem fecunda a alma, quem a torna grávida? Esta é uma pergunta que Sócrates não se pôs e à qual não teria podido em qualquer caso responder: e, olhando bem, a fonte desta dificuldade é a mesma que nos apresenta o comportamento do homem que vê e conhece o melhor e, contudo, faz o pior. E se, posta desta forma, Sócrates acreditou resolver a dificuldade com o seu intelectualismo, posta de outra forma, não soube resolvê-la e eludiu-a com a imagem da gravidez, belíssima, mas em nada esclarecedora. Caberá a Platão, também neste caso, tentar ir além: mas — veremos — nem mesmo Platão sairá totalmente vitorioso: entre conhecer o bem e querê-lo, isto é, fazer dele a vida e, por assim dizer, consubstanciá-lo em si, há um salto qualitativo, porque nessa passagem entra a escolha, vale dizer, a liberdade que, estruturalmente, não se deixa reduzir em termos de conhecimento e saber; entra aqui o mistério, dos mais profundos mistérios do homem, que pode aceitar, mas pode também, absurdamente, rejeitar a verdade: *o poder de voltar as costas à verdade*, eis o que Sócrates recusou acreditar como possível.

Deixando as aporias de fundo da dialética, sobre as quais já falamos acima (mostrando que ela, mesmo trazendo em si os germes de futuras grandes descobertas, sofre de uma ambiguidade de fundo, de modo a ser suscetível de desenvolvimentos, seja no sentido da erística, seja no sentido da lógica científica), chegamos à aporia de fundo ínsita à mensagem de Sócrates e, portanto, ao sentido da sua existência.

O nosso filósofo apresentou a sua mensagem como válida *em particular para os atenienses* e, portanto, encerrou-a nos estreitos limites de uma *polis*: note-se, não da *polis* em geral, mas da *polis* particular que era Atenas. A sua mensagem *não quis, portanto, ser uma mensagem para toda a grecidade, e menos ainda para toda a humanidade*. Sobre este ponto, evidentemente, Sócrates foi condicionado pelas estruturas socioculturais do momento, a ponto de não se dar conta de que a sua mensagem ia muito além dos muros da cidade de Atenas. Antes, não só aquela mensagem ia além dos muros de Atenas, mas ia até mesmo além dos limites da *polis* grega, em sentido cosmopolita. O fato de ter posto a essência do homem na *psyché*, no *lógos*, e de ter ancorado o *lógos* na *enkráteia*, na *liberdade* e na *autarquia*, levava, como consequência lógica, à distinção entre *cidadão* de uma *polis* e *indivíduo* humano em geral, e à proclamação da *autonomia do indivíduo*. Mas esta conclusão será explicitada, em parte, pelos socráticos menores e, plenamente, pelos filósofos da era helenística.

Poder-se-ia chamar a Sócrates de Herma bifronte: de um lado o seu não saber parece levar à negação da ciência, de outro parece ser via de acesso a uma autêntica ciência superior; de um lado a sua mensagem pode ser lida como mera protréptica moral, de outro como abertura para a platônica "segunda navegação"; de um lado a sua dialética pode parecer sofística e erística, de outro a fundação da lógica científica; de um lado a sua mensagem parece circunscrita aos muros da *polis* ateniense, de outro abre-se, em dimensões cosmopolitas, ao mundo inteiro.

Com efeito, os socráticos menores colheram uma face da Herma, Platão a oposta. E discriminante entre as duas interpretações situa-se, de novo, a platônica "segunda navegação". Mas antes de falar desta "segunda navegação", que assinala uma pedra miliária da especulação antiga, devemos falar das Escolas socráticas menores, que não só ficam aquém dos horizontes por ela descoberto, mas perdem até mesmo uma parte dos horizontes socráticos.

SEGUNDA SEÇÃO

OS SOCRÁTICOS MENORES

"πλείους ἔσονται ὑμᾶς οἱ ἐλέγχοντες, οὓς νῦν ἐγὼ κατεῖχον, ὑμεῖς δὲ οὐκ ᾐσθάνεσθε· καὶ χαλεπώτεροι ἔσονται ὅσῳ νεώτεροί εἰσιν..."

"Serão muitos a pedir-vos conta da vossa vida: todos aqueles que até agora eu moderava, e vós não percebestes: e serão tanto mais obstinados quanto mais jovens..."

Platão, *Apologia de Sócrates*, 39 c-d.

I. O CÍRCULO DOS SOCRÁTICOS E AS ESCOLAS SOCRÁTICAS MENORES

Na *Apologia*, Platão põe na boca de Sócrates, dirigindo-se aos juízes que o condenaram, uma afirmação (à qual já nos referimos) que, naquele momento do processo, queria ser uma profecia, mas, no momento em que Platão a escreve, já era realidade. Eis toda a passagem:

> Mas a vós que me haveis condenado quero fazer uma predição, e dizer aquilo que acontecerá depois. Eu já estou naquele limite no qual mais facilmente os homens fazem predições, quando estão para morrer. Eu digo, ó cidadãos que me matais, que uma vingança recairá sobre vós, logo depois da minha morte, muito mais grave do que aquela que cometeis ao matar-me. Hoje fazeis isso na esperança de vos libertardes do dever de dar conta da própria vida; e, ao invés, passar-vos-á todo o contrário: eu vo-lo digo antecipadamente. Não mais apenas eu, mas muitos vos pedirão contas: todos aqueles que até hoje eu moderava, e vós não percebestes. E serão tanto mais obstinados quanto mais jovens; e a vossa irritação será tanto maior. Pois se pensais que, matando homens, impedis que alguém vos repreenda pela vossa vida não reta, estais enganados. Não, não é este o modo de se libertar deles; e nem é possível nem belo; mas há outro modo belíssimo e muito fácil, em vez de caçar ao outro a palavra, esforçar-se por ser sempre mais virtuosos e melhores. Este é o meu vaticínio para vós que me haveis condenado; e aqui termino[1].

Com efeito, não só é verdade que os discípulos, que continuaram a obra socrática, submeteram a *exame* a vida dos homens e, *confutando-lhes* as falsas opiniões, foram numerosos e intrépidos, de modo a subverter, com as suas doutrinas, todos os esquemas da tradição moral à qual se apegaram os acusadores de Sócrates; mas é também verdade que nenhum filósofo, antes ou depois de Sócrates, teve a ventura de ter tantos discípulos imediatos e de tal riqueza e variedade de orientações, como foram aqueles que se formaram sob o seu magistério.

---

1. Platão, *Apologia de Sócrates*, 39 c-e. Todos os testemunhos e fragmentos relativos aos socráticos menores foram recolhidos numa excelente edição por G. Giannantoni, *Socraticorum Reliquiae*, 4 vols., Edizioni dell'Ateneo, Roma 1983-1985, em coedição com a casa editora Bibliopolis de Nápoles. A esta nos referiremos de maneira constante e sistemática.

Já a antiga doxografia deu-se conta disso e ligou a Sócrates quase todas as sucessivas escolas filosóficas, inclusive as da era helenística[2]. Veremos que isto é substancialmente verdade e que Sócrates também foi, em certa medida, pai do epicurismo e do estoicismo (e, em certo sentido, até mesmo do pirronismo); de resto, isso aconteceu em consequência de uma complexa série de fenômenos e, portanto, só *mediatamente*. Todavia, mesmo que se prescinda das influências mediatas do socratismo, continua sendo verdade o que acima afirmamos: Sócrates foi circundado de homens de inteligência e de têmpera verdadeiramente excepcionais.

Diógenes Laércio[3], entre todos os amigos de Sócrates, indica sete como os mais representativos e ilustres: Xenofonte, Ésquines, Antístenes, Aristipo, Euclides, Fédon, e o maior de todos, Platão. Se excetuarmos Xenofonte e Ésquines, que não tiveram inteligência propriamente filosófica (o primeiro foi principalmente um historiador, o segundo um literato), os outros cinco foram todos fundadores de escolas filosóficas.

O sentido e o alcance de cada uma dessas cinco escolas são muito diferentes e são também diferentes os feitos a que chegaram, como veremos de modo particularizado; todavia cada um dos fundadores deve ter-se sentido um autêntico (senão o único autêntico) herdeiro de Sócrates. A excepcional ligação ao mestre de todos estes discípulos é atestada de modo preciso; antes, a história das relações de cada um com ele (no início ou no seu desenvolvimento) registra algo de excepcional.

Eis o que se narra de Xenofonte:

> Xenofonte, filho de Grilo, era ateniense, de Érquia, extremamente modesto e de belíssimo aspecto. Conta-se que Sócrates encontrou-o numa via estreita, estendeu-lhe o bastão, para impedir-lhe a passagem, perguntou-lhe onde se vendiam todos os tipos de alimentos. Xenofonte respondeu; mas Sócrates perguntou-lhe ainda onde os homens tornavam-se virtuosos; e como ele permanecesse calado, disse Sócrates: "Segue-me e aprenderás". E desde então foi discípulo de Sócrates. E por primeiro anotou as conversações de Sócrates e tornou-as conhecidas ao público numa obra com o título *Comentários*. Foi o primeiro dos filósofos a escrever obras históricas[4].

---

2. Cf. Diógenes Laércio, I, 18 (= Giannantoni, I 6).

3. Cf. Diógenes Laércio, II, 47 (= Giannantoni, I 5).

4. Diógenes Laércio, II, 48.

De Ésquines conta-se esta formidável anedota, que mostra o seu total apego a Sócrates:

A Ésquines, que lhe disse: "Sou pobre, não tenho nada, dou-te a mim mesmo", [Sócrates] replicou: "Não te dás conta, portanto, da grandeza do teu dono?"[5]

De Antístenes narra-se que, tendo conhecido e ouvido Sócrates depois de já ter fundado a sua escola,

tirou dele tanto proveito, que exortou os seus discípulos a serem junto com ele codiscípulos de Sócrates[6].

É-nos referido este fato muito indicativo:

Dado que habitava no Pireu, Antístenes todos os dias subia quarenta estádios para ouvir Sócrates[7].

De Aristipo conta-se que, depois de ter ouvido, por ocasião dos jogos olímpicos, falar de Sócrates, foi tomado por tal perturbação, que até o seu físico se ressentiu e não se refez senão quando, da longínqua Cirene, veio a Atenas e tornou-se ouvinte de Sócrates[8].

De Euclides de Megara narra-se que, para poder continuar ouvindo Sócrates, ele não hesitou em desafiar o perigo de morte. De fato, em consequência de uma inimizade surgida entre Atenas e Megara, os atenienses decretaram a pena de morte a todos os megáricos que entrassem na sua cidade: e Euclides, não obstante, continuou a ir regularmente de Megara a Atenas, durante a noite, travestido com roupas femininas[9].

O afeto que ligava Sócrates a Fédon é atestado por Platão no diálogo homônimo, sobretudo na passagem, chamada justamente a "dos cabelos de Fédon", que é conhecidíssima[10]. De resto, sabemos

---

5. Diógenes Laércio., II, 34; cf. também II, 60.

6. Diógenes Laércio, VI, 2 (= Giannantoni, V, A, 12).

7. *Ibidem.*

8. Cf. Plutarco, *De curios.*, 2, p. 516 C.

9. Cf. Gelio, *Noctes atticae*, VII, 10, 1-5 (= Döring, fr. 1 = Giannantoni, II A 2; cf. *infra*, p. 190, nota 1).

10. Eis a passagem do *Fédon* (98 a-c): "Fédon — Eu me encontrava sentado à sua direita [de Sócrates] junto ao leito, sobre um baixo divã; ele, ao invés, estava sentado muito acima de mim. Ora, acariciando-me a cabeça e apertando os meus cabelos contra o pescoço (de fato, quando podia, costumava brincar com os meus cabelos), disse: Fédon, talvez amanhã [em sinal de luto pela morte de Sócrates] cortarás

que Sócrates livrou Fédon, de modo surpreendente, de uma dupla escravidão, material e moral[11].

Eis, enfim, o que Diógenes Laércio refere acerca de Platão:

> Conta-se que Sócrates sonhou que trazia no colo um pequeno cisne que, repentinamente, abriu as asas e partiu, e, suavemente, cantou. No dia seguinte, apresentando-se a ele Platão como aluno, disse que o pequeno cisne era justamente ele[12].

E ainda...

> Enquanto [Platão] preparava-se para participar com uma tragédia na competição, ao ouvir a voz de Sócrates, diante do teatro de Dionísio, queimou a obra exclamando: "Efesto, vem aqui, Platão agora precisa de ti". Desde então — e tinha vinte anos — foi discípulo de Sócrates até a sua morte[13].

Muitas dessas narrações são talvez lendas ou ampliadas de maneira lendária; em todo caso, representam muito bem os diferentes temperamentos e as diferentes características dessas personagens, como ficará claro no exame analítico que agora faremos. Deixaremos de lado, naturalmente, Xenofonte e Ésquines de Sfeto, que, como dissemos acima, não são propriamente filósofos, e interessam à história e à literatura mais que à história da filosofia; estudaremos, ao invés, logo em seguida, Antístenes, Aristipo, Euclides, Fédon e as suas escolas, que veremos serem, por mais de uma razão, escolas socráticas menores, enquanto a Platão, por causa das conspícuas conquistas da sua especulação, dedicaremos a primeira parte do volume II: o apólogo do cisne que voa do seio de Sócrates, para logo cantar a sua mensagem, retrata perfeitamente, com esplêndida imagem, a distância que separa Platão de todos os outros socráticos.

---

estes cabelos. — Talvez, Sócrates, disse eu. — Não, se aceitares o que digo. — Por quê?, perguntei eu. — Cortá-lo-emos hoje, disse, eu os meus e tu os teus, se nos vier a morrer o raciocínio e se não pudermos fazê-lo reviver [...]". E no início do diálogo, Platão põe na boca de Fédon estas palavras: "Tentarei contar-lhes estas coisas porque a recordação de Sócrates, seja falando dele, seja ouvindo os outros falarem dele, é para mim a mais doce de todas as coisas" (= Giannantoni, III A 7).

11. Cf. adiante, p. 198, nota 1.

12. Diógenes Laércio, III, 5.

13. Diógenes Laércio, III, 5.

II. ANTÍSTENES E A FUNDAÇÃO DA ESCOLA CÍNICA

1. As relações de Antístenes com Sócrates

Antístenes[1] foi, certamente, a figura de maior relevo entre os socráticos "menores", enquanto, embora filtrando-o de modo particular, soube apreender, repensar e reviver a fundo um aspecto fundamental do socratismo: precisamente aquele aspecto que revela a face da bifronte Herma socrática, diametralmente oposta àquela revelada por Platão. Não é, pois, estranho que entre Antístenes e Platão tenha nascido muito cedo um aceso contraste, que se transformou, como resulta de alguns testemunhos, até mesmo em inimizade[2].

De Sócrates, Antístenes admirou sobretudo a extraordinária capacidade de autodomínio, a força de alma, a admirável capacidade de suportar as fadigas, a capacidade de bastar-se a si mesmo, numa

---

1. Antístenes nasceu em Atenas, mas não tinha puro sangue ático: o pai era ateniense, enquanto a mãe provinha da Trácia. Antístenes era, pois, um semibárbaro e isso, como veremos, constitui um elemento importante para compreender muitas das suas atitudes práticas e teóricas (cf. Diógenes Laércio, VI, 1; II, 31; Sêneca, *De const. sap.*, 18, 5; Epifânio, *Adv. haeres.*, III, 26). Não conhecemos a data de nascimento nem a de morte; as tentativas feitas para determinar a cronologia com precisão são todas aleatórias: só é possível dizer que Antístenes viveu na passagem do século V ao século IV a.C. (cf. as indicações cronológicas que se extraem de Diodoro Sículo, XV, 76; Eudóxio, *Violarium*, XCVI, p. 56; Plutarco, *Vita Lyc.*, XXX). Foi primeiro discípulo de Górgias (Diógenes Laércio, VI, 1) e teve treinamento com outros sofistas (Xenofonte, *Simpósio*, IV, 62s.); só em idade já bastante avançada tornou-se discípulo de Sócrates (de onde a mordaz expressão de Platão [*Sofista*, 251 b], que o chama de velho que aprende tarde). Diógenes Laércio (VI, 15-18) atribui-lhe um grande número de obras, todas perdidas. As mais recentes coletâneas dos fragmentos do nosso filósofo foram preparadas por F. Decleva Caizzi, *Antisthenis fragmenta*, Milão-Varese 1966 e por G. Giannantoni, na obra citada acima (as passagens acima citadas sobre a origem semibárbara de Antístenes são numeradas por Decleva Caizzi como frs. 122 A, 124, 122 C, 122 D, as passagens relativas à cronologia como frs. 140, 141, 171; as outras passagens que citamos são elencadas como frs. 125, 107, 1 = Giannantoni, V A 1, 3, 2, 1; I 3; V A 35, 10, 11, 13, 41).

2. Diógenes Laércio, VI, 7 (= Decleva Caizzi, frs. 151 e 152 = Giannantoni, V A 27) refere algumas anedotas das quais resulta que Antístenes caracterizava Platão pelo seu desmedido orgulho.

palavra: *a total liberdade*. Como fundamental mensagem de liberdade e de libertação ele entendeu, portanto, o socratismo e, logo veremos, como tal pregou-o aos outros[3].

Captou a doutrina socrática central da *psyché* e reafirmou alguns de seus corolários[4], mas como pontos já adquiridos, que, como tais, não precisavam de ulteriores aprofundamentos. Reafirmou também as teses centrais do intelectualismo socrático, porém, enfraquecendo-as teoricamente: reafirmou que "a virtude é suficiente para a felicidade"[5], que "se pode ensinar a virtude"[6] e que "não se a pode perder depois de adquirida"[7], enquanto é "uma arma que não se pode jogar fora"[8]. Todas estas teses supõem a identificação da virtude com o conhecimento. Ora, Antístenes dá provas de acolher essa identificação, como mostram as seguintes afirmações:

> A sabedoria é um muro solidíssimo, que não pode ruir nem ser traído[9].

> É preciso construir muros inexpugnáveis nos próprios raciocínios[10].

> Os que querem se tornar homens virtuosos devem exercitar os corpos com os exercícios físicos, e a alma com os raciocínios[11].

Todavia, ele limitou bastante o alcance dessas afirmações sustentando, ao mesmo tempo, o seguinte:

> A virtude não tem necessidade de nada senão da força de Sócrates[12].

> A virtude está nas ações e não tem necessidade nem de muitas palavras nem de muitos conhecimento[13].

---

3. Cf. o § 2 e a documentação aí apresentada.

4. Cf. por exemplo Decleva Caizzi, frs. 64, 84 B, 90, 117, 120 = Giannantoni, V A 163, 131, 107, 82, 83.

5. Diógenes Laércio, VI, 11; VI, 105 (= Decleva Caizzi, frs. 70 e 23 = Giannantoni, V A 134 e 99).

6. Diógenes Laércio, VI, 10 (= Decleva Caizzi, fr. 69 = Giannantoni, V A 134).

7. Cf. *supra* nota 5.

8. Diógenes Laércio, VI, 12 (= Decleva Caizzi, fr. 71 = Giannantoni, V A 134).

9. Diógenes Laércio, VI, 13 (= Decleva Caizzi, fr. 88 = Giannantoni, V A 134).

10. Diógenes Laércio, VI, 13 (= Decleva Caizzi, fr. 63 = Giannantoni, V A 134).

11. Estobeu, *Anthol.*, II, 31, 68 (= Decleva Caizzi, fr. 64 = Giannantoni, V A 134).

12. Diógenes Laércio, VI, 11 (= Decleva Caizzi, fr. 70 = Giannantoni, V A 134).

13. *Ibidem*.

Nesse sentido deve ser entendida a atitude negativa de Antístenes diante das ciências. Mesmo a assim chamada "lógica" antistênica, olhando bem, tem apenas o objetivo de limitar ao mínimo necessário o que se necessita para saber e, sobretudo, de negar a necessidade e até mesmo a possibilidade daqueles desenvolvimentos lógico-metafísicos que Platão deu ao socratismo[14].

As Ideias platônicas, para ele, são um absurdo. Conta-se-nos que a Platão ele costumava objetar: "Eu vejo o cavalo, não a cavalidade"[15].

Afirmação que significa exatamente isto: vejo o particular empírico e sensível, não o universal inteligível (não a Ideia ou essência). As definições, para ele, dizem "o que era ou o que é uma coisa"[16], mas "o que era ou o que é" é entendido por ele de modo antitético a Platão[17]. Conhecemos as coisas simples ou elementares através das percepções sensoriais, e, delas, não é possível fornecer definições e só é possível, no máximo, fornecer descrições mediante analogias: se, por exemplo, queremos explicar a quem não viu a prata o que é a prata, diremos que é "metal semelhante ao estanho"[18]. Ao contrário, a definição do "que é" das coisas complexas consiste na enumeração dos elementos simples que as compõem[19].

São, portanto, claras as razões do nominalismo antistênico: "O princípio da instrução — dizia ele — é a pesquisa dos nomes"[20]. E o centrar-se mais sobre o nome do que sobre a essência significava dar razão ao procedimento sofístico (recordemos em particular a Pródico), mais que ao socrático[21]. A coisa individual é expressa pelo seu nome próprio e, portanto, não se lhe pode atribuir outro nome além daquele

14. Seria, pois, um erro, entender a lógica e a gnosiologia de Antístenes de maneira autônoma, ou seja, fora desse contexto polêmico.

15. Cf. Decleva Caizzi, frs. 50 A, 50 B, 50 C = Giannantoni, V A 149.

16. Diógenes Laércio, VI, 3 (= Decleva Caizzi, fr. 45 = Giannantoni, V A 151).

17. Ou seja, como logo veremos, em sentido empirista e nominalista.

18. Aristóteles, *Metafísica*, H 3, 1043 b 4-32 (= Decleva Caizzi, fr. 44 A; cf. também fr. 44 B = Giannantoni, V A 150).

19. *Ibidem*. Cf. Reale, *Aristotele. La Metafisica*, vol. II, todo o comentário a H 3, em particular as notas 8-19, e especialmente esta última (p. 28).

20. Epicteto, *Diatribes*, I, 17, 10 (= Decleva Caizzi, fr. 38 = Giannantoni, V A 160).

21. Cf. Platão, *Crátilo*, 384 b; *Eutidemo*, 277 ss., que refere quase com os mesmos termos o pensamento de Pródico (= Diels-Kranz, 84 A 11 e A 16).

que lhe é próprio: por exemplo, poder-se-á dizer que *o homem é homem*, ou que *o bom é bom*, mas não que *o homem é bom*[22]. Cai, portanto, a possibilidade de conjugar termos diferentes, ou seja, a possibilidade de formular juízos que não sejam *tautológicos*, e, com isso, cai qualquer possibilidade de construir uma lógica e uma ontologia do tipo platônico[23].

Em suma: para Antístenes, o verdadeiro rosto de Sócrates era aquele — e só aquele — revelado pela sua sabedoria reguladora da vida: a mensagem de Sócrates era uma mensagem puramente existencial.

2. A mensagem de liberdade e de libertação

A revolução socrática da tábua de valores, como vimos, é baseada na descoberta da *psyché* como essência do homem e na consequente afirmação de que os valores supremos são os valores da alma. Antístenes revive essa revolução, ao perceber sobretudo o seu aspecto destrutivo diante dos valores tradicionais, e o consequente sentido de franqueamento e de libertação de tudo o que desde sempre os homens consideraram bom e indispensável para ser feliz e que, ao invés, se revela como não-bom e não só não necessário, mas até danoso à felicidade. O segredo da felicidade está inteiramente em nós: está na nossa alma, está *na nossa autarquia*, está no nosso *não depender das coisas dos outros*: está no *não ter-necessidade-de-nada* (τὸ μηδενὸς προσδεῖσθαι).

Eis como Xenofonte descreve esta liberdade de Antístenes:

— E tu, Antístenes, retomou Sócrates, dize-me como é que, embora sendo tão carente, és assim tão orgulhoso da tua riqueza.

---

22. Cf. Aristóteles, *Metafísica*, Δ 29, 1024 b 26 ss. (= Decleva Caizzi, fr. 47 A = Giannantoni, V A 152); ver Reale, *Aristotele. La Metafisica*, vol. I, pp. 483ss., notas 5ss. Nessa mesma passagem, assim como nos *Tópicos*, A 11, 104 b 20 (= Decleva Caizzi, fr. 47 C = Giannantoni, V A 153), Aristóteles recorda a doutrina de Antístenes, segundo a qual é impossível que dois se contradigam.

23. Antístenes teve, muito provavelmente, convicções de tipo *materialista*, afirmando que só o corpóreo tem existência, e parece que Platão, no *Sofista*, 246 a-e, tem em mira justamente essa posição de Antístenes. Trata-se, porém, de um materialismo ingênuo com finalidades essencialmente polêmicas (contra Platão), assim como a sua doutrina lógica.

— Porque, a meu ver, amigos, *riqueza e pobreza os homens as têm não em casa, mas na alma.* Vejo tantos que são carentes e, embora possuindo muitos recursos, são considerados pobres a ponto de afrontarem qualquer fadiga, qualquer risco para ganhar mais: conheço irmãos que tiveram a mesma herança e, todavia, um tem o necessário para os seus gastos e até de sobra, enquanto o outro carece de tudo; e sei de certos tiranos tão famintos de riquezas que cometem delitos muito mais horrendos do que os homens desesperados: alguns, de fato, por necessidade roubam, outros invadem as casas, outros escravizam os homens; existem tiranos que destroem famílias inteiras, assassinam em massa e, amiúde, por dinheiro reduzem cidades inteiras à escravidão. Destes tenho compaixão, e muita, pela sua trágica obsessão. Parece-me que se encontram na mesma condição daqueles que, embora tendo muito, e comendo muito, nunca se saciam. Da minha parte, as minhas posses são tantas que me resulta cansativo encontrá-las: contudo, permitem-me abundantemente matar a fome quando como, dessedentar-me quando bebo e cobrir-me de modo a combater o frio quando estou ao relento, melhor do que o nosso riquíssimo Cálias: quando estou em casa, as paredes parecem-me na verdade cálidas túnicas, o teto um grosso manto, durmo, enfim, tão bem defendido pela coberta que muito me custa levantar-me do leito. E se às vezes o meu corpo tem necessidade de amor, o que tenho basta-me porque com grandíssima alegria me acolhem aquelas a quem vou, não querendo nenhum outro aproximar-se delas. E todas estas coisas parecem-me tão doces que, enquanto as realizo, uma por uma, nunca desejo receber alegria maior e sim menor, pois algumas parecem-me tão mais agradáveis do que convém! *Mas o que eu mais considero na minha riqueza é que, se agora me fossem retirados todos os meus pertences, vejo que não há nenhum trabalho que seja tão ignóbil que não me ofereça um sustento suficiente.* Se, de fato, quero ser um pouco condescendente com as minhas vontades, não compro alimentos de grande valor no mercado — porque custam muito — mas dispenso-os do meu apetite, porque muito mais contribui ao prazer alcançá-lo depois de estar longo tempo na espera de satisfazê-lo do que poder usar coisas de grande valor, como agora, por exemplo, que com este vinho de Taso à minha disposição, bebo-o sem ter sede. Ademais, é *natural que sejam muito mais justos os que buscam a frugalidade em vez dos grandes dispêndios: com efeito, quem se contenta com o que tem não deseja o que é do outro.* Convém ainda refletir que essa riqueza torna também liberais. O nosso Sócrates, de quem a adquiri, não a media nem a pesava comigo, mas dava-me dela tanto quanto eu podia suportar, e agora não sou ciumento com ninguém e a todos os amigos mostro-a sem ciúmes e divido com qualquer um que queira a riqueza da minha alma. E o que é ainda mais maravilhoso, observai a minha *absoluta liberdade, pela qual posso cumprir o que vale a pena cumprir, ouvir o que vale a pena ouvir e — o que mais me interessa — estar em plena liberdade da manhã à noite junto a Sócrates.* O qual não admira quem conta muito dinheiro, mas passa o tempo junto aos que lhe agradam[24].

E explicitamente, poucas linhas depois, este ideal de liberdade é chamado com a expressão *não ter-necessidade-de-nada*[25].

Eis como Epicteto revive este ideal antistênico em chave neoestoica, nessa passagem em que fala Diógenes, discípulo de Antístenes:

> Assim conquista-se a liberdade. Por isso [Diógenes] dizia: "Desde que Antístenes libertou-me, não sou mais escravo". E como o libertou? Ouve o que diz: "Ensinou-me aquilo que era meu e aquilo que não era meu. O que possuo é meu; os parentes, os familiares, os amigos, a reputação, os lugares habituais, a companhia dos homens, todas essas coisas são dos outros. Mas, então, o que é propriamente teu? O uso das representações. E tal uso fez-me ver que o possuo livre de impedimentos, de coerções: ninguém pode impedir-me, ninguém pode forçar-me a usar as minhas representações diferentemente do modo como quero. Quem, pois, tem ainda domínio sobre mim? Felipe ou Alexandre, Pérdica ou o Grande Rei? Como poderiam? Quem se deixa superar pelo homem deve ser superado muito antes pelas coisas". Por isso, qualquer um que não se deixa vencer nem pelo prazer nem pela fadiga nem pela fome nem pelas riquezas e pode, quando lhe apraz, ir-se embora, cuspindo o seu miserável corpo inteiramente no rosto de qualquer um, de quem é ainda escravo? A quem está submetido?[26]

As duas passagens lidas são dois exemplos extremos do modo de entender Antístenes: o primeiro diminuindo-o em sentido moderado e quase reacionário (pois este era o sentimento de Xenofonte), o segundo engrandecendo-o em sentido radical próprio de Diógenes, com ulteriores ampliações próprias do neoestoicismo de Epicteto; todavia, e até mesmo justamente por isso, eles se integram e se corrigem mutuamente.

Mas vejamos concretamente qual é a exata estatura da liberdade antistênica.

---

24. Xenofonte, *Simpósio*, IV, 34ss. (Decleva Caizzi, fr. 117 = Giannantoni, V A 82).

25. Cf. Xenofonte, *Simpósio*, IV, 45.

26. Epicteto, *Diatribes*, III, 24, 67-72 (parcialmente reportado em Decleva Caizzi, fr. 118; cf. Giannantoni, V B 290).

3. A libertação dos apetites e do prazer

A passagem de Xenofonte fala de libertação de homens e coisas (riquezas e amigos estão *na alma*!), enquanto a passagem de Epicteto, no final, fala também de libertação total do prazer e do apetite. Este é o primeiro ponto no qual Antístenes vai além de Sócrates, radicalizando-o.

Sócrates não considera o prazer sem mais como *um mal*, assim como não o considera sem mais como um bem: tudo depende do uso que dele se faz. Ao contrário, Antístenes, como nos é atestado por muitas fontes, condenou de modo categórico qualquer prazer, considerando-o em si um mal, e com extraordinária energia ele dizia:

> Prefiro antes enlouquecer do que experimentar prazer[27].

E contra o prazer do sexo, com dessacralizada e (para um grego) quase blasfema imagem ele imprecava:

> Se pudesse ter entre as mãos Afrodite, eu a atravessaria com uma flecha![28]

Por que esta luta contra o prazer? Porque o prazer, em qualquer caso, no momento em que é buscado, torna escravo o homem, fazendo-o depender do objeto do qual ele deriva. Em particular isso se verifica no prazer erótico, o qual, acompanhando-se da paixão amorosa, põe o homem à mercê da pessoa que dá aquele prazer[29].

A luta contra os prazeres e as paixões — note-se bem —, em Antístenes, tem um significado exatamente contrário com relação ao sentido que têm as afirmações platônicas paralelas: de fato, em Platão, como veremos, a condenação do prazer e da paixão depende do seu dualismo metafísico e da concepção religiosa (órfica) do corpo, entendido não só como totalmente diferente da alma, mas até mesmo como túmulo e cárcere da alm[30]. Ao invés, no materialista Antístenes,

---

27. Sentença reportada por muitas fontes; cf. Decleva Caizzi, frs. 108 A, 108 B, 108 C, 108 D, 108 E, 108 F = Giannantoni, v A 122.

28. Clemente Alexandrino, *Strom.*, II, 20, 107, 2; Teodoreto, *Graec. aff. cur.*, III, 53 (= Decleva Caizzi, frs. 109 A-B = Giannantoni, V A 123).

29. Cf. nota precedente.

30. Ver em particular Platão, *Fédon, passim.*

a condenação do prazer é pronunciada apenas em vista de *salvaguardar a total liberdade do homem, porque para providenciar para si os objetos do prazer o homem perde a independência e a autonomia e deixa de ser soberano absoluto de si mesmo.*

4. Libertação das ilusões criadas pela sociedade e exaltação da fadiga

Na passagem de Xenofonte acima lida, vimos qual era o pensamento antistênico sobre as riquezas, e isso é confirmado por outras fontes: "Ninguém que ame o dinheiro — dizia ele — é bom: nem rei, nem cidadão privado"[31]; de fato, para ele, "sem a virtude, a riqueza não dá alegria"[32]. E da vida no luxo, ele dizia ser tal, que só se a podia desejar "aos filhos dos inimigos"[33].

Mas nem mesmo a honra, a fama, a glória têm qualquer significado, antes, têm significado negativo, porque a sociedade honra e louva justamente o oposto daquilo que o filósofo preza. A alguém que lhe disse: "Muitos te louvam", de modo mordaz Antístenes respondeu: "Que fiz, então, de mal?"[34] Isso exprime perfeitamente uma atitude carregada de verdadeiro desprezo pela sociedade. Ele chegou mesmo a teorizar que "a falta de glória e de fama (ἀδοξία) é um bem"[35].

E com a *adoxía* ele afirmou como "fim último" a *atyphía* (ἀτυφία), vale dizer, a *ausência de ilusões*, ou seja, de todas aquelas falazes opiniões que nos vêm da sociedade[36].

Também esta foi uma ulterior radicalização do pensamento socrático, e de tal modo que devia fatalmente chegar à ruptura com a lei, como o *nomos* da cidade; e, de fato, Antístenes afirmou expressamente:

> O sábio não deve viver segundo as leis vigentes da Cidade, mas segundo as leis da virtude[37].

---

31. Decleva Caizzi, fr. 94 = Giannantoni, V A 80.

32. Decleva Caizzi, fr. 93 = Giannantoni, V A 125.

33. Decleva Caizzi, fr. 179 = Giannantoni, V A 114.

34. Decleva Caizzi, fr. 178 C = Giannantoni, V A 89.

35. Diógenes Laércio, VI, 11 (= Decleva Caizzi, fr. 95 = Giannantoni, v A 134).

36. Clemente Alexandrino, *Strom.*, II, 21, 130, 7; Teodoreto, *Graec. aff. cur.*, XI, 8 (= Decleva Caizzi, frs. 97 A e 97 B = Giannantoni, V A 111).

37. Diógenes Laércio, VI, 11 (= Decleva Caizzi, fr. 101 = Giannantoni, V A 134).

Enfim, uma atitude de radical antítese foi assumida por Antístenes também com relação aos Deuses da Cidade, os quais declarou serem "muitos" apenas "por lei", enquanto uno é Deus "por natureza", o qual não é "assimilável a nada", "nem cognoscível através de imagens"[38]. E também diante do além ele não hesitou em pronunciar-se em sentido negativo:

> Iniciando-se certa vez nos mistérios órficos, ao sacerdote que dizia que os iniciados em tais mistérios participavam de muitos bens no Hades, replicou: "Por que, então, tu não morres?"[39]

É claro que a ética antistênica implica um contínuo *esforço* e *fadiga* por parte do homem: fadiga no combate ao prazer e aos impulsos, fadiga em separar-se das riquezas e das coisas, fadiga em renunciar à fama, fadiga em opor-se às leis da cidade. E *a fadiga* é, justamente, *indicada como bem* e estreitamente ligada à virtude. Mais ainda, Antístenes, para sublinhar este seu alto conceito da fadiga, do *pónos* (πόνος), consagrou a sua escola a Héracles, herói das legendárias fadigas. E também isto significava uma drástica ruptura com o sentimento comum, porque elevava à suprema dignidade e valor aquilo de que todos fugiam[40].

5. Antístenes, fundador do cinismo

Antístenes foi reconhecido pelos antigos como fundador do cinismo e como escolarca dos cínicos[41]. O termo cínico deriva de cão (κύων) e, provavelmente, tem uma dupla gênese. Diógenes Laércio refere: "[Antístenes] costumava conversar no ginásio do Cinoarge [Κυνόσαργες = *cão ágil*], próximo das portas [de Atenas] e alguns pensam que a escola cínica tomou o seu nome do Cinoarge", e, ul-

38. Cf. Decleva Caizzi, frs. 39 A-E; 40 A-D = Giannantoni, V A 179-181.

39. Diógenes Laércio, VI, 4 (= Decleva Caizzi, fr. 162 = Giannantoni, V A 178).

40. Diógenes Laércio, VI, 2 (= Decleva Caizzi, fr. 19 = Giannantoni, V A 85): "Que a fadiga seja um bem, demonstrou por meio do grande Héracles e de Ciro, tirando o primeiro exemplo dos gregos, o outro dos bárbaros". Cf. também Diógenes Laércio, VI, 11 (cf. *supra*, nota 35).

41. Os testemunhos sobre isso são numerosíssimos: cf. por exemplo Decleva Caizzi, frs. 128 A, 130 A, 130 B, 134 A, 134 B, 136 A, 136 B, 136 C, 136 D etc. e Giannantoni, V A 22-26.

teriormente refere que Antístenes era chamado de 'Απλοκύων, ou seja, o Cão puro[42]. O discípulo de Antístenes, Diógenes, autodenominou-se "Diógenes, o Cão"[43]. É provável que, explorando a coincidência entre o nome do ginásio no qual surgiu a escola com o nome que se dá comumente ao tipo de vida que eles escolheram, considerada pelo vulgo como vida de cão, estes filósofos tenham-se autodenominado "cínicos": um nome símbolo de ruptura. (É, ademais, possível que no cão eles vissem o emblema da vigilância: daquela vigilância que o cão tem pelo seu dono e o filósofo cínico pela sua doutrina.)

Diógenes de Sinope levará o cinismo de Antístenes às extremas consequências, chegando até mesmo à negação da sociedade e de suas estruturas, e a propor não só a supressão das classes sociais, mas do instituto do matrimônio e da polis. Ele abrirá assim ao cinismo uma nova fase, que se prolongará, com alternados êxitos, até a época cristã (do que falaremos nos volumes sucessivos); todavia está fora de dúvida que o espírito e as premissas do cinismo já estão bem claras em Antístenes[44].

A origem semibárbara que Antístenes considerava com orgulho, revolucionando aquele modo de pensar tipicamente ático[45], a consequente escolha do Cinoarge, que era um ginásio reservado aos atenienses de sangue bastardo, já são por si indicativas.

Porém ainda mais indicativa é a sistemática inflexão que ele imprimiu ao pensamento socrático: enquanto Sócrates queria, com a sua filosofia, vivificar a sociedade, purificar a vida da polis, tonificar o vigor da lei, estimular toda a vida civil com o seu logos, Antístenes

---

42. Diógenes Laércio, VI 13 (= Decleva Caizzi, fr. 136 A; cf. também fr. 136 B = Giannantoni, V A 22 e 23).

43. Diógenes Laércio, VI, 60 = Giannantoni, V B 143.

44. Não faltaram estudiosos a negar que Antístenes possa ser considerado fundador do cinismo. Além dos nomes de insignes estudiosos como E. Schwartz e U. von Wilamowitz Moellendorff (aos quais egregiamente responde Maier, *Socrate*, vol. II, pp. 215s.), recordaremos D. R. Dudley, *A History of Cynicism*, Londres 1937, o qual não leva em conta o que Maier já pusera em relevo de modo muito dificilmente refutável, vale dizer, que já em Xenofonte, isto é, num contemporâneo, "Antístenes se nos apresenta em veste de cínico genuíno".

45. A quem lhe acusava de ser filho de mãe bárbara respondia: "Até mesmo a mãe dos deuses é da Frígia" (Diógenes Laércio, VI, 1 = Decleva Caizzi, fr. 122 A = Giannantoni, V A 1).

arranca a mensagem socrática dessa finalidade e sublinha nela os aspectos individualistas, antissociais e antipolíticos, levando o conceito de *não ter-necessidade-de-nada* àquele plano preciso no qual o cinismo posterior se moverá.

Enfim, também na escolha dos destinatários da mensagem filosófica, Antístenes corrigiu Sócrates e abriu a perspectiva cínica: Sócrates, com efeito, dirigia-se não apenas aos atenienses, mas, fundamentalmente, à *elite* ateniense. Antístenes propôs a sua mensagem também aos que estão fora dessa *elite*, aos "maus". Ele foi expressamente reprovado por isso; mas tratava-se de uma precisa escolha de ruptura, que Antístenes fez com plena consciência, a ponto de poder responder: "Também os médicos estão com os enfermos sem, por isso, pegar a febre"[46]. Afirmação que tem uma impressionante analogia com as palavras de Cristo: "Não os que estão com saúde precisam de médico, mas os enfermos; eu não vim chamar os justos, mas os pecadores"[47]. Foi observado com justiça: "Os cínicos, ao determinar a missão do filósofo e o seu objeto, precedem a revolução dos valores feita posteriormente pelo cristianismo ao fixar a missão da redenção e o seu objeto. Também o cinismo pretendia ser uma espécie de redenção espiritual: com a diferença de que ele mirava unicamente à vida presente, o cristianismo à futura"[48].

---

46. Diógenes Laércio, VI, 6 (= Decleva Caizzi, fr. 186 = Giannantoni, V A 167).

47. Mateus 9,12; Marcos 2,17; Lucas 5,31.

48. Mondolfo, *Il pensiero antico*, p. 190. Sobre os desenvolvimentos do cinismo cf. vol. III: "I. Diógenes, 'o cão', e os desenvolvimentos do cinismo", Primeira Seção da Primeira Parte.

III. ARISTIPO E A ESCOLA CIRENAICA

1. As relações de Aristipo com Sócrates

Da longínqua e rica Cirene, cidade fundada por colonos gregos na costa da África, Aristipo[1] veio a Atenas atraído irresistivelmente pelo que ouviu contar sobre Sócrates por alguém que encontrou nos jogos olímpicos:

> Aristipo, encontrando-se por acaso com Iscômaco durante os jogos olímpicos, perguntou-lhe que tipo de coisas dizia Sócrates para mover a tal ponto o ânimo dos jovens; e embora tendo ouvido breves indicações e amostras dos seus discursos, ficou de tal modo abalado a ponto de perder as forças corporais e ficar completamente pálido e desfalecido; até o momento em que, sedento e ardente, navegou para Atenas, bebeu daquela fonte, e chegou a conhecer o homem, os seus discursos e a sua filosofia, cujo objetivo consistia em reconhecer os próprios males e libertar-se deles[2].

A sua espera não foi desiludida; todavia, com base nos elementos que temos, é possível afirmar, sem temor de errar, que Aristipo, no âmbito do grupo dos socráticos, foi o mais independente de Sócrates, seja na sua prática de vida, seja no seu pensamento. E foi uma independência que chegou aos limites da infidelidade[3].

---

1. Sobre a data de nascimento não estamos bem informados e nem sobre a data de morte. A sua vida deve, contudo, ser situada no arco de tempo que vai dos últimos decênios do século V à primeira metade do século IV a.C. Viajou muito, na Grécia e na Sicília. A sua origem não grega, assim como os costumes da sua cidade natal e, talvez, também o teor de vida que levava na sua família, deve ter influenciado bastante a sua visão da vida, tão diferente da de Sócrates. Para a vida e obra de Aristipo ver G. Giannantoni, *I Cirenaici. Raccolta delle fonti antiche, traduzione e studio introduttivo*, Florença 1958, pp. 172ss. e 268ss. [As traduções são tiradas desta edição. A numeração dos fragmentos é dupla porque Giannantoni reestruturou esta coletânea nas *Socraticorum Reliquiae*, citadas acima, cuja numeração indicaremos com o expoente 2].

2. Plutarco, *De curios.*, 2, p. 516 C (= Giannantoni, I A 12 = IV A 2[2]).

3. Afirmar, como fazem alguns, que "parece ter razão quem sustentou que, na realidade, o Cirenaico não foi um verdadeiro discípulo, mas só um amigo e admirador de Sócrates sem particulares adesões no plano filosófico" (Giannantoni, *I Cirenaici*, p. 28) é impossível. A ligação de Aristipo com Sócrates era tal que Platão, no *Fédon*,

Permaneceu, indubitavelmente, em Aristipo determinado modo de avaliar as coisas que a vida confortável por ele vivida na florescente Cirene e numa família rica tinha-lhe tornado quase natural, e isto foi como um impedimento para a compreensão e aceitação da mensagem de Sócrates.

Em primeiro lugar, ficou fixa nele a convicção de que o bem-estar físico era o bem supremo, a ponto de chegar a considerar o prazer, como veremos, o principal móvel da vida. Sócrates, como vimos, não condenou o prazer como mal (como o fez, ao invés, Antístenes), mas não o considerou em si um bem: bens eram *só a ciência e a virtude*, e bem podia ser também o prazer, mas só se convenientemente inserido numa vida sustentada pelo conhecimento. Ao invés, Aristipo, rompendo inteiramente o equilíbrio da posição socrática, afirmou que *o prazer é sempre um bem*, de onde quer que ele derive. Aristipo foi, em suma, um verdadeiro hedonista, em nítido contraste com o discurso socrático[4].

Em segundo lugar, e sempre pelas mesmas razões, Aristipo assumiu diante do dinheiro uma atitude que, para um socrático, era absolutamente sem escrúpulos: ele, com efeito, chegou a exigir pagamento pelas suas lições, justamente como faziam os sofistas, a ponto de os antigos o chamarem simplesmente de "Sofista" (para os antigos os sofistas eram, de fato, aqueles que forneciam os seus ensinamentos mediante pagamento). Diógenes Laércio refere-nos que Aristipo "por primeiro entre os socráticos pretendeu uma compensação em dinheiro"[5], e até mesmo tentou mandar dinheiro a Sócrates, com o resultado que se pode facilmente imaginar:

> E tendo-lhe mandado certa vez vinte minas, recebeu-as imediatamente de volta, tendo Sócrates afirmado que o demônio não lhe permitia aceitar: na realidade tinha ficado indignado[6].

E também Xenofonte caracteriza Aristipo da seguinte maneira:

---

elencando os nomes dos fidelíssimos amigos de Sócrates, presentes no dia em que o filósofo bebeu cicuta, sente necessidade de dizer expressamente que Aristipo não estava por encontrar-se em Egina. Também a filosofia de Aristipo e, em geral, o cirenaísmo só se explicam como transformação do socratismo, enquanto não se explicam absolutamente se se prescinde da matriz socrática.

4. Ver, adiante, o § 3 e a documentação ali apresentada.

5. Diógenes Laércio, II, 65 (= Giannantoni, I A 1 = IV A 1²).

6. *Ibidem*.

Sócrates oferecia com liberalidade todos os seus ensinamentos, dos quais alguns [e esta é uma clara referência ao nosso filósofo], tomando gratuitamente dele as pequenas migalhas, revendiam-nas depois aos outros a alto preço e não eram como ele amigos do povo: não queriam, de fato, discutir com aqueles que não tinham dinheiro para oferecer[7].

Não que Aristipo pusesse o dinheiro como fim: mas ele devia, fatalmente, considerá-lo *um meio indispensável para levar o gênero de vida exigido pelo seu hedonismo*[8].

Compreende-se, portanto, que o discurso socrático sobre a alma, com os seus corolários, pouco dissesse a Aristipo, e que os paradoxos da ética socrática não exercessem sobre ele qualquer apelo. Para o nosso filósofo, a virtude acaba sendo a arte de mover-se corretamente numa vida de prazeres: *a arte de possuir o prazer, sem deixar-se possuir e ser vítima dele*[9].

Perguntar-se-á, neste ponto, o que Aristipo podia admirar em Sócrates e que opiniões suas podia condividir. Respondemos que Aristipo aprendeu de Sócrates exatamente a atitude de pôr-se acima das coisas e dos eventos sem nunca ser vítima deles, aquela atitude de possuir sem ser possuído, o desprezo do supérfluo e, enfim, a maravilhosa arte de tratar com os homens. Refere-nos Diógenes Laércio:

Era capaz de conformar-se ao lugar, ao tempo e à pessoa, e julgar segundo a conveniência de cada circunstância[10].

E ainda:

Interrogado sobre o que ele aprendeu com o estudo da filosofia, disse: "O fato de pode relacionar-me serenamente com todos"[11].

É-nos ainda referido que educava a filha "para desprezar o supérfluo"[12].

---

7. Xenofonte, Memoráveis, I, 2, 60 (= Giannantoni, I A 13 = IV A 3²).

8. Diógenes Laércio, II, 91 (= Giannantoni, I B 1 = IV B 172²) refere: "[Os cirenaicos] consideram a riqueza artífice do prazer, mas não de modo a ser escolhida por si mesma".

9. É paradigmática, sobre este ponto, resposta que dava Aristipo a quem o reprovava das relações que tinha com a bela Laide: "Eu a possuo, não sou possuído por ela; porque é ótima coisa vencer e não ser escravo dos prazeres e não o fato de não gozar deles" (Diógenes Laércio, II, 75 = Giannantoni, I A 1 = IV A 96²).

10. Diógenes Laércio, II, 66 (= Giannantoni, I A 1 = IV A 51²).

11. Diógenes Laércio, II, 68 (= Giannantoni, I A 1 = IV A 104²).

12. Diógenes Laércio, II, 72 (= Giannantoni, I A 1 = IV A 160²). A partir do que lemos, é fácil compreender que Aristipo, mais que pelo pensamento, se aproximava

É difícil e até mesmo impossível, segundo os testemunhos que nos chegaram, distinguir o pensamento de Aristipo do pensamento dos seus imediatos seguidores. A filha Arete recolheu em Cirene a herança espiritual paterna e transmitiu-a ao filho, ao qual impôs o mesmo nome do avô (e que, portanto, foi denominado Aristipo, o Jovem). É provável que o núcleo essencial da doutrina cirenaica tenha sido fixado justamente através da tríade Aristipo, o velho — Arete — Aristipo, o jovem. Sucessivamente, a escola dividiu-se em correntes. Aqui trataremos só das doutrinas que podem verossimilmente referir-se ao cirenaísmo original[13].

2. Os pressupostos teóricos do cirenaísmo

Tal como Sócrates, também os cirenaicos negaram qualquer utilidade às pesquisas naturalistas.

Refere-nos Diógenes Laércio:

> Descuidando a pesquisa sobre a natureza por causa da sua manifesta incompreensibilidade [...] os cirenaicos consideravam inútil a física e a dialética[14].

---

de Sócrates por muitos traços do seu caráter: eis como Gomperz no-lo descreve: "Era própria do seu caráter [de Aristipo] uma alegre serenidade que o preservava de toda ansiedade com relação ao futuro, assim como de toda lamentação com relação ao passado. Juntavam-se nele, num conúbio verdadeiramente único, mais que raro, a capacidade de gozar e a ausência de necessidades; este aspecto da sua personalidade e a calma paciente que sabia manter diante de qualquer provocação produziram a maior impressão nos seus contemporâneos" (*Pensatori greci*, vol. II, p. 667).

13. Eis a lista dos cirenaicos e a sua sucessão segundo Diógenes Laércio, II, 85 (= Giannantoni, I A 171 = IV A 160^{2}): "[...] foram discípulos de Aristipo a filha Arete, Etíope Ptolomeu e Antipatro cirenaico; de Arete foi discípulo Aristipo chamado Metrodidata e deste Teodoro, o ateu, depois chamado 'deus'. De Antipatro, depois foi discípulo Epitimide cirenaico, deste, Parebate e deste, Egésia, o persuasor de morte, e Anicéri [...]". Segundo Suda (= Giannantoni, I A 172 = IV A 160^{2}) a sucessão é esta: "Foi discípulo de Aristipo, a filha Arete, da qual provém Aristipo, o jovem, que foi chamado Metrodidata. Deste foi discípulo Teodoro, chamado primeiro o ateu e depois 'deus', deste, Antipatro, deste, Epitimide cirenaico, deste, Parebate, deste, Egésia, o persuasor de morte; deste Anicéri, que resgatou Platão". A Egésia, Anicéri (ou Anicérides) e a Teodoro seguirão as três ramificações nas quais sucessivamente se fragmentará a Escola. Cf. VOl. III: "II. O declínio e o fim da escola cirenaica", 1ª Secão, 1ª Parte.

14. Diógenes Laércio, II, 92 (= Giannantoni, I B 1 = IV A 172^{2}).

O Pseudo-Plutarco confirma:

Aristipo cirenaico [...] recusa toda a ciência da natureza, dizendo que só é útil buscar "o que de mal e de bem pode existir nas coisas"[15].

Melhor do que todos, refere Eusébio, relacionando bem a posição cirenaica com a socrática:

Depois dele [Sócrates], Aristipo cirenaico e Aristo de Quio esforçaram-se por afirmar que se devia filosofar *só sobre argumentos éticos*: estas são, de fato, as coisas ao nosso alcance e úteis; todo o contrário com relação aos raciocínios sobre a natureza, porque estes são incompreensíveis, e mesmo que fossem escrutáveis a fundo, não teriam qualquer utilidade. Eles não nos trariam nada, e nem mesmo se, chegando a voar mais alto que Perseu "acima das ondas do mar e acima das Plêiades", observássemos com os nossos próprios olhos todo o universo e a natureza das coisas, tal como ela é. Não seremos, certamente, graças a isso, mais sábios ou mais justos ou mais corajosos ou mais razoáveis, nem fortes ou belos ou ricos, sem o que não é possível ser feliz. Por isso Sócrates disse justamente que as coisas, em parte, estão acima de nós e, em parte, não são para nós. As coisas naturais estão, de fato, acima de nós, assim como não são para nós as coisas depois da morte, enquanto para nós são somente as coisas humanas. Por isso ele, despedindo-se da pesquisa naturalista de Anaxágoras e de Arquelau, dizia buscar "o que de bem e de mal pode existir nas coisas"[16].

Até mesmo as matemáticas eram consideradas por Aristipo totalmente supérfluas, pelo fato de não terem nada a ver com o que é bem ou mal e, portanto, com a felicidade, como nos refere Aristóteles:

De modo que, por isso, alguns entre os sofistas, como Aristipo, desprezavam as matemáticas. Enquanto, de fato, em todas as outras artes, mesmo vulgares, como a de carpinteiro ou sapateiro, tudo se diz em razão do melhor e do pior, no que se refere às matemáticas, ao contrário, *nada se diz sobre o bem e sobre o mal*[17].

15. Ps. Plutarco, *Strom.*, 9 = Eusébio, *Praep. evang.*, I, 8, 9 (= Giannantoni, I B 19 = IV A 166^2).

16. Eusébio, *Praep. evang.*, XV, 62, 7 (= Giannantoni, I B 20 = IV A 166^2, parcial). O verso citado neste como no precedente testemunho é de Homero, *Odisseia*, IV, 392.

17. Aristóteles, *Metafísica,* B 2, 996 a 32ss. (= Giannantoni,I B 11 = IV A 170^2); cf. também Giannantoni, I B 13ss. = IV A 170^2.

Algumas fontes dizem-nos que os cirenaicos descuidaram a lógica[18], enquanto Diógenes Laércio, ao invés, diz que se aplicaram a ela "pela sua utilidade"[19]. Mas entre as duas fontes existe contraste apenas aparente, porque a lógica cirenaica era nada mais que uma elementar doutrina do critério da verdade, que, como logo veremos, reduzia-se a um *sensismo fenomenístico*, inspirado, em certa medida, em Protágoras, e não isento de alguns traços gorgianos.

Para os cirenaicos, só são cognoscíveis as nossas afecções sensoriais, os nossos *estados* subjetivos, mas nunca os objetos que os provocam.

Eis alguns eloquentes testemunhos. Refere Diógenes Laércio:

> Só as próprias afecções são cognoscíveis. As afecções, como eles dizem, e não aquilo de que nascem[20].

E Plutarco:

> [Os cirenaicos] pondo em si mesmos afecções e imagens, negavam que a credibilidade que delas deriva fosse suficiente para afirmações seguras sobre as coisas, mas, como nos assédios, deixando de lado as coisas externas, encerravam-se nas afecções, acrescentando o "parece", sem deixar transparecer o "é" com relação às coisas externas[21].

E, melhor do que todos, Sexto Empírico:

> Dizem, portanto, os cirenaicos que critério da verdade são as afecções, que só elas são compreensíveis e que não são falazes; mas do que produz as afecções nada é compreensível e isento de erro: que nós, de fato, temos afecções do branco, dizem, e a do doce, é possível dizê-lo sem erro, verdadeiramente, de maneira segura e irrefutável; mas que o que produz a afecção seja branco ou doce é impossível afirmar[22].
>
> E se dizemos que são as afecções que nos aparecem, é preciso dizer que tudo o que nos aparece é verdadeiro e compreensível, e se depois pensamos que se nos mostre aquilo que produz as afecções, devemos dizer que tudo é falso e incompreensível. De fato, a afecção que nos atinge não nos mostra

---

18. Cf. por exemplo Sexto Empírico, *Adv. math.*, VII, 11 (= Giannantoni, I B 25 = IV A 168^2).

19. Diógenes Laércio, II, 92 (= Giannantoni, I B 1 = IV A 172^2).

20. Diógenes Laércio, II, 92 (= Giannantoni, I B 1 = IV A 172^2).

21. Plutarco, *Adv. Col.*, 24, p. 1120 d (= Giannantoni, I B 69 = IV A 211^2).

22. Sexto Empírico, *Adv. math.*, VII, 191 (= Giannantoni, I B 71 = IV A 213^2).

nada além de si mesma. Assim (se devemos dizer a verdade) a afecção é a única coisa que nos aparece, enquanto o que é externo e produz a afecção, mesmo que seja algo, não nos aparece. Por isso todos nós somos infalíveis sobre as nossas próprias afecções, mas todos erramos sobre o que está fora, e elas são, de fato, compreensíveis, mas o que está fora não o é, pois a alma é incapaz de conhecê-lo por causa das circunstâncias, da distância, dos movimentos, das mudanças e por todas as outras causas juntas. Daí dizem que não existe um critério comum para os homens e que os nomes são impostos arbitrariamente. Todos, de fato, chamam comumente alguma coisa branca ou doce, mas não têm uma coisa branca ou doce: cada um aprende só a própria afecção. Se, por acaso, esta afecção surgiu nele e em outro por alguma coisa branca, ele não pode dizer, não tendo recebido a afecção do outro, nem o outro, não tendo recebido a sua. Não havendo, portanto, nenhuma afecção comum para nós, é arbitrário dizer que a mim apareceu tal coisa e ao outro tal outra. Pode ser, com efeito, que eu seja constituído de modo a ter uma afecção de branco daquilo que existe fora de mim, e o outro ter uma sensibilidade constituída de modo a ser afetado diferentemente; não é, pois, absolutamente, comum o que nos aparece[23].

Portanto, os cirenaicos são *fenomenistas*, não no sentido moderno humiano, isto é, no sentido de dissolverem as coisas nas sensações[24], mas no sentido de considerarem as sensações não reveladoras do objeto (a sensação não revela, mas vela o objeto), e, ademais, por considerarem as sensações, que são afecções subjetivas, intersubjetivamente incomunicáveis. Os nomes, que são comuns, são convencionais e não podem objetivamente exprimir senão a *minha* afecção, que não pode ser confrontada com a dos outros[25].

É sobre estas precisas premissas que se funda o particular *hedonismo cirenaico*, que devemos examinar agora.

---

23. Sexto Empírico, *Adv. math.*, VII, 194ss. (= Giannantoni, I B 71 = IV A 213²).

24. Assim o entendeu Gomperz, *Pensatori greci*, II, pp. 697ss. A única passagem que poderia sugerir esta tese é de Sexto Empírico, *Adv. math.*, VI, 53 (= Giannantoni, I B 77 = IV A 219²): "Os filósofos cirenaicos dizem que só existem as afecções e nada mais. Daí afirmam que também a voz, quando não é afecção, mas produtora de afecções, não está entre as coisas reais". Mas, na verdade, tal testemunho apenas repete o que dizem os outros, ou seja, que *para nós* só existem as nossas afecções e que a voz, quando não é afecção, *para nós* não existe.

25. É precisamente este o elenco gorgiano (ver *supra* o capítulo sobre Górgias, em particular pp. 210-220).

3. O hedonismo cirenaico

É certo que Aristipo já tinha uma visão da vida totalmente hedonista, como resulta de Xenofonte, que o faz dizer:

> Quanto a mim, situo-me entre aqueles que querem transcorrer a vida *da maneira mais fácil e prazerosa possível*[26].

E com toda a sua vida ele mostrou considerar válido só (ou prioritariamente) o prazer físico, o prazer do instante, colhido e experimentado como tal[27].

De resto, eis como a Escola fixou este ponto:

> [Os cirenaicos] que falam de tal modo sobre os critérios [ou seja, que afirmam que só são cognoscíveis e verdadeiras as nossas afecções], têm opiniões análogas com relação aos fins: as afecções, de fato, estendem-se também ao campo dos fins. Das afecções, algumas são *agradáveis*, outras *dolorosas*, outras *intermédias*. E chamam *más as dolorosas*, cujo fim é, justamente, a dor, *boas as agradáveis*, cujo fim é um prazer verdadeiro, *nem boas nem más as intermédias*, cujo fim não é nem bom nem mal e a afecção é intermédia entre o prazer e a dor. De todas as coisas existentes, as afecções são critérios e fins. Seguindo-as, dizem eles, vivemos atentos à evidência e à alegria, à evidência com base em todas as outras afecções, à alegria com base no prazer[28].

E que o prazer seja o fim do agir é demonstrado pelo fato de que todos os animais o buscam, assim como fogem da dor. E também nós nos comportamos deste modo:

> Indício de que o prazer seja fim é o fato de se nos tornar familiar desde pequenos, sem qualquer escolha, mas por si mesmo, e quando se nos ocorre, não buscamos outra coisa e de nada fugimos tanto como do seu contrário, a dor[29].

Mas os cirenaicos aprofundaram ulteriormente o discurso, explicando que agradáveis são as sensações que implicam "um suave movimento", enquanto dolorosas são as sensações que implicam "um movimento violento"; a falta de prazer ou de dor é, ao invés, falta de movimento ou êxtase e é "semelhante à situação de quem dorme"[30].

---

26. Xenofonte, *Memoráveis*, II, 1, 9 (= Giannantoni, I B 2 = IV A 163²).

27. Ver os numerosíssimos acenos nos vários testemunhos sobre a sua vida em Giannantoni, I A 1ss. (pp. 173ss. = IV A 51ss.²).

28. Sexto Empírico, *Adv. math.*, VII, 199 (= Giannantoni, I B 71 = IV A 213²)

29. Diógenes Laércio, II, 88 (= Giannantoni, I B 1 = IV A 172²).

30. Diógenes Laércio, II, 89 (= Giannantoni, I B 1 = IV A 172²).

É evidente que, uma vez reduzido o prazer a "movimento suave", desaparece qualquer possibilidade de distinguir entre os prazeres, e fazer alguma hierarquia entre eles. Os prazeres, considerados justamente como tais, são todos iguais porque todos são "movimentos suaves", e todos são bens, mesmo que nasçam de coisas consideradas "indecentes"[31].

Ademais, é evidente que, para os cirenaicos, o prazer por excelência não podia ser senão "o prazer do corpo", e só de maneira subordinada eles considerassem prazer o da alma e o que brota da inteligência:

> São muito melhores — diziam eles — os prazeres do corpo do que os da alma, e muito maiores as moléstias que derivam do corpo, pelo que é com estas que punimos de preferência aos que erram[32].

Resulta igualmente evidente, com base nas premissas esclarecidas, que, para os cirenaicos, o prazer devia ser unicamente *o que tem lugar no instante*, no presente atual, no momento que passa. Refere Eliano:

> Aristipo parece que falava com grande veemência e força, convidando os homens a não se angustiarem com as coisas passadas, nem se preocuparem com as que devem ainda acontecer: de fato, isto é sinal de boa disposição da alma e demonstração de mente serena. Exortava a pensar no hoje e, mais ainda, na parte do hoje na qual cada um age ou pensa em algo. Dizia, com efeito, que só o presente é nosso e não o que já se realizou nem o que ainda se espera: o primeiro, de fato, já acabou e o segundo é incerto se virá[33].

E Ateneu acrescenta:

> [Aristipo] sustentou ainda que esta [= a sensação agradável em que consiste a felicidade] é instantânea, situando-se assim no mesmo plano dos dissolutos, considerando que não tinha qualquer valor a memória dos prazeres passados, nem a esperança dos futuros; mas, fazendo consistir o bem só no presente, considerou sem qualquer valor para ele, seja o fato de ter gozado, seja o fato de ainda gozar, porque o primeiro não é mais e o segundo não é ainda e é obscuro. De modo semelhante, os que se dão à dissolução, vivem só o presente, pensando comportar-se bem[34].

---

31. Diógenes Laércio, II, 88 (= Giannantoni, I B 1 = IV A 172²).

32. Diógenes Laércio, II, 90 (= Giannantoni, I B 1 = IV A 172²).

33. Eliano, *Var. hist.*, XIV, 6 (= Giannantoni, I A 75 = IV A 174²).

34. Ateneu, XII, 544 a (= Giannantoni, I B 28 = IV A 174²).

Mas é claro que, reduzido o bem ao prazer e este ao "movimento suave", só se podem extrair estas consequências, pois o "movimento suave" não pode estar nem no passado (que não é mais) nem no futuro (que ainda não é), mas só tem lugar no presente[35].

Enfim, é evidente que os cirenaicos deviam antepor o prazer do momento à própria felicidade, que, na sua visão, perdia consistência:

> Para os cirenaicos parecia existir diferença entre o fim último e a felicidade, pois o primeiro consiste no prazer particular, a felicidade, ao invés, consiste na confluência de particulares prazeres, entre os quais são calculados também os passados [que não são mais] e os futuros [que ainda não são]. Ademais, o prazer particular é perceptível por si mesmo, enquanto a felicidade não o é por si mesma, mas mediante os prazeres particulares[36].

Para valorizar mais a felicidade do que os prazeres do momento, os cirenaicos deveriam revolucionar a sua concepção do prazer e dar uma avaliação primária ao prazer espiritual.

Relativamente a certas posições sofísticas, de socrático, entre os cirenaicos, há somente o princípio do autodomínio, transformado de domínio sobre a vida do instinto e sobre o apelo do prazer, em autodomínio *no prazer*. Não é o prazer que é torpe, mas o fato de se tornar vítima dele; não é a satisfação das paixões que é má, mas o fato de, satisfazendo-as, deixar-se arrastar por elas; não é o gozo que deve ser condenado, mas qualquer excesso que nele se insinue[37].

Não há dúvida de que, para os cirenaicos, a *areté* e a sabedoria foram reduzidas à boa condução da vida de prazer, dosando oportunamente a cada momento as alegrias da vida, e que, portanto, foram instrumentalizadas pelo prazer. Escreve Cícero:

> Os cirenaicos [...] puseram todo bem no prazer e consideraram que a virtude devesse ser louvada por isso, *porque provoca prazer*[38].

E Diógenes Laércio:

> Consideram a sabedoria um bem que, todavia, deve ser buscado não por si mesmo, mas *pelas suas consequências*[39].

---

35. Será justamente sobre este ponto que Epicuro dirigirá suas inovações, que transformarão de maneira essencial o hedonismo cirenaico.

36. Diógenes Laércio, II, 87s. (= Giannantoni, I B 1 = IV A 172^2).

37. Cf. *supra* o § 1 e as notas 9-12.

38. Cícero, *De offic.*, III, 33, 116; cf. também Lactâncio, *Divin. instit.*, III, 8, 8ss. (= Giannantoni, I B 43 e I B 47 = IV A 189 e 193^2).

39. Diógenes Laércio, II, 91 (= Giannantoni, I B 1 = IV A 172^2).

Depois do que dissemos, não resta dúvida de que o cirenaísmo represente uma Escola semissofística. Da lição socrática fica nela mais a casca que a substância. Escreve Cícero:

> Aristipo só se preocupa com o corpo, como se não tivéssemos uma alma[40].

Este juízo é bastante acre, porém exato, e sabemos, mais do que sabia Cícero, o que significavam a exaltação do prazer e a obliteração da *psyché*: significavam uma fatal condenação à contradição. Com efeito, o hedonismo e o socrático princípio do autodomínio e da liberdade não se põem de acordo: para não se deixar arrastar pelo prazer é preciso agarrar-se a algo que seja mais forte do que o próprio prazer; porém, perdido o sentido do discurso sobre a *psyché* e sobre os valores, desaparece a possibilidade de encontrar qualquer apoio ulterior. E, como veremos no terceiro volume, foi justamente esta aporia que provocou na escola cirenaica uma cisão e o surgimento, no seu seio, de uma corrente inspirada num pessimismo arrasador, que representa a nítida antítese do alegre otimismo sob cuja marca nasceu a Escola com Aristipo.

4. Ruptura com o *ethos* da *polis*

Há ainda um ponto que merece ser observado, isto é, a posição de ruptura que já Aristipo assumiu diante do *ethos* da *polis*. Sócrates estava ainda inteiramente identificado com o ideal da *polis* grega, na qual há quem comanda e quem obedece, e, consequentemente, ele desenvolvia o seu discurso educativo como se não houvesse nenhuma outra possibilidade senão a de formar pessoas aptas ou para comandar ou para obedecer. No colóquio entre Sócrates e Aristipo reportado por Xenofonte, à explicação de Sócrates (que Aristipo rejeitou porque, por ser fonte de preocupações, contrasta com o seu ideal hedonista) sobre como a vida de quem domina é preferível à de quem é dominado, Aristipo respondeu que há uma terceira possibilidade, que, rompendo aqueles esquemas, põe-se totalmente fora deles:

---

40. Cícero, *Acad. pr.*, II, 45, 139 (= Giannantoni, I B 33 = IV A 179[2]).

Eis o texto:

— Mas eu, disse Aristipo, não me situo tampouco entre os escravos: penso que existe uma via intermediária, pela qual tento encaminhar-me, que não passa nem pelo domínio nem pela escravidão, mas pela liberdade e conduz sem dúvida à felicidade.

— Oh! exclamou Sócrates, se esta via, como não passa pelo comando e pela escravidão, também não passasse entre os homens, talvez tivesse um sentido o que dizes: se, porém, estando entre os homens, não quiseres comandar nem obedecer e não respeitares de bom grado quem comanda, creio que te darás muito bem conta de como os poderosos sabem, tanto na vida pública como na vida privada, fazer gemer os mais fracos e depois servir-se deles como escravos [...]

— Sim, respondeu, e justamente para não sofrer isto, eu não me encerro numa cidade, e sou forasteiro em toda parte[41].

As sucessivas afirmações em sentido cosmopolítico dos cirenaicos inserem-se, exatamente, nestas premissas, que são, na verdade, mais negativas que positivas, porque a ruptura dos esquemas da *polis* ocorre por razões de egoísmo e de utilitarismo hedonista, ou seja, porque um empenho participativo na vida pública não deixa gozar a vida de modo pleno.

Com relação à posição de Sócrates, que pôs o seu filosofar a serviço da Cidade e morreu para permanecer fiel ao *ethos* da *polis*, a posição de Aristipo e dos cirenaicos não podia estar em mais estridente contraste[42].

---

41. Xenofonte, *Memoráveis*, II, 1, 11ss. (= Giannantoni, I B 2 = IV A 162^2).

42. Sobre os desenvolvimentos do cirenaísmo cf. vol. V: "II. O declínio e o fim da escola cirenaica", Primeira Seção da Primeira Parte.

IV. EUCLIDES E A ESCOLA MEGÁRICA

1. A filosofia de Euclides como tentativa de síntese entre eleatismo e socratismo

Também as notícias que nos chegaram sobre Euclides[1] (que abriu uma escola em Megara, sua cidade natal, da qual tomou o nome) e os seus seguidores são escassas[2]. A escola conheceu momentos de grande sucesso[3], mas foram de breve duração, e a sua mensagem parece não ter incidido de maneira essencial sobre o desenvolvimento do pensamento grego. Mais ainda, podemos até mesmo dizer que aquela mensagem deve ter sido ouvida como ambígua ou, no mínimo, mal definida, a julgar pelas vacilações dos testemunhos que nos chegaram, os quais não nos dizem em que sentido e medida ela pretendeu ser socrática, e insistem, ao contrário, sobre elementos que, como veremos, são de origem eleata. São compreensíveis, portanto, as perplexidades e incertezas das modernas reconstruções historiográficas, as quais, ou insistiram demasiadamente sobre o elemento eleata, correndo o risco de tornar incompreensível a relação com Sócrates, ou chegaram até mesmo a negar a relação da escola megárica com a

1. Euclides nasceu em Megara (cf. Platão, *Fédon*, 59 b-c; Cícero, *Acad. pr.*, II, 42, 129; Estrabão, IX, 1, 8), onde viveu e fundou a sua escola. Não conhecemos nem a data de nascimento nem a de morte. De modo conjetural, alguns estudiosos situam entre 435 e 365 a.C. a vida de Euclides. Ele deve ter sido mais velho que Platão, se é verdade o que é atestado por Diógenes Laércio (II, 106), que, depois da morte de Sócrates, Platão e os outros filósofos amigos de Sócrates se refugiaram em Megara, junto a Euclides, por razões políticas. Só recentemente foram feitas edições dos fragmentos de Euclides e dos seus seguidores: K. Döring, *Die Megariker, Kommentierte Sammlung der Testimonien*, Amsterdã 1972, e G. Giannantoni, *Socraticorum Reliquiae*. Aprofundada discussão sobre os dados biográficos e cronológicos pode-se ver em Döring, pp. 73ss. (as passagens acima mencionadas figuram, na ordem, em Döring como frs. 3 A, 26 A, 43 A, 4 B e em Giannantoni nos números II A 4, 31, 29 e 5).

2. E são escassas e insuficientes sobre os pontos mais delicados.

3. A Escola conheceu o maior sucesso com Estílpone, do qual afirma Diógenes Laércio, II, 113 [= Döring, fr. 163 A = Giannantoni, II O 2: "Pela invenção dos argumentos e pela capacidade sofística (Estílpone) destacou-se tanto sobre os outros que *quase toda a Grécia* voltou o olhar para ele e seguiu a Escola megárica"].

eleata, contra a evidência dos textos[4]. A verdade está no meio: Euclides, como logo veremos, tentou a primeira síntese entre a ética socrática e a ontologia eleata, buscando dar ao momento axiológico, como alguém bem observou, um fundamento ontológico[5].

Mas vejamos de modo preciso como esta síntese foi tentada e proposta.

2. A componente eleata

A ligação de Euclides com o eleatismo é atestada expressamente por Diógenes Laércio, o qual refere que ele "dedicou-se também ao estudo de Parmênides"[6]. Cícero, com base em testemunhos mais antigos, apresenta a filosofia megárica como continuação direta da eleata, expressamente relacionando Euclides (que, no entanto, afirma ter sido discípulo de Sócrates) a Xenofonte, Parmênides e Zenão[7].

Um outro testemunho diz:

> Sustentam que se deve negar validade às sensações e às representações, enquanto se deve ter confiança apenas na pura razão. Proposições deste teor foram sustentadas em época mais antiga por Xenofonte, Parmênides, Melisso e, mais recentemente, por Estílpone, pelos megáricos e seus seguidores. Consequentemente, estes afirmavam que o ser é uno, enquanto uma coisa não é idêntica com outra, e negavam de modo absoluto a geração, a corrupção e o movimento de qualquer coisa[8].

4. Cf. por exemplo K. v. Fritz, na voz *Megariker*, in Pauly-Wissowa, *Realenzyclopädie der classischen Altertumswissenschaft*. Supl. V, 1931, Col. 707-724, cuja tese é retomada e reafirmada por K. Döring na sua recente edição dos fragmentos (cf. *supra*, nota 1), particularmente nas pp. 83ss.

5. H. J. Krämer, *Arete bei Platon und Aristoteles*, Heidelberg 1959, pp. 505s. (Döring, *Die Megariker*, pp. 88s. tenta em vão refutar esta interpretação, que, como veremos, se impõe pelos textos).

6. Diógenes Laércio, II, 106 (= Döring, fr. 31 = Giannantoni, II A 30).

7. Cícero, *Acad. pr.*, II, 42, 129 (= Döring, fr. 26 A = Giannantoni, II A 31): "Megaricorum fuit nobilis disciplina, cuius ut scriptum video princeps Xenophanes [...] deinde cum secuti Parmenides et Zeno (itaque ab iis Eleatici philosophi nominabantur), post Euclides Socratis discipulus Megareus, a quo idem illi Megarici dicti, qui id bonum solum esse dicebant quod esset unum et simile et idem semper; hi quoque multa a Platone. A Menedemo autem, quod is Eretria fuit, Eretriaci appellati, quorum omne bonum in mente positum et mentis acie, qua verum cerneretur".

8. Aristócles *in* Eusébio, *Praep. evang.*, XIV, 17, 1 (= Döring, fr. 27 = Giannantoni, II O 26).

E que estes testemunhos sejam verdadeiros, demonstra-o, entre outras coisas, a própria história da escola, que polemizará vivamente com Platão e com Aristóteles e, justamente nos pontos em que estes superaram o eleatismo, como diremos no terceiro volume[9].

Em particular, no que se refere ao pensamento de Euclides, os pontos doutrinais atestados, que se inspiram na temática eleata, são os seguintes.

Em primeiro lugar, Euclides e os seus imediatos seguidores reduziam o Bem ao Uno (*id bonum solum esse dicebant quod esset unum*)[10] e concebiam este Uno com a característica eleata da absoluta e imóvel *identidade e igualdade de si consigo* (*simile et idem semper*)[11]. E que este Bem-Uno sempre idêntico fosse o Ser-Uno eleata (socraticamente reformado), é confirmado pelo fato de que, como este não admitia absolutamente um não ser, assim o Uno-Bem euclidiano não admitia o seu contrário:

> [Euclides] eliminava as coisas contrárias ao Bem, sustentando que não são[12].

Isto postulava também a eleata negação da geração, da corrupção e do devir, além da negação da multiplicidade, porque, uma vez negada a existência de qualquer coisa que se opunha ao Bem-Uno, e afirmando-o como sempre idêntico, não há mais espaço para a multiplicidade e para o devir, que tem lugar sempre entre os contrários[13].

Em segundo lugar, é-nos expressamente atestado que Euclides rejeitava aquele tipo de procedimento baseado nas analogias:

> Não admitia o argumento por analogia, sustentando que este se baseia sobre coisas semelhantes ou sobre dessemelhantes; e se se baseia sobre coisas semelhantes, o argumento deve tratar de coisas semelhantes mais que das suas analogias; se se baseia sobre coisas dessemelhantes, o paralelo é supérfluo[14].

---

9. Polemizaram contra a platônica doutrina das Ideias, que rompia a unidade do ser eleata, e contra a aristotélica doutrina da potência e do ato, que rompia a univocidade e absoluta estaticidade do ser eleata, fornecendo os instrumentos para recuperar o devir no âmbito do ser, como veremos no terceiro volume.

10. Cícero, *Acad. pr.*, II, 42, 129 (cf. *supra*, nota 7).

11. *Ibidem.*

12. Diógenes Laércio, II, 106 (= Döring, fr. 24 = Giannantoni, II A 30.).

13. Cf. a passagem de Aristócles acima citada (cf. nota 8).

14. Diógenes Laércio, II, 107 (= Döring, fr. 30 = Giannantoni, II A 34).

O momento da analogia era um dos momentos típicos do procedimento dialético socrático (como *ad abundantiam* demonstram os diálogos protoplatônicos), e Euclides o rejeita justamente porque ele rompe o esquema da dialética eleata, que concebe o discurso só em termos de absoluta identidade ou absoluta alteridade[15].

Sempre a mesma fonte nos informa:

> [Euclides] nas demonstrações não atacava as premissas, mas as conclusões[16].

Euclides, noutros termos, preferia manter a dialética na estrutura puramente eleata, e precisamente zenoniana, que visava demolir o adversário atacando as suas conclusões e mostrando o absurdo das mesmas[17].

3. A componente socrática

Tampouco as ligações de Euclides com Sócrates, sobretudo tendo presente a particular reconstrução que de Sócrates propusemos acima, resultam claras.

Contudo, o Ser-Uno eleata é identificado com aquele Bem que foi o fim último de toda a pesquisa socrática[18]. Ademais, Euclides dá àquele Bem uma série de atributos de origem tipicamente socrática:

> Euclides afirmou que uno é o Bem, que é chamado com muitos nomes: ora sabedoria, ora Deus, ora mente, e assim por diante[19].

Ora, a sabedoria (φρόνησις) de que se fala é, justamente, o conhecimento que Sócrates identificava com o Bem. Deus e a mente são igualmente típicas conotações da teologia socrática, como vimos aci-

15. Assim formula o raciocínio, com muita eficácia, Gomperz (*Pensatori greci*, II, p. 632). "Ou a semelhança chega a ser identidade completa, e neste caso será melhor extrair nossas conclusões da própria coisa antes que dos objetos com os quais a confrontamos; ou trata-se de identidade apenas parcial, e neste caso a comparação introduz um excesso (o qual, podemos acrescentar, perverte o nosso juízo)".

16. Diógenes Laércio, II, 107 (= Döring, fr. 29 = Giannantoni, II A 34).

17. Ver, vol. I, pp. 117ss.

18. Cf., *supra.*, pp. 122ss.

19. Diógenes Laércio, II 106 (= Döring, fr. 24 = Giannantoni, II A 30).

ma. Também a negação euclidiana do contrário do Bem como não ser, corresponde à substancial negação socrática do mal, reduzido a pura ignorância do bem[20].

A virtude, para Euclides como para Sócrates, era uma só, embora sob diversos nomes[21], e devia coincidir com o conhecimento do Bem-Uno.

De resto, o corte nítido que o megarismo euclidiano opera entre a opinião falaciosa e a verdade, identificada com o Uno-Bem-Deus, que pode parecer extremamente eleata, na realidade é em igual medida socrático, como demonstra a seguinte passagem do *Críton*:

> E então, caríssimo, não devemos absolutamente nos preocupar com o que pensam os outros, mas só com o que diz aquele que entende das coisas justas e das injustas, *e este é um só e é a própria Verdade*[22].

E aqui, por Verdade se entende, exatamente, Deus, como os intérpretes do *Críton* concordam.

4. A mediação entre eleatismo e socratismo e o seu significado

Se é correto o que vimos acima, então é claro que Euclides, mediando eleatismo e socratismo, tentou dar o fundamento ontológico que faltava ao socratismo.

Levi individuou e expressou bem o sentido desta operação euclidiana de mediação. Escreve este estudioso: "A metafísica de Euclides visava, efetivamente, libertar o homem da preocupação de todas as coisas particulares, mostrando que o valor que ele lhes atribui com relação à sua vida é pura ilusão, porque tais coisas não possuem realidade. Quem se convencer verdadeiramente de que só existe o Ser-Uno, o Bem, Deus, esforçar-se-á por libertar-se de todos os pensamentos que não se referem a ele e tenderá com todas as suas energias para aquele único objeto, por tê-lo sempre presente na mente.

---

20. São muito interessantes as observações sobre isto feitas por von Fritz, *Megariker*, col. 876s., seguido por Döring, *Die Megariker*, pp. 85s.

21. Diógenes Laércio, VII, 161 (= Döring, fr. 25 = Giannantoni, II A 32); cf. a correspondência inclusive verbal com Platão, *Protágoras*, 329 d, 349 b.

22. Platão, *Críton*, 48 a.

Assim a ciência torna-se a mais elevada virtude, ética e religiosa ao mesmo tempo, porque traz ao homem toda a perfeição de que a sua alma é capaz e, ao mesmo tempo, torna-o feliz à medida que, libertando-o da opinião errada que atribui realidade a coisas que não existem, purifica o seu espírito das perturbações que esta crença produz"[23]. Com efeito, esta explicação de Levi, embora explicite muitas coisas que os textos sugerem, mas não dizem expressamente, no seu ponto focal é perfeitamente confirmada por Cícero, o qual nos informa que, para os megáricos, o bem humano consistia no conhecimento da Verdade, ou seja, do Bem-Uno-Deus[24].

Em suma: encontramo-nos diante de uma tentativa rudimentar de fazer aquilo que, em outro nível, fará Platão, dando fundamentos metafísicos ao socratismo[25].

E a distância entre uma e outra destas tentativas está no fato de que a primeira busca no passado da filosofia da *physis* um fundamento ao socratismo, com êxitos aleatórios, porque se tratava de um passado renegado explicitamente por Sócrates; a segunda o encontra, ao invés, na superação da filosofia da *physis*, e precisamente na descoberta da metafísica, mediante a "segunda navegação", como veremos[26].

5. A erística megárica e a dialética socrática

Os megáricos são conhecidos por terem dado largo espaço na sua especulação à erística e à dialética, a ponto de terem sido chamados,

23. A. Levi, *Le dottrine filosofiche della scuola de Megara*, in "Rendiconti della Reale Accademia Nazionale dei Lincei. Classe di science morali, storiche e filologiche", Serie IV, vol. VIII, fasc. 5-6, Sessão de 19 de junho de 1932, pp. 465-499. É um ensaio de fundamental importância, infelizmente desconhecido ou não meditado pela maior parte dos estudiosos do megarismo. O trecho que transcrevemos está na p. 470.

24. Cf. *supra* a nota 7, no final.

25. Exata a observação sobre isto feita por Gomperz (*Pensatori greci*, II, p. 613). "A tentativa de Euclides está para a especulação platônica como um ser vivo de estrutura muito simples está para um organismo muito complexo, realizando nas diversas fases do seu desenvolvimento formas variadas. Euclides se contenta, se podemos nos permitir esta expressão, com *eticizar* a metafísica eleata e com *objetivizar* ou *existencializar* a ética socrática".

26. Cf. o vol. III:"I. A 'segunda navegação' como passagem da pesquisa física dos pré-socráticos ao plano metafísico", 2ª Seção da 1ª Parte.

em certo momento, eristas e, depois, dialéticos[27]. Veremos, no terceiro volume, os desenvolvimentos da Escola nestas direções e examinaremos alguns célebres argumentos erístico-dialéticos que suscitaram, ao mesmo tempo, admiração e ira pela sua habilidade extremamente capciosa.

Deve-se, contudo, notar desde agora que o próprio Euclides seguiu este caminho, tendo merecido as satíricas pontadas do xilógrafo Tímon, o qual escreveu:

> Não me preocupo com estes tagarelas, nem com quaisquer outros, nem com Fédon, quem quer que ele seja, *nem com o belicoso Euclides, que inspirou aos megáricos o frenético amor pela controvérsia*[28].

Com efeito, o método propugnado por Euclides, ou seja, o método da confutação das conclusões do adversário e da sua redução ao absurdo é, justamente, um método dialético, que, como tal, dificilmente fica imune a desvios de caráter erístico[29].

Vimos que tal método derivou do eleatismo e, particularmente, de Zenão; mas vimos também que Sócrates fez largo uso dele, de modo que também nisso Euclides deve ter-se considerado fiel ao mestre, embora não acolhendo o procedimento por analogia.

Enfim, Euclides (e com ele os seus seguidores), muito provavelmente atribuiu à dialética um caráter ético. Também isto foi bem observado por Levi: "[...] os megáricos atribuíam à sua crítica destrutiva das opiniões dos adversários a função de purificar-lhes, ética e religiosamente, o espírito das trevas do erro, das paixões, dos sofrimentos e elevá-lo à visão do verdadeiro Bem, que é, ao mesmo tempo, supremo conhecimento e suprema virtude, e fonte necessária de felicidade"[30]. Nós acrescentaremos que isto, além de concordar com as premissas do sistema, concorda perfeitamente com o caráter da própria dialética socrática, que, como vimos, tinha finalidades protréticas e morais, mais do que lógico-gnosiológicas[31].

---

27. Diógenes Laércio, II, 106 (= Döring, fr. 31 = Giannantoni, II A 22).
28. Diógenes Laércio, II, 107 (= Döring, fr. 8 = Giannantoni, II A 34).
29. De resto veremos que o próprio Sócrates não permaneceu imune disso.
30. Levi, *Le dottrine filosofiche della scuola di Megara*, pp. 472s.
31. Cf. todo o capítulo que dedicamos à dialética socrática, pp. 138-155.

Os sucessores de Euclides e, em particular, Eubúlides, Alexino, Diodoro Crono e Estílpone, como já acenamos, conquistaram fama sobretudo pelas suas refinadíssimas armas dialéticas (usadas contra os adversários, mas também em vazios jogos de virtuosismo erístico); mas, como veremos, eles não esqueceram as finalidades éticas originais destas armas. Se a antiguidade foi avara de notícias sobre este aspecto e, ao invés, conservou a lembrança do outro, foi sobretudo porque, no campo ético, as mensagens das novas Escolas eram de tal alcance inovador, que tornavam praticamente insignificante o discurso que provinha de Megara, enquanto continuou a ter efeito o virtuosismo erístico-dialético, que, para o grego, permaneceu por muito tempo como extremamente sedutor e intelectualmente excitante[32].

32. Sobre os desenvolvimentos dessa escola cf. vol. V: "III. Os desenvolvimentos dialéticos da escola megárica e a sua dissolução". 1ª Seção da 1ª Parte.

V. FÉDON E A ESCOLA DE ÉLIDA

Entre os socráticos menores, Fédon (a quem Platão dedicou o seu mais belo diálogo) foi, a julgar pelo pouco que nos foi transmitido sobre ele, o menos original. Ele fundou uma escola na sua nativa Élida[1].

Os testemunhos indicam bastante claramente que ele seguiu duas direções na sua especulação.

O xilógrafo Tímon aproxima-o de Euclides e parece considerá-lo, como Euclides, um erista-dialético[2].

Por outras fontes, ao invés, de modo mais determinado, resulta que Fédon se ocupou prioritariamente de ética[3].

No seu *Zopiro* ele devia desenvolver o conceito de que o *logos* (o *logos* socrático) não encontra nenhum obstáculo na natureza do homem, no sentido de que ele é capaz de dominar também os caráteres mais rebeldes e os temperamentos mais passionais. Zopiro era um "fisionomista", ou seja, alguém que julgava saber extrair das fisionomias dos homens o seu caráter moral. Baseando-se nos traços do rosto de Sócrates, ele sentenciou que o filósofo devia ser um vicioso, suscitando a hilaridade geral; mas o próprio Sócrates defendeu Zopiro, explicando que ele verdadeiramente era assim, antes que o seu *logos* filosófico o transformasse. Do escrito de Fédon deriva indubitavelmente, embora de maneira mediada, o que Cícero refere nas *Tusculanas*:

---

1. Sobre Fédon nos informa Diógenes Laércio (II, 105 = Giannantoni, III A 1). "Fédon de Élida, dos Eupátridas, foi capturado junto com a queda de sua pátria e constrangido a ficar em um bordel. Mas daí conseguiu entrar em contato com Sócrates e depois, por incitamento de Sócrates, Alcibíades e Críton e seus amigos o resgataram. Desde então tornou-se livre e se dedicou à filosofia". Escreveu diálogos, entre os quais *Zopiro* e *Simão* (Diógenes Laércio menciona também outros títulos, porém, diz expressamente que alguns não são considerados autênticos). Cf. também o que dizem do nosso filósofo Gélio, *Noctes atticae*, II, 18, e, Estrabão, IX, 1, 8 (= Giannantoni, III A 3 e 1).

2. Cf. Tímon, em Diógenes Laércio, II, 107 (ver o fragmento no capítulo precedente, p. 364 = Giannantoni, II A 34).

3. Cf. Temístio, *Orat.*, XXXIV, 5 (= Giannantoni, IV A 166).

> Quanto aos que passam por naturalmente levados à ira, à piedade, à inveja, e às paixões deste gênero, eles têm, pode-se dizer, uma constituição psíquica insana: porém, são curáveis. É o caso de Sócrates: encontrava-se numa reunião, e Zopiro — alguém que pretendia saber reconhecer o caráter de qualquer um a partir do aspecto físico — tinha-lhe atribuído toda uma série de vícios, suscitando com isso a hilaridade de todos os outros, que não viam aqueles vícios em Sócrates. Naquela situação, foi justamente Sócrates que lhe veio em socorro: disse, Sócrates, que aqueles vícios existiam efetivamente, ínsitos em seu caráter, mas ele os tinha lançado fora com a razão (*ratione*)[4].

E ainda no *De Fato*:

> Por acaso não lemos como caracterizou a Sócrates o fisionomista Zopiro, que declarava poder conhecer a fundo o comportamento e a natureza das pessoas observando o seu corpo, os seus olhos, o seu rosto, a sua fronte? Ele disse que Sócrates era estúpido e tolo, porque não tinha as cavidades na base do pescoço, formadas pelas clavículas: afirmava que ele as tinha obstruído e obturado; e acrescentou que ele era um cortesão; e a esta afirmação se diz que Alcibíades explodiu em grande gargalhada. Estes vícios podem nascer de causas naturais, mas extirpá-los e erradicá-los de modo a libertar-se deles, mesmo que se fosse inclinado a eles, não depende de causas naturais, mas da vontade, do desejo de melhorar, da educação (*in voluntate studio disciplina*)[5].

Uma confirmação de que esta fosse a tese de fundo sustentada por Fédon encontra-se também na carta do imperador Juliano:

> Fédon considerava que não havia nada de incurável para a filosofia, e que em virtude dela todos pudessem separar-se de qualquer gênero de vida, de qualquer hábito, de todas as paixões e de todas as coisas deste gênero. Ora, se a filosofia tivesse poder só sobre os homens de boa estirpe e bem educados, não haveria nada de extraordinário nela; mas que ela saiba levar à luz homens que jaziam em tal estado [alusão ao estado de abjeção em que tinha caído Fédon], parece-me ser verdadeiramente prodigioso[6].

Enfim, de Sêneca extraímos uma ulterior prova da centralidade desta temática em Fédon:

---

4. Cícero, *Tusc.*, IV, 36, 80.

5. Cícero, *De fato*, 5, 10s. (a palavra *voluntas* é ciceroniana; mais exata do ponto de vista histórico é a terminologia da passagem precedente, que fala de *ratio*, isto é, de *logos*; com efeito, a "vontade" permanece desconhecida, no nível teórico, à especulação socrática).

6. Juliano, *Epístola* 82, 445 a (Bidez, p. 136 = Giannantoni, III A 2).

Nada como a conversação com homens bons tem tanto poder de dar aos homens um honesto hábito e reconduzi-los à reta via, caso estejam incertos e inclinados ao mal: ela desce pouco a pouco aos corações, e a sua simples presença e a palavra frequente adquire a eficácia das boas admoestações. Até mesmo o simples encontro com os sábios é útil, da presença de um deles se extrai sempre algum proveito, mesmo que não fale. Não me é fácil explicar-te como ele possa oferecer este proveito: mais fácil é compreender o proveito que me trouxe. "Certos animaizinhos", como disse Fédon, "não são sentidos quando mordem, a força da sua mordedura é tão tênue que não nos damos conta do perigo: o inchaço acusa a mordedura, mas no próprio inchaço não há sinal de ferida. O mesmo te acontecerá com a conversação dos homens sábios. Tu não te darás conta de como e quando esta te aproveitará, mas num certo momento advertirás que te aproveitou"[7].

É evidente que Fédon aprofundou um ponto da filosofia socrática do qual tinha diretamente experimentado a eficácia (como vimos, o *logos* de Sócrates foi capaz de libertá-lo da abjeção em que tinha caído, ficando prisioneiro de uma casa de tolerância)[8]; mas era um ponto que espelhava muito bem um dos traços mais típicos do intelectualismo de Sócrates, vale dizer, *a convicção da onipotência do logos e do conhecimento no âmbito da vida moral.*

A escola de Élida teve pouca duração. A Fédon sucedeu Plisteno, nativo daquela mesma cidade. Mas já uma geração depois, Menedemo, proveniente da Escola do megárico Estílpone[9], recolheu a herança da Escola de Élida e a transplantou em Erétria, imprimindolhe, junto com Asclepíades de Fliunte[10], uma direção análoga à da escola megárica.

---

7. Sêneca, *Epístola* 94, 41 (= Giannantoni, III A 12).

8. Cf. *supra*, p. 198, nota 1.

9. Cf. Diógenes Laércio, II, 105. Para Menedemo e Asclepíades cf. Giannantoni, III F 1-25 e III G 1-5.

10. *Ibidem*. Ver o que dizemos no volume V: "IV. A rápida dissolução da escola elíaco-eretríaca", 1ª Seção da 1ª Parte.

VI. CONCLUSÕES SOBRE OS SOCRÁTICOS MENORES

Tudo o que dissemos sobre os socráticos por si já terá persuadido o leitor de que as várias qualificações de "menores", "semissocráticos", "socráticos unilaterais" dadas a eles são adequadas. Algum estudioso, como por exemplo Robin[1], tentou rejeitá-las, mas erradamente.

Eles são qualificáveis de "menores", se consideramos os resultados a que chegaram, e se comparamos estes com os de Platão, que são, inegavelmente, muito mais conspícuos, como o demonstrará nossa exposição sobre Platão.

São qualificáveis de "semissocráticos" porque permanecem, os cínicos e os cirenaicos, meio sofistas, os megáricos, meio eleatas; ademais, eles não operam entre Sócrates e as outras fontes de inspiração uma verdadeira mediação sintética, mas permanecem oscilantes, porque não sabem dar ao seu discurso um novo fundamento.

"Socráticos unilaterais" permanecem porque filtram no seu prisma um único raio, por assim dizer, da luz difundida por Sócrates, isto é, exaltam um único aspecto da doutrina ou da figura do mestre, em detrimento dos outros e, portanto, fatalmente o deformam.

Tem, contudo, razão, Robin, quando observa que nos socráticos menores "o influxo do Oriente, sempre contrabalançado até então no espírito grego pela tendência racionalista, afirma-se de maneira clara no pensamento de Antístenes, o filho da escrava trácia, e de Aristipo, o grego africano"[2]. E tem também razão em afirmar que estes socráticos "já são helenistas"[3]: os cínicos precedem os estoicos; os cirenaicos, os epicuristas; os megáricos, paradoxalmente, forneceram abundantes armas aos céticos.

A descoberta teórica, que discrimina os horizontes especulativos destas escolas dos ulteriores horizontes platônicos, é aquela a que já nos referimos outras vezes, e que Platão, no *Fédon*, como sabemos, denominou "segunda navegação". Trata-se da descoberta metafísica do suprassensível: e é exatamente esta descoberta que, posta na base das intuições socráticas, as elevará, engrandecerá, enriquecerá, levando-as a êxitos novíssimos e de grande fecundidade, dos quais falaremos amplamente no volume II.

---

1. Robin, *Storia del pensiero greco*, pp. 204ss.
2. Robin, *Storia del pensiero greco*, pp. 217s.
3. Robin, *Storia del pensiero greco*, p. 218.

APÊNDICE

ESPECIFICAÇÕES SOBRE AS CARACTERÍSTICAS FUNDAMENTAIS DO CONCEITO GREGO DE FILOSOFIA

"μάλα γὰρ φιλοσόφου τοῦτο τὸ πάθος, τὸ θαυμάζειν· οὐ γὰρ ἄλλὴ ἀρχη φιλοσοφίας ἢ αὕτη."

"E é próprio do filósofo admirar-se, e o filosofar não tem outra origem senão o estar pleno de admiração."

Platão, *Teeteto*, 155 d.

"διὰ γὰρ τὸ θαυμάζειν οἱ ἄνθρωποι καὶ νῦν καὶ τὸ πρῶτον ἤρξαντο φιλοσοφεῖν."

"Os homens começaram a filosofar, agora como no princípio, por causa da admiração."

Aristóteles, *Metafísica*, A 2, 982 b 12s.

Atena foi considerada pelos gregos a deusa protetora dos filósofos (além de protetora de Atenas, capital da filosofia antiga). Esta é uma parte de uma cópia romana da *Athena Lemnia* de Fídias (conservada em Bolonha, no Museu Arqueológico Cívico), que representa bem o seu caráter reflexivo.

1. O objeto da filosofia antiga como o "todo" do ser

Já dissemos, no Prefácio e na Introdução, que uma das características essenciais da filosofia dos gregos — e, antes, sob certo aspecto, a característica da qual dependem largamente todas as outras — consiste na pretensão, nela alojada desde as origens (e mantida no curso de cerca de doze séculos), de medir-se com a totalidade das coisas, ou seja, com *o todo do ser.*

Aqui queremos fornecer, como complemento ao que dissemos, uma documentação que ilustre de maneira essencial este conceito capital e alguns conceitos corolários estreitamente ligados a ele.

A aspiração a medir-se com o todo constitui o que podemos chamar de cifra ontológica ou metafísica da especulação antiga. É sobre esta cifra que devemos, antes de tudo, nos deter.

Que se entende, exatamente, quando se fala da "totalidade das coisas" ou da "totalidade da realidade" como objeto da filosofia, e, portanto, do todo?

A *totalidade* não é só o conjunto das coisas individuais; e isso significa que *o todo não é mera soma das partes.* Em poucas palavras, no problema do todo não está em questão a *quantidade* da realidade que se quer dominar, mas a *qualidade da aproximação a essa realidade*, ou seja, a angulação em função da qual se quer dominá-la. Quando se diz que "o filósofo aspira a conhecer todas as coisas enquanto isto é possível" — explica exatamente Aristóteles — não se quer dizer que o filósofo aspira conhecer cada realidade individual, mas que ele visa conhecer o *universal* no qual entram todas as coisas particulares, ou seja, o universal que dá sentido aos particulares, unificando-os[1]. E o universal do qual agora se fala não é o universal lógico, vale dizer, uma pura abstração, mas um princípio (ou alguns princípios) supremo e imprincipiado, sempre igual a si mesmo, do qual todas as coisas derivam, pelo qual são sustentadas e ao qual também tendem.

A pergunta pelo todo, portanto, coincide com a pergunta pelo princípio fundante e assim unificante da multiplicidade. Podemos também dizer que a pergunta pelo todo coincide com a pergunta pelo porquê último das coisas, enquanto é justamente esse porquê último

1. Cf. Aristóteles, *Metafísica*, A 1-2.

que, enquanto explica todas as coisas, constitui o horizonte da compreensão de todas as coisas.

Já os naturalistas pré-socráticos, a começar pelo primeiro deles, ou seja, Tales, perseguiram esse conceito de filosofia, como resulta largamente confirmado pelos fragmentos e testemunhos que nos chegaram, e como já Aristóteles observava com perfeita consciência crítica numa famosa página da sua *Metafísica*:

> A maioria dos que por primeiro filosofaram pensaram que *princípio de todas as coisas* eram unicamente princípios materiais. De fato eles afirmam que aquilo do que todos os seres são constituídos e aquilo do que derivam originariamente e no que finalmente se dissolvem, é elemento e princípio dos seres, *enquanto realidade que permanece idêntica mesmo na mutação das suas afecções*. E, por esta razão, eles creem que nada se gera e nada perece, uma vez que tal realidade se conserva sempre. E como não dizemos que Sócrates se gera, em sentido absoluto, quando se torna belo ou músico, nem dizemos que perece quando perde esses modos de ser, pelo fato de que o substrato — ou seja, Sócrates mesmo — continua a existir, assim devemos dizer que não se corrompe, em sentido absoluto, nenhuma das outras coisas: com efeito, deve haver *alguma realidade* natural (uma única ou mais de uma) *da qual derivam todas as outras coisas, enquanto essa continua a existir sem mudança*[2].

Nesta passagem, Aristóteles reconhece que a pesquisa desenvolvida pelos naturalistas dirigia-se ao todo. Ele, todavia, sublinha os limites das soluções propostas por esses pensadores, observando que os princípios aos quais visavam eram *materiais*. Em outro lugar, ele reafirma os limites, que poderemos chamar de *fisicistas,* desses pensadores, que consistem no fato de não terem sabido alcançar uma visão dos entes suprafísicos. Dito em termos precisos, os limites dos naturalistas, para Aristóteles (como, de resto, também para Platão), consistem: *a*) em ter acreditado que só existe o ser físico e *b*) em ter, consequentemente, acreditado que podiam explicar esse ser físico com princípios físicos[3].

Em que sentido, então, pode-se igualmente afirmar que, embora dentro desses limites, a pesquisa dos naturalistas constitui uma verdadeira pesquisa sobre o todo?

---

2. Aristóteles, *Metafísica*, A 3, 983 b 6ss.

3. Cf. Platão, *Fédon*, 96 a ss.; Aristóteles, *Metafísica*, A 8, *passim*.

O próprio Aristóteles pôs e resolveu corretamente o problema, observando que os naturalistas limitaram-se à *physis*, mas consideraram que tal *physis* era toda a realidade e todo o ser e, consequentemente, consideraram que pesquisavam sobre toda a realidade e sobre todo o ser. Portanto, a pesquisa dos naturalistas foi uma pesquisa sobre o todo, à medida que ela se apresentava como abrangendo todo o ser[4].

Ainda Aristóteles, para determinar de modo adequado o todo, cunhou a expressão "ser enquanto ser" (ὂν ᾗ ὄν). Todas as artes e as ciências particulares têm a ver com os seres, mas nenhuma delas indaga sobre estes seres *justamente sob o aspecto do ser*. Portanto, as ciências particulares estudam, cada uma delas, apenas uma parte, uma porção, uma seção do ser e, ademais, não na peculiar dimensão do ser. Consequentemente, as causas e princípios que as ciências particulares indagam só valem para aqueles determinados setores do ser que elas têm como objeto, enquanto as causas e os princípios que o filósofo pesquisa na pura dimensão do ser são os que unificam e explicam todos os seres, sem exceção. *É precisamente este o sentido da pergunta pelo todo.*

Eis duas passagens da *Metafísica* exemplares a este respeito:

> Há uma ciência que considera *o ser enquanto ser* e as propriedades que lhe competem enquanto tal. Ela não se identifica com nenhuma das ciências particulares: de fato, nenhuma das outras ciências considera o ser enquanto ser universalmente, mas, depois de ter delimitado uma parte dele, cada uma estuda as características dessa parte. Assim fazem, por exemplo, as matemáticas[5].

> Objeto da nossa pesquisa são os princípios e as causas dos seres, entendidos enquanto seres. De fato, há uma causa da saúde e do bem-estar; existem causas, princípios e elementos também dos objetos matemáticos e, em geral, toda ciência que se funda sobre o raciocínio e, nalguma medida, faz uso do raciocínio trata de causas e princípios mais ou menos exatos. Todavia, todas essas ciências são limitadas a determinado setor ou gênero do ser e desenvolvem a sua pesquisa em torno a isso, mas não em torno ao ser considerado em sentido absoluto e enquanto ser[6].

---

4. Aristóteles, *Metafísica*, Γ 3, 1005 a 32ss.

5. Aristóteles, *Metafísica*, Γ 1, 1003 a 21ss.

6. Aristóteles, *Metafísica*, E 1, 1025 b 1ss.

Passamos agora a uma documentação essencial, que pretende provar a permanência do problema que ilustramos em todo o arco do pensamento grego, assim como a variedade, a fecundidade e a beleza das várias fórmulas usadas pelos diferentes pensadores.

Tales, como sabemos, não escreveu nada, e por isso sobre ele temos só uma tradição indireta. Mas já Aristóteles qualifica-o, sem meios termos, como "iniciador de tal gênero de filosofia"[7], isto é, da filosofia que, superando o mito, volta-se para o todo com a pura razão.

E eis como o problema da totalidade apresenta-se nos primeiríssimos fragmentos de filosofia que possuímos, ou seja, os de Anaximandro e de Anaxímenes:

> [O princípio] ... compreende em si *todas as coisas* e de *todas as coisas* é guia ... e é o divino ... e é imortal e imperecível ...[8].

> Como a nossa alma, que é ar, nos sustenta e governa, assim o sopro e o ar abraçam *o mundo inteiro*[9].

Ainda mais interessantes são os seguintes fragmentos de Heráclito, em quem o problema do todo como unidade de Tudo já assume uma clareza verdadeiramente excepcional:

> Conjunções: inteiro e não-inteiro, concorde e discorde, harmônico e desarmônico, e *de todas as coisas um e do um todas as coisas*[10].

> Uma é a sabedoria, compreender como *o todo é governado pelo todo*[11].

> Não a mim, mas ao logos ouvindo, é sábio admitir que *todas as coisas são uma unidade*[12].

Em Parmênides, a visão da totalidade ergue-se até mesmo como negadora de qualquer validez das "opiniões dos mortais" (que, como vimos, são visões parciais e parcializantes do ser). Ademais, em Parmênides, o todo assume até mesmo as conotações quase materiais da esfera: o todo é ser que, "semelhante à massa de esfera bem

---

7. Aristóteles, *Metafísica*, A 3, 893 b 20s.

8. Diels-Kranz, 12 A 15 e B 3.

9. Diels-Kranz, 13 B 2.

10. Diels-Kranz, 22 B 10.

11. Diels-Kranz, 22 B 41.

12. Diels-Kranz, 22 B 50.

redonda", é todo igual a si mesmo (ὁμοῖον), ser que na eterna quietude do momento atemporal absorve não só o *era* e o *será*, mas o nascimento e a morte, a mudança e o movimento, na absoluta identidade absorve toda diferença e, no limite, tolhe e anula o múltiplo.

Por outro lado, o discurso preliminar da Deusa reveladora é profundamente eloquente:

> [...] É preciso que *tudo* aprendas
> [1] e da verdade bem redonda o sólido coração
> [2] e dos mortais as opiniões, em que não há certeza verdadeira;
> [3] ademais, também isto aprenderás, que e necessário admitir a existência das aparências, *quem tudo investiga em todos os sentidos*[13].

Deixando de lado os pluralistas, que repropõem sem mudança essa mesma ordem de pensamentos, chegamos a Platão, o qual, sobre este tema, faz algumas afirmações particularmente importantes e estimulantes:

Na *República*, por exemplo, ele define a natureza do filósofo como a natureza daqueles homens que são amantes daquela ciência que lhes mostra o ser que sempre é e nunca muda, seja por nascimento, seja por morte, e que *desejam todo esse ser* e não querem renunciar a nenhuma parte dele, grande ou pequena que seja. O filósofo é, portanto, o *amante daquela ciência da totalidade do ser*[14]. Platão especifica, ulteriormente, que a alma do verdadeiro filósofo

> [...] deve correr sempre atrás do todo e da totalidade do divino e do humano[15].

Enfim, ele reafirma que o filósofo deve ter uma mente

> [...] que por todo tempo possui a contemplação *de todo o ser*[16].

A *contemplação de todo o ser*: eis a mais fecunda definição que se pode dar da filosofia dos gregos.

Todas as sucessivas correntes filosóficas inspiradas em Platão e Aristóteles, naturalmente, respeitarão esses conceitos e, até mesmo, sob certos aspectos, os ampliarão. Para Plotino, por exemplo, e para

13. Diels-Kranz, 28 B 1, vv. 28-32.

14. Cf. Platão, *República*, VI, 485 a ss.

15. Cf. Platão, *República*, VI, 486 a.

16. Id.

os neoplatônicos, não só o filósofo deve contemplar o todo, mas, como veremos, deve até mesmo identificar-se estaticamente e fazer-se um com o Todo:

> Tu engrandeces, portanto, a ti mesmo, depois de ter lançado fora o resto: e apresenta-se para ti, depois dessa renúncia, *o todo*[17].

Mas — pode-se objetar — os sofistas e Sócrates, que rejeitaram explicitamente as pretensões dos físicos ao restringir a sua pesquisa ao homem, e também as grandes filosofias da era helenística, que rejeitaram a metafísica platônico-aristotélica e polarizaram o seu interesse sobre a ética, como podem entrar nesse quadro agora traçado? Não abandonam, talvez, o todo, em favor de uma de suas partes, embora privilegiada, vale dizer, em favor do homem?

Respondamos logo que, assim posto, o problema pode levar a grandes equívocos.

Contudo, seria mesmo muito fácil mostrar como, justamente, na célebre proposição protagoriana, que afirma que "o homem é medida de todas as coisas, das que são no que são e das que não são no que não são"[18], está tematicamente expressa a instância do todo, assim como está expressa tematicamente no próprio título de uma das principais obras de Górgias, que soa: *Sobre a natureza ou sobre o não ser*[19].

O que muda aqui, pode-se dizer, não é, portanto, a instância do todo, mas simplesmente a perspectiva segundo a qual ele é afrontado.

O que dizemos resultará mais claro a partir de algumas reflexões sobre posições de Sócrates.

À filosofia da *physis* Sócrates contrapõe uma "sapiência humana"[20], vale dizer, uma sapiência que não verte sobre o cosmo, mas sobre o próprio homem. Mas se o cosmo e a *physis,* para os pré-socráticos, eram o todo, como pode o homem, em torno do qual indaga Sócrates, não se configurar como parte e, portanto, a própria "sapiência humana" socrática, como pode não se configurar de modo estruturalmente diferente da pesquisa precedente?

---

17. Plotino, *Eneidas*, VI, 5, 12.
18. Cf. *supra*, pp. 34 ss.
19. Cf. *supra*, pp. 44 ss.
20. Cf. *supra*, pp. 91 ss.

Para resolver essa dificuldade, perguntamo-nos, em primeiro lugar, que tipo de problema Sócrates se pôs sobre o homem e que tipo de resposta ele deu.

Pois bem, todos os testemunhos à nossa disposição permitem-nos com segurança estabelecer que Sócrates simplesmente deslocou sobre o homem aquele tipo de pergunta que os naturalistas punham sobre o cosmo. Eles pretendiam explicar *todas as coisas* relativas ao universo, reduzindo-as à unidade de um princípio (ou de alguns princípios); Sócrates pretendia, ao invés, explicar todas as coisas relativas ao homem e à sua vida, também reduzindo-as à unidade de um princípio: queria chegar à essência do homem e, em função desta, reinterpretar toda a vida do homem. Portanto, a pesquisa socrática nada tem a ver com todas as outras ciências "particulares" relativas ao homem, como a ciência médica ou a ginástica. Estas ciências só se ocupam de *partes*, ou seja, de *aspectos do homem*, não do *homem todo*, no sentido que estabelecemos. E depois do nascimento das numerosas ciências humanas no final do século passado, como a sociologia, a psicologia e semelhantes, os exemplos poderiam se multiplicar. O que foge estruturalmente a estas ciências é, justamente, aquele todo do homem que interessava a Sócrates, e que, em última análise, é o específico da filosofia ainda hoje[21]. (A esta consideração, à guisa de corolário, poder-se-ia acrescentar uma ulterior, sobre a qual não queremos insistir, à medida que serve simplesmente como reforço. Considerando apenas os *Memoráveis* de Xenofonte — cuja autenticidade sobre este ponto não pode ser posta em dúvida — Sócrates ocupou-se também de Deus e tentou fornecer algumas "provas" racionais a favor da sua existência, com uma técnica e com perspectivas que, até mesmo, servem de prelúdio às metafísicas de Platão e de Aristóteles, como vimos)[22].

O problema relativo aos filósofos da era helenística é imediatamente resolvido, tão logo se considere o fato de que eles polarizaram os seus interesses sobre a ética, *mas situaram as suas éticas num enfoque bem preciso do ser e do cosmo, inclusive em nível temático*[23].

21. Cf. *supra*, pp. 88 ss.

22. Cf. *supra*, pp. 122 ss.

23. Cf. os vols. V e VI, *passim*.

Para os filósofos da era imperial, enfim, o problema não se põe, porque eles voltaram à concepção metafísica de Platão e de Aristóteles. Consequentemente, não é de admirar o fato de que Marco Aurélio e Plotino, embora abissalmente distantes entre si, possam escrever, concordemente, que o filósofo

> [...] deve olhar para o todo[24].

Em suma: das origens ao fim, os gregos consideraram a filosofia como a tentativa de compreender todas as coisas, reportando-as ao seu fundamento último, ou seja, a tentativa de medir-se com o todo. Portanto, a seguinte afirmação platônica pode, verdadeiramente, ser considerada o selo desta concepção:

> Quem é capaz de ver o todo é filósofo, quem não, não é[25].

2. A filosofia como necessidade primária do espírito humano

Submerso em tantos problemas, por que o homem deve pôr-se também o problema do todo? Não é este, talvez, um problema de luxo? Pior ainda — poderá talvez pensar algum leitor hodierno — não é porventura um problema superado, tornado irremediavelmente arcaico pelas novas ciências e, portanto, hoje em dia não mais possível de ser posto?

Também a resposta a esta interrogação nos vem de Aristóteles, o qual, ao fornecê-la, explorou a fundo a mensagem dos seus predecessores.

Logo na abertura da *Metafísica*, ele escreve:

> Todos os homens *por natureza* desejam o saber[26].

Este mesmo conceito é expresso também no *Protrético* do seguinte modo:

---

24. Plotino, *Eneidas*, II, 9, 9; cf. Marco Aurélio, *Memórias*, II, 9.

25. Platão, *República*, VII, 537 c. Aquele que é capaz de ver o todo é chamado de *synoptikos*; sobre este conceito cf. Jaeger, *Paideia...*, II, pp. 196; 282s. e nota 22.

26. Aristóteles, *Metafísica*, A 1, no início.

O exercício da sabedoria e o conhecimento são desejáveis por si mesmos pelos homens: com efeito, não é possível viver humanamente sem essas coisas[27].

O "desejo" de conhecer inscreve-se, portanto, no próprio ser do homem, revelando-se assim algo sem o qual a própria natureza do homem é comprometida.

Note-se: não se trata apenas de um genérico desejo de conhecer, mas, justamente, de um desejo de alcançar *aquele particular tipo de conhecimento* do qual falamos acima.

A demonstração desta asserção é feita mediante uma análise fenomenológica e também mediante uma aguda exploração das opiniões comuns de todos os homens.

Que o desejo de conhecer seja um traço essencial da natureza do homem resulta evidente do fato de todos nos deleitarmos com as sensações, particularmente com a visão, *por ser esta a que mais nos faz conhecer*. E como entre as várias sensações amamos a visão mais do que as outras porque mais nos faz conhecer, assim, analogamente, entre as várias formas de conhecimento que se seguem às sensações, apreciamos sobremaneira aquelas que mais nos fazem conhecer. Além da sensação, com efeito, existem a memória, a experiência e também a ciência. Mas todos os homens apreciam mais a arte e a ciência que a experiência, embora quem tem experiência às vezes (ou amiúde) move-se mais agilmente na esfera da atividade prática do que quem possui a ciência. Isto se verifica pelo fato de que a experiência nos faz conhecer apenas o *quê* das coisas, ou seja, os fatos e alguns dos seus nexos empíricos, enquanto a ciência nos faz remontar ao *porquê* dos fatos, ou seja, *à causa e ao princípio que os determinam*. E ainda, entre as ciências, nós apreciamos mais a que é capaz de nos fazer conhecer não só algumas coisas, mas todas as coisas, ou melhor, não apenas as causas de algumas coisas, mas as causas de todas as coisas, ou seja, a sapiência, aquela que, justamente, se refere ao todo[28].

De modo análogo, já no *Protrético*, Aristóteles explicava que nós amamos viver por causa das sensações e, ulteriormente, que amamos a sensação pelo seu valor de conhecimento; mas, dado que a ciência

27. Aristóteles, *Protrético*, fr. 41 Düring.

28. Cf. Aristóteles, *Metafísica*, A 1, *passim*.

nos faz conhecer a verdade (o todo) na mais alta medida possível ao homem, então é justamente a esta que *naturalmente* nós tendemos:

> Ora, o viver distingue-se do não viver por causa da sensação e define-se pela presença da faculdade de sentir, e tirando esta, não vale mais a pena viver, como se se tirasse com o sentido o próprio viver. Entre os sentidos distingue-se a faculdade da visão pelo fato de ser a mais clara, e por isso também a amamos mais do que as outras faculdades. Mas cada sentido é faculdade de conhecer por meio do corpo, como o ouvido ouve os sons através das orelhas. Portanto, se o viver é desejável por causa do sentido, e o sentido é uma forma de conhecimento, e nós o amamos pelo fato de que, por meio dele, a alma tem a faculdade de conhecer, e antes dissemos que entre duas coisas é sempre mais desejável aquela a que pertence em maior medida esse atributo, então entre os sentidos a vista será o mais desejável e apreciável de todos; mas desta e de todas as outras faculdades e do próprio viver será mais desejável a sapiência, que goza de um poder maior diante da verdade. Consequentemente todos os homens perseguem sobretudo o exercício da sapiência. De fato, amando o viver, eles amam o exercício da sapiência e o conhecimento, pois não é por nenhuma outra razão que apreciam o viver, senão pelo sentido e sobretudo pela vista. E parecem amar essa faculdade no mais alto grau, porque ela, com relação aos outros sentidos, é como uma ciência pura e simples[29].

Esse desejo de conhecer, no homem, exprime-se de modo particular no sentimento de admiração.

Já Platão escrevia:

> E é próprio do filósofo *admirar-se*, e o filosofar não tem outra origem senão o *estar pleno de admiração*[30]

E Aristóteles, retomando e desenvolvendo esse conceito, precisa:

> [...] *Os homens começaram a filosofar, agora como no princípio, por causa da admiração*: enquanto no princípio ficavam maravilhados diante das dificuldades mais simples, em seguida, progredindo pouco a pouco, chegaram a pôr problemas sempre maiores, como os problemas relativos aos fenômenos da lua e os do sol e dos astros, e os problemas relativos à origem de todo o universo[31].

---

29. Aristóteles, *Protrético*, fr. 7 Ross (= 73-77 Düring).

30. Platão, *Teeteto*, 155 d.

31. Aristóteles, *Metafísica*, A 2, 982 b 12ss.

Duas considerações se impõem a este respeito.

Uma primeira refere-se ao sentido da admiração. Considerada em si mesma, ela implica ignorância diante das dificuldades que progressivamente se encontram; mas, ao mesmo tempo, ela implica também algo mais, vale dizer, o fato de nos dar conta de estar em falta e de carecer de alguma coisa e, portanto, a aspiração a sair da ignorância. A admiração, portanto, é uma espécie de falta que sabe ser tal e, assim, é também necessidade do que a preenche.

A segunda refere-se ao progressivo crescimento da própria admiração, a qual — diz Aristóteles — primeiro surge diante de fenômenos mais elementares, depois diante dos mais complexos fenômenos celestes e, por último, dirige-se a problemas relativos à "origem do universo" e, portanto, dirige-se ao todo.

Justamente essa admiração, surgida no homem que se põe diante do Todo e pergunta qual é a sua origem e o seu fundamento, é a raiz da filosofia. E se é assim, a filosofia é, estruturalmente, ineliminável, *justamente porque é ineliminável a admiração diante do ser, do mesmo modo como o é a necessidade de satisfazê-la.*

Por que há o todo? De onde ele veio? Qual é a sua razão de ser? Esses problemas equivalem ao seguinte: por que há o ser e não o nada? E um momento particular desse problema geral é o seguinte: por que existe o homem? Por que cada um de nós existe?

Como é evidente, trata-se de problemas que o homem não pode deixar de se pôr ou, pelo menos, são problemas que, à medida que são rejeitados, diminuem aquele que os rejeita. Portanto, são problemas irrenunciáveis e, ademais, são problemas que, mesmo depois do nascimento das modernas ciências naturais e das contemporâneas ciências humanas, permaneceram intactos quanto às suas instâncias e seu valor, justamente porque nenhuma das ciências naturais nem das humanas diz respeito ao todo do ser, ou seja, às causas últimas da realidade e do homem.

Por estas razões, portanto, poderemos repetir com Aristóteles que, não só na origem, mas também agora, a velha pergunta pelo todo do ser tem sentido, e terá sentido enquanto o homem experimentar "admiração" diante do ser das coisas e do seu próprio ser.

3. O escopo da filosofia como contemplação do ser

Uma vez explicada a origem, é fácil explicar também o fim, ou seja, o escopo da filosofia segundo os gregos. Se a origem do filosofar é uma necessidade de conhecimento e de saber, o fim deverá ser, justamente, o apaziguamento ou, pelo menos, a tendência ao apaziguamento desta necessidade, como já se disse, e, portanto, *o conhecimento buscado e conseguido em si mesmo e não por escopos ulteriores*. Em suma, o fim é o conhecimento pelo conhecimento ou, como diziam os gregos, o *theorein* (θεωρεῖν), o conhecimento como pura atitude contemplativa do Verdadeiro.

Para compreender a fundo este ponto, a comparação com as ciências particulares é iluminadora. As técnicas e as ciências particulares são dirigidas, normalmente, à realização de escopos empíricos e à atuação de fins pragmáticos bem precisos. Elas têm, indubitavelmente, *também* um valor cognoscitivo; todavia, este não está em primeiro plano à medida que, justamente, não constitui o seu fim, o qual, como dissemos, consiste na produção de determinadas vantagens de ordem prática (para a medicina a cura, para a arquitetura a construção, e assim por diante). Dado que é essencial para as ciências particulares alcançar escopos práticos, elas não valem tanto em si mesmas, quanto (ou, pelo menos, prioritariamente) à medida que são capazes de realizar os seus fins. Ao contrário, a filosofia vale justamente pela sua teoricidade, ou seja, *pela sua carga e pelo seu valor cognoscitivo.*

A tradição antiga reconhecia já na atitude do primeiro dos filósofos gregos, Tales, esta cifra teórica. Mais ainda, Aristóteles reconhecia certa carga teórica até nos criadores de mitos teogônicos e cosmogônicos, enquanto os mitos respondem (embora em nível fantástico-poético) à necessidade mesma da qual nasce a filosofia, vale dizer, a admiração[32].

Mas eis uma passagem de Platão na qual Tales é proposto como símbolo da "vida teorética":

Sócrates — [...] de conversas como estas e semelhantes [que se referem às pequenas coisas e às mesquinharias da vida cotidiana] o filósofo não sabe

32. Cf. Aristóteles, *Metafísica*, A 2, 982 b 18s.

nada mais do que aquele que saiba, como se diz, quantos copos de água há no mar. E nem sequer sabe que ignora tudo isso; pois ele se mantém longe de ter fama de homem singular. E a verdade é que só pelo seu corpo ele está presente na cidade, mas não pela sua alma, a qual, considerando todas essas coisas como pouco e até mesmo nada, e desprezando-as profundamente, voa, como diz Píndaro, por toda parte, e ora desce ao mais profundo da terra, ora mede a sua superfície, ora sobe ao céu para contemplar estrelas, e investiga em todos os pontos a natureza dos seres, cada um na sua universalidade, sem jamais se abaixar a nada de particular entre os objetos que lhe são próximos.

Teodoro — Que queres dizer com isso, Sócrates?

Sócrates — Aquilo mesmo, Teodoro, que se conta de Tales, o qual, enquanto estava contemplando as estrelas e tinha os olhos voltados para o alto, caiu num poço; e então uma sua serva da Trácia, faceira e graciosa, zombou dele dizendo que se empenhava grandemente em conhecer as coisas do céu, mas não via as que tinha diante de si e sob os pés. Esse mote pode muito bem ser aplicado a todos os que professam a filosofia. Porque o filósofo, na verdade, não só não se preocupa com o que está perto, nem com o que faz o seu vizinho, e ignora até mesmo se é um homem ou um animal; mas se se trata de saber o que é o homem, e o que convém à natureza do homem, à diferença de todos os outros animais, fazer ou padecer, ele empenha nisso todo o seu estudo. Compreendes ou não o meu pensamento, Teodoro?[33]

Análoga atitude a tradição antiga referia a Pitágoras e a Anaxágoras, como lemos num fragmento do *Protrético* de Aristóteles:

Qual é, então, o escopo em vista do qual a natureza e Deus nos geraram? Interrogado sobre isso, Pitágoras respondeu: "A observação do céu", e costumava dizer que era um dos que especulava sobre a natureza e que em vista desse escopo tinha vindo ao mundo. E dizem que Anaxágoras, interrogado sobre qual seria o escopo em vista do qual alguém podia desejar ter sido gerado e viver, respondeu: "a observação do céu e dos astros que estão nele, a lua e o sol", como se não considerasse dignas de qualquer valor todas as outras coisas[34].

É quase desnecessário observar que o "céu" e o "mundo", nesse contexto, significam o todo, no sentido em que acima precisamos: no sentido em que, ignorando o transcendente, para estes filósofos, o horizonte do cosmo coincidia com o horizonte do todo[35].

33. Platão, *Teeteto*, 173 d-174 b.

34. Aristóteles, *Protrético*, fr. 11 Ross (= 18-19 Düring).

35. Cf. *supra*, nota 4.

A concepção platônica é expressa de maneira paradigmática já na passagem do *Teeteto* que lemos acima, mas importa referir ainda uma passagem, tão bela quanto eficaz, da *República*:

> E os verdadeiros filósofos [...] quem são para ti?
> Os que amam contemplar a verdade[36].

E com a *contemplação da Verdade,* Platão entende a *contemplação do Absoluto.*

Em Aristóteles, a contemplação desinteressada como cifra do filosofar, além da página exemplar da *Metafísica* lida acima (assim como em célebres passagens da *Ética Nicomaqueia* que leremos no próximo volume)[37], é expressa num fragmento do *Protrético* que vale a pena ler:

> Buscar que de cada ciência derive algo diferente e que ela deva ser útil, é próprio de quem ignora completamente quão diferentes são desde o início as coisas boas das necessárias: estas, na realidade, diferem ao máximo. Aquelas, com efeito, entre as coisas sem as quais é impossível viver, que são amadas por causa de outra coisa, devem ser chamadas coisas necessárias e causadas, enquanto as que são amadas por si mesmas, mesmo quando nada diferente derive delas, devem ser chamadas coisas propriamente boas. Isto porque não é possível que determinada coisa seja desejável por causa de outra, esta por causa de outra e assim por diante ao infinito; mas a um certo ponto deve-se parar. Seria, portanto, totalmente ridículo buscar de cada coisa uma vantagem diferente da própria coisa e perguntar: "Que vantagem, pois, nos decorre dela?" ou "que utilidade?". Na verdade, como dizemos, quem fizesse isso não se assemelharia em nada a quem sabe o que é belo e o que é bom, nem a quem distingue o que é causa e o que é causado.
>
> Pode-se ver que a nossa tese é verdadeira se, com o pensamento, nos transportamos à ilha dos bem-aventurados. Lá, com efeito, não há necessidade de nada, nem se tira vantagem de qualquer coisa, mas existe somente o pensar e a especulação, o que agora chamamos de vida livre. Mas se isso é verdade, não seria justo que se envergonhasse qualquer um de nós, caso se lhe oferecesse a ocasião de ficar na ilha dos bem-aventurados, se se encontrasse por própria culpa na impossibilidade de fazê-lo? Portanto, não é desprezível a compensação que deriva aos homens da ciência, nem é pequeno o bem que dela deriva. Como, de fato, no Hades, segundo dizem os mais sábios dentre

---

36. Platão, *República*, V, 475 e.

37. Cf. vol. III: "6. A perfeita felicidade", 3ª Seção da 2ª Parte.

os poetas, receberemos o prêmio da justiça, assim nas ilhas dos bem-aventurados, ao que parece, deveremos receber o prêmio da sapiência.

Não há, pois, nada de estranho se a sapiência não se mostra útil nem vantajosa, pois não dizemos que ela é útil, mas que é boa, nem é justo desejá-la por causa de outra coisa, mas por ela mesma. Nós, com efeito, vamos a Olímpia em vista do próprio espetáculo, mesmo que deste não derive outra coisa — pois o próprio espetáculo vale mais do que muito dinheiro —, e assistimos às representações dionisíacas não para receber algo da parte dos atores, mas, ao contrário, pagando-lhes, e preferiremos muitos outros espetáculos a muito dinheiro. Do mesmo modo, também a especulação sobre o universo deve ser estimada mais do que todas as coisas que são consideradas úteis. Não é certamente justo, com efeito, viajar com grande fadiga para ver homens que imitam mulheres e servos, ou combatem e correm, e não considerar um dever especular, sem despesa, sobre a natureza dos seres e sobre a verdade[38].

Algum leitor poderá objetar que isso vale para a filosofia grega clássica; mas a filosofia da era helenística e a da era imperial não renegam o caráter da pura teoricidade ou, pelo menos, não o redimensionam radicalmente?

Em poucas palavras já respondemos acima a esse problema. Todavia, dada a sua importância, devemos recolocá-lo e resolvê-lo, ampliando o discurso com a aquisição de ulteriores elementos.

4. As valências prático-teóricas da filosofia: o "theorein" grego não é um pensar abstrato, mas um pensar que incide profundamente sobre a vida ético-política

Só recentemente foi posto à luz (mas este ponto está ainda longe de ser adquirido no nível da comum opinião) que a "contemplação" grega *implica estruturalmente uma precisa atitude prática diante da vida.* Isto significa que a *theoria* grega não é só uma doutrina de caráter intelectual e abstrato, mas além disso, e sempre, uma doutrina de vida ou, para dizer de outra maneira, é uma doutrina que postula estruturalmente uma verificação existencial e, normalmente, a acompanha.

38. Aristóteles, *Protrético*, fr. 12 Ross (= 42-44 Düring).

Cornelia de Vogel, recentemente, de maneira oportuna, observou o seguinte: "Dizer que a filosofia, para os gregos, significava reflexão racional sobre a totalidade das coisas é bastante exato se nos limitamos a isso. Mas se queremos completar a definição, devemos acrescentar que, em virtude da altura do seu objeto, *essa reflexão implicava uma precisa atitude moral e um estilo de vida que eram considerados essenciais tanto pelos próprios filósofos como por seus contemporâneos.* Isto, em outras palavras, significa que a filosofia não era nunca um fato puramente intelectual. É um erro tão grave sustentar que no período clássico o estilo de vida não tinha nenhuma relação com a filosofia, quanto afirmar que no mais tardio período helenístico-romano a teoria cedeu à práxis. Pode-se admitir o seguinte: no período mais tardio há um deslocamento de acento dos aspectos teóricos para os aspectos práticos da filosofia, não por obra de todos, mas pelo menos em alguns casos". As conclusões de C. de Vogel são, portanto, as seguintes: "Na filosofia grega mais antiga encontramos uma teoria que implica necessariamente uma atitude moral e um estilo de vida; na filosofia grega mais tardia encontramos, não sempre, mas com maior frequência, uma atitude e um estilo de vida morais que, necessariamente, pressupõem uma teoria[39].

Podemos, em suma, dizer que a constante da filosofia grega é o *theorein*, ora acentuado na sua valência especulativa, ora na sua valência moral, *mas sempre de modo tal, que as duas valências se implicam reciprocamente de maneira estrutural.* De resto, uma outra prova disso está no fato, já observado por de Vogel, que os gregos consideraram sempre como verdadeiro filósofo, apenas aquele que demonstrou saber realizar uma coerência de pensamento e de vida e, portanto, aquele que soube ser mestre não só de pensamento, mas também de vida.

Pensamos, todavia, que se possa ir ainda além das conclusões de C. de Vogel.

Compreende-se facilmente que a confrontação com o absoluto e com o todo comporta um distanciamento das coisas que os homens comumente valorizam — como, por exemplo, a riqueza, as honras, o

---

39. C. de Vogel, *Philosophia*, Part. I: *Studies in Greek Philosophie*, Assen 1970, pp. 22s.

poder e semelhantes — e, portanto, uma vida de tipo, digamos, "ascético", pois *contemplando o todo, mudam necessariamente todas as usuais perspectivas e, nessa ótica global, muda o significado da vida do homem e impõe-se uma nova hierarquia de valores.*

Mas o ponto que estamos discutindo se esclarece ainda mais pondo em confronto a "contemplação" e a "política", conceitos que, para nós modernos, parecem antitéticos, e que, ao invés, os filósofos gregos uniram entre si de maneira essencial, revelando, justamente nisso, a natureza do seu *theorein.*

As fontes antigas atestam a atividade política de muitos pré-socráticos. Não se trata da política militante, mas da superior atividade de legislar e dar conselhos à Cidade. E sempre as mesmas fontes atestam expressamente que leis e conselhos dados por esses filósofos foram boas leis e bons conselhos[40]. Até aqui, porém, trata-se de tradição indireta, que não nos permite captar o preciso nexo subsistente entre *theoria* e política.

Também os sofistas, como sabemos, visaram, com a sua filosofia, fazer obra política. Todavia, dos testemunhos que nos chegaram não se mostra, nem mesmo neste caso, o nexo entre as duas atividades[41].

Mas já em Sócrates esse nexo emerge com toda clareza. Sócrates, como vimos, renunciou à política entendida como práxis militante cotidiana, mas compreendeu perfeitamente e proclamou que o seu filosofar constituía uma espécie de atividade política superior, à medida que ela *era formadora de consciências morais enquanto desvelava os verdadeiros valores.* O fato de ter conquistado a clara visão do todo do homem como *psyché,* e o fato de ter visto na *psyché* o que no homem é semelhante ao divino, comportavam, com efeito, não só uma nova concepção da existência individual, que ele soube realizar de modo paradigmático, mas também um envolvimento dos outros, de todos os outros e, no limite, de toda a Cidade[42]. Platão viu de maneira lucidíssima essa enorme energia prática da "sapiência" socrática, a ponto de pôr na boca de Sócrates a seguinte afirmação:

40. Cf. vol. I, p. 47, nota 1; p. 52, nota 1; p. 106, nota 1, p. 117, nota 1.

41. Cf. *supra*, pp. 25 ss.

42. Cf. *supra*, pp. 119 ss.

Eu creio estar entre aqueles poucos atenienses, para não dizer o único, que tente a verdadeira arte política, e o único entre os contemporâneos a exercitá-la[43].

Por sua vez, na *República*, Platão levou essas premissas às extremas consequências, chegando a indicar nos filósofos transformados em reis (e nos reis tornados filósofos) e, portanto, na filosofia, a salvação dos governos e dos Estados, além da salvação dos homens individuais:

[...] Nem Estado, nem Governo, nem homem algum se tornará perfeito antes que [...] poucos e bons filósofos, que, no entanto, agora são tidos como inúteis, forem constrangidos por boa fortuna, querendo ou não, a se encarregar do Estado, e enquanto a Cidade não for constrangida a obedecer a eles, ou enquanto nos filhos dos reis e dos poderosos de agora, ou neles mesmos, não se acender, por divina inspiração, verdadeiro amor pela verdadeira filosofia[44].

Sobre que bases Platão afirma isso?

Para o nosso filósofo, como veremos, o Bem é o fundamento de tudo: não só do ser e do conhecimento, mas também do agir privado e da atividade pública:

Eis o que me parece: na esfera do cognoscível, última é a Ideia do Bem e muito dificilmente pode ser vista, mas, uma vez vista, é preciso reconhecer que ela é causa de todas as coisas justas e belas, porque gera, na esfera do visível, a luz e o senhor da luz, e, na esfera do inteligível, sendo ela soberana, produz a verdade e a inteligência, *e a ela deve olhar aquele que quer comportar-se de modo razoável na vida privada e na vida pública*[45].

Mas Platão diz ainda mais. Ele chega, de fato, a descobrir a razão pela qual a contemplação tem valor prático-político. Quem tem o pensamento voltado para os seres — diz ele —, para os seres que permanecem sempre idênticos e perfeitamente ordenados, não se deixa desviar pelas vãs ocupações dos homens, que enchem a alma de inveja e hostilidade, mas, ao contrário, tende a "imitar" aqueles seres e "a fazer-se semelhante a eles quanto possível". E, fazendo isso, ou seja, ocupando-se com o que é "ordenado e divino", o filósofo torna-se, ele mesmo, "quanto possível ordenado e divino". Consequente-

43. Platão, *Górgias*, 521 d.

44. Platão, *República*, VI, 499 b-c.

45. Platão, *República*, VII, 517 c.

mente, o filósofo não só transforma a própria vida privada deste modo, mas, quando fosse necessário para ele ocupar-se da vida pública, tenderia a fazer com que o próprio Estado, quanto possível, se tornasse ordenado e divino, isto é, estruturado segundo a virtude[46].

Em suma, o conhecimento do todo e do absoluto, que para o nosso filósofo é o Divino e o Transcendente, *comporta também a imitação do divino e a assimilação do Divino no indivíduo que o contempla, e comporta, em seguida, também o dever de envolver os outros em tal imitação, justamente na dimensão política.*

Dois pontos particulares merecem ainda ser observados.

Platão sublinhou em muitas ocasiões que o conhecimento do todo comporta uma "dissolução das cadeias", uma "ascensão" e até mesmo um "volver-se de toda a pessoa", ou seja, uma mudança de vida, uma conversão[47].

Ademais, ele também afirmou energicamente — e isso foi recentemente muito bem posto à luz — a necessidade de aquele que viu o absoluto, retornar à "caverna" para "libertar", ou seja, para "converter" os outros, mesmo que isto lhe custe o preço da própria vida, como ocorreu com Sócrates[48].

Não menos explícita é a tematização do poder prático-salvífico da "contemplação" no *Fedro*. As almas — diz-se no célebre mito desse diálogo — quando estão no além junto com os deuses, giram em torno dos céus, chegam à planície da Verdade, onde contemplam o puro ser (o mundo das Ideias). E quanto mais conseguem contemplar, tanto mais, reencarnando-se e retornando à terra, serão ricas de energias espirituais e morais. Os melhores homens serão aqueles nos quais habitam almas que "viram" mais, os piores serão aqueles nos quais habitam almas que "viram" menos[49]. Isso significa que a vida moral depende de modo estrutural da contemplação: *o "fazer" é tanto mais rico quanto mais rico foi o "contemplar".*

Muitos desses conceitos voltam também no *Protrético* de Aristóteles, do qual apresentamos a seção dedicada à discussão das relações entre filosofia e vida prática:

46. Cf. Platão, *República*, VI, 500 c-d.

47. Cf. Platão, *República*, VII, 518 c.

48. Cf. Platão, *República*, VII, 516 a ss.

49. Platão, *Fedro*, 248 c.

Tal ciência é, pois, especulativa, mas permite-nos ser artífices, com base nela, de todas as coisas. A vista, de fato, não é artífice e produtora de nada, pois a sua tarefa é distinguir e mostrar cada uma das coisas visíveis. Ela, todavia, consente agir por seu intermédio e nos é de grandíssima ajuda para as nossas ações, pois se fôssemos privados dela, seríamos praticamente imóveis. Do mesmo modo é claro que, embora sendo essa ciência, especulativa, todavia fazemos milhares de coisas com base nela, escolhemos algumas ações e evitamos outras e, em geral, por meio dela, conquistamos todos os bens[50].

E ainda na *Ética Eudêmica*, Aristóteles proclama expressamente que a "contemplação de Deus" constitui o "critério de referência" para a vida prática[51].

Dito isso, não é necessário demorar-se sobre as filosofias da era helenística. Elas não fazem senão explorar até o fundo a energia moral, a força ético-salvífica do filosofar, já perfeitamente individuada, como decorre dos documentos que apresentamos, por Platão e Aristóteles. E dado que, como veremos no terceiro volume, a derrocada da polis levou o homem grego a concentrar-se sobre si mesmo, a descobrir a dimensão do indivíduo e a encerrar-se nela, compreende-se bem que a temática filosófica assumisse — como consequência — esse novo ângulo, proclamando a filosofia como "arte de viver".

Veremos como na criação das grandes éticas da era helenística desempenharam um importante papel a intuição e as situações emocionais na abertura de novos horizontes. Mas veremos também, paralelamente, como foram sempre visões do todo do homem a solicitar novas descobertas, e o quanto se empenharam os diferentes filósofos em *situar essa visão do todo do homem em uma visão mais geral do todo cosmo-ontológico, e com que insistência apontaram o conhecimento da physis e do ser como o verdadeiro fundamento da "arte de viver"*[52].

Um único exemplo baste para documentar esse ponto, tirado de Pirro, o iniciador do ceticismo, que é a personagem do qual menos se esperaria uma tomada de posição desse gênero, e que, ao invés, não é menos explícito que os outros filósofos.

Pergunta Tímon nos seus *Sili*:

---

50. Aristóteles, *Protrético*, fr. 13 Ross (= 51 Düring).

51. Cf. vol. IV: "A perfeita felicidade".

52. Cf. vols. V e VI, *passim*.

Ó Pirro, esse meu coração deseja aprender de ti, como é que tu, embora sendo homem, levas tão facilmente a vida tranquila, tu que és o único a guiar os homens[53].

Responde Pirro:

Eu te direi como me parece que seja, tomando como reto cânone esta palavra de verdade: *uma natureza do divino vive eternamente, da qual deriva para o homem a vida mais igual*[54].

5. A filosofia e a "eudaimonia"

Eudaimonia, a palavra grega que traduzimos por felicidade, significa, literalmente, ter um bom demônio protetor, do qual depende, consequentemente, uma vida próspera.

Mas esse demônio foi logo interiorizado na reflexão filosófica e posto em estreita relação com o interior do homem.

Já Heráclito afirmava:

O caráter é o demônio do homem[55].

E ainda Heráclito afirma que a *eu-daimonia* não está nas coisas corpóreas:

Se a felicidade consistisse nos prazeres do corpo, deveríamos dizer que são felizes os bois, quando comem[56].

Isto significa, pelo menos implicitamente, remeter a felicidade à dimensão da *psyché*.

E já Demócrito explicita esse conceito, como sabemos, de maneira surpreendente:

A felicidade não consiste nos rebanhos nem no ouro: a alma é a morada da nossa sorte[57].

É justamente esse conceito que se impõe por obra de Sócrates e, sucessivamente, domina de maneira incontrastada por todo o curso da

53. Diógenes Laércio, IX, 65 (= Tímon, fr. 7 Diels).

54. Sexto Empírico, *Adv. math.*, XI, 20 (= Tímon, fr. 68 Diels).

55. Diels-Kranz, 22 B 119.

56. Diels-Kranz, 22 B 4; cf. *supra*, p. 71.

57. Diels-Kranz, 68 B 171; cf. *supra*, p. 161ss.

filosofia antiga. É justamente o *theorein*, como atividade cognoscitiva e moral, que dá a têmpera da alma e a faz tornar-se virtuosa, ou seja, boa. E é evidente que, se o demônio é a nossa alma (ou está na nossa alma), a bondade ou virtude da alma coincide estruturalmente com a *eu-daimonia*.

Portanto, na educação e na formação da alma e do espírito do homem, e assim na filosofia, que forma a alma mais do que qualquer outro conhecimento, está situada a felicidade.

Em uma passagem do *Górgias*, Platão faz Sócrates dizer expressamente que a felicidade consiste na formação interior na virtude:

> Polo — Evidentemente, ó Sócrates, dirás que nem mesmo o Grande Rei é feliz.
>
> Sócrates — E direi simplesmente a verdade, pois não sei como ele se encontra quanto à interior formação e quanto à justiça.
>
> Polo — Mas como? Toda a felicidade consiste nisso?
>
> Sócrates — A meu ver, sim, ó Polo. Com efeito, eu digo que quem é honesto e bom, seja homem ou mulher, é feliz, e que o injusto e mau é infeliz[58].

Essa tese constitui a base de toda a complexa construção da *República* e, em geral, de toda a ética platônica.

Ulteriores aprofundamentos desse tema serão trazidos por Aristóteles, o qual observa que, dado que o viver está ligado ao prazer, daí segue-se que a forma mais elevada de vida, que é a atividade pensante da alma, explicitada do modo mais elevado justamente no filosofar, está ligada ao mais elevado prazer e, portanto, à felicidade.

Na *Ética Nicomaqueia*, como veremos[59], é demonstrada a fundo a tese de que o cume da felicidade está na contemplação. O próprio Deus de Aristóteles é autocontemplação[60].

Na era helenística, o nexo entre filosofia e felicidade é ulteriormente acentuado. De resto, uma filosofia que se proponha ser uma arte de viver, uma via que conduz à ataraxía, à paz da alma, não pode não pôr na felicidade o próprio *telos*.

---

58. Platão, *Górgias*, 470 e.

59. Cf. vol. IV: "I. A ética", 3ª Seção da 2ª Parte.

60. Cf. vol. IV: "11. Natureza do Motor Imóvel", no capítulo sobre a Metafísica.

Um texto de Epicuro sirva como exemplo para todos:

> Nunca se protele o filosofar quando se é jovem, nem canse o fazê-lo quando se é velho, pois que ninguém é jamais pouco maduro nem demasiado maduro para conquistar a saúde da alma. E quem diz que a hora de filosofar ainda não chegou ou já passou, assemelha-se ao que diz que ainda não chegou ou já passou a hora de ser feliz[61].

6. A radical confiança do filósofo grego na possibilidade de alcançar a verdade e viver na verdade

Aproximando-se superficialmente à história do pensamento grego, poder-se-ia crer que nele se encontram duas tendências opostas na determinação das relações entre o homem e a verdade: uma pessimista e outra otimista.

Já Xenófanes parece ter-se expressado com acentos céticos:

> E nenhum homem jamais honrou a verdade exata, nem haverá nunca
> quem saiba verdadeiramente sobre os deuses e todas as coisas que eu digo:
> pois ainda que alguém chegasse a exprimir uma coisa plenamente no mais alto grau
> nem mesmo ele teria dela verdadeiro conhecimento, pois de tudo há apenas um saber aparente[62].

Também Heráclito escreve:

> A verdade ama esconder-se[63].

Demócrito reafirma:

> A verdade está no abismo[64].

Sócrates proclama o bem conhecido *saber que não sabe*[65].

Os céticos erigem até mesmo em sistema a inalcançabilidade do verdadeiro[66].

---

61. Epicuro, *Epístola a Meneceu*, 122.

62. Diels-Kranz, 21 B 34.

63. Diels-Kranz, 22 B 123.

64. Diels-Kranz, 68 B 117.

65. Cf. *supra*, pp. 88 ss.; 141 ss.

66. Cf. vol. VI: o capítulo sobre Pirro e o pirronismo; vol. V, o capítulo sobre Enesídemo e o repensamento do pirronismo.

Mas na realidade — e vimos no curso deste volume — Xenófanes, Heráclito, Demócrito e Sócrates, malgrado estas afirmações, consideram a verdade alcançável. Os céticos, como veremos, não são mais que a exceção — e, ademais, muito parcial — que confirma a regra.

Ao contrário, já Parmênides proclamava a identidade do ser e do pensar:

O mesmo é o pensar e o ser[67].

Esta afirmação exprime da maneira mais icástica a fé em que o pensamento humano alcança o verdadeiro (o ser é o verdadeiro).

Platão retoma e desenvolve esses conceitos, estabelecendo a seguinte equação: o que é plenamente ser é plenamente cognoscível, o que é misto de ser e não ser só é parcialmente cognoscível, ou seja, opinável; do não ser só há ignorância[68]. Em suma: o ser comporta, estruturalmente, a sua cognoscibilidade. E dado que, para o grego, o Ser é o verdadeiro, o verdadeiro comporta estruturalmente a própria cognoscibilidade.

Também Aristóteles reafirma este ponto, embora com formulação diferente. Há proporção entre ser e cognoscibilidade *quoad se*, mesmo que não *quoad nos*. Em si, as coisas que têm mais ser são mais cognoscíveis; para nós, ao contrário, são mais cognoscíveis as que têm menos ser. Todavia, é possível ao homem (e esta é, justamente, a tarefa da filosofia) fazer com que o que é em si mais cognoscível, *torne-se tal também para nós*[69].

Inabalável confiança na possibilidade de alcançar a verdade demonstram também os epicuristas e os estoicos: uns indicam na sensação (e veremos a seu tempo por quê razão), outros na representação cataléptica, a certeza inegável[70].

Os neoplatônicos, como veremos, nutrem não só a convicção de que o espírito humano possa alcançar o verdadeiro, mas até mesmo que possa extaticamente unificar-se com o absoluto[71].

De resto, também os filósofos da era helenística, assim como estão certos de poder alcançar o verdadeiro, também estão certos de

---

67. Cf. vol. I, p. 108.

68. Platão, *República*, V, 476 e ss.

69. Cf., por exemplo, Aristóteles, *Metafísica*, Z 3, 1029 b 3ss.

70. Cf. vol. V, n. 2: "A sensação e a sua validade absoluta", no capítulo sobre a canônica epicurista; e o n. 2: "O critério da verdade...", no capítulo sobre a lógica do Antigo Pórtico..

71. Cf. vol. VIII, pp. 124 ss.

poder viver no verdadeiro uma vida de felicidade, que pode competir até mesmo com a vida de Zeus[72].

Por outro lado, deve-se também observar que no conceito da maiêutica socrática está implícita a concepção de que o verdadeiro é, de algum modo, possuído estruturalmente pela alma humana[73]. Essa convicção, como veremos, é retomada e levada às extremas consequências pela doutrina platônica da anamnese, segundo a qual a alma é tal, justamente porque teve uma visão original do verdadeiro, que, ao nascer, se obnubila, mas não se perde, e pode constantemente reaparecer[74]. Essa doutrina será retomada e desenvolvida pelos médio-platônicos e pelos neoplatônicos[75].

Mas o próprio Aristóteles, que rejeita a doutrina da anamnese, não só mantém a ideia do espírito humano como positiva capacidade de elevar-se ao verdadeiro, mas desenvolve uma série de reflexões sobre a própria verdade, que são, sob muitos aspectos, verdadeiramente surpreendentes.

Ele escreve, por exemplo, na *Retórica*:

> Os homens são suficientemente dotados para o verdadeiro e alcançam amiúde a verdade[76].

E na *Metafísica* especifica que a busca da verdade, sob certo aspecto, é difícil, sob outro aspecto, é fácil: é difícil porque é impossível captar totalmente a verdade, mas é também fácil porque é impossível não captá-la de nenhum modo. Mas a afirmação mais significativa sobre isso é a seguinte:

> [...] Dado que existem dois tipos de dificuldade, a causa da dificuldade da pesquisa da verdade não está nas coisas, mas *em nós*. De fato, *como os olhos da coruja se comportam diante da luz do dia, assim também a inteligência que está em nossa alma se comporta diante das coisas que, pela sua natureza, são as mais evidentes de todas*[77].

72. Ver as passagens que reportamos no vol. V, como epígrafe à "Introdução à filosofia da era helenística".

73. Cf. *supra*. pp. 144 ss.

74. Cf. vol. III, pp. 153 ss.; 185 ss.

75. Cf. vol. VIII, pp. 107 ss.

76. Aristóteles, *Retórica*, A 1, 1355 a 15-17.

77. Aristóteles, *Metafísica*, α 1, 993 b 7ss.

A verdade está, pois, sempre diante de nós e nós somos circundados e envolvidos por ela: é o nosso intelecto que deve habituar-se a vê-la, assim como os nossos olhos devem habituar-se a ver a luz pela qual somos circundados e inundados.

Esse pensamento será reproposto por Plotino em chave metafísica e teológica, com uma audácia verdadeiramente extrema.

7. A propósito do método da filosofia antiga

Dissemos que o método da filosofia antiga funda-se sobre olLogos e sobre a razão. Para poder determinar essa afirmação de maneira circunstanciada deveremos chamar em causa e antecipar muitos elementos, que só em sede analítica podem ser compreendidos.

Digamos apenas que por *razão* não se deve entender a *razão científica* de hoje, circunscrita ao âmbito da experiência e do cálculo. De fato, com base nas convicções acima ilustradas, a razão filosófica grega tem possibilidades muito mais amplas e ágeis de tentar aproximar-se e medir-se com o todo.

A experiência, a análise fenomenológica, o consenso de todos os homens, as convicções dos sábios, o procedimento indutivo e a dedução se entrelaçam de variadas maneiras.

Alguns filósofos elaboram lógicas, entre as quais a mais famosa é, certamente, a de Aristóteles, fundada sobre a silogística[78]. Mas — note-se — essas lógicas acabam sendo instrumentos de controle *a posteriori*, mais do que verdadeiros guias com os quais são construídos os sistemas, os quais, normalmente, se sobrepõem decididamente às relativas lógicas expressamente elaboradas, como veremos.

Muitos filósofos apelaram explicitamente à intuição, como a que constitui, de algum modo, o princípio do filosofar, dado que os princípios primeiros não podem ser ulteriormente deduzidos e mediados e, portanto, só podem ser colhidos imediatamente, ou seja, intuitivamente[79].

---

78. Cf. vol. IV, pp. 149 ss.

79. Não só Platão é desse parecer, mas o próprio Aristóteles, cf. vol. IV, pp. 154 ss.

Esse apelo à intuição não tem nada do sabor irracionalista que é próprio de certo intuicionismo moderno, justamente por causa da convicção da equação entre pensar e ser, que é a base do pensamento grego. Intuição quer dizer, nesse contexto, a visão de que a coisa é de um determinado modo, ou seja, quer dizer *evidência*, e a evidência é critério racional.

Mas a filosofia antiga individuou pelo menos um tipo de procedimento que permanece, de algum modo, privilegiado. É o assim chamado *elenchos*, largamente utilizado pelos Eleatas, por Sócrates e por Platão, e, particularmente ilustrado por Aristóteles na *Metafísica*, a propósito do princípio de não contradição.

Pois bem, diz Aristóteles, o princípio de não contradição, enquanto princípio primeiro, não pode ser demonstrado. Ele é imediatamente evidente; mas pode ser, em certo sentido, demonstrado, através da confutação (*elenchos*) de quem pretende negá-lo. O célebre *elenchos* consiste, portanto, na *mostração da contraditoriedade em que cai aquele que nega o próprio princípio*. Com efeito, quem nega o princípio de não contradição se contradiz, porque, no momento mesmo em que o nega, faz dele um uso subreptício. E o mesmo vale para todas as outras verdades primeiras[80].

Do ponto de vista do método é esta, provavelmente, a descoberta mais conspícua da filosofia antiga: as supremas verdades irrenunciáveis são aquelas que, no momento mesmo em que alguém as nega, é constrangido a fazer delas uso subreptício no ato de negá-las e, portanto, reafirma-as ao negá-las.

Esta é uma verdadeira "emboscada" que as verdades armam, da qual o homem não pode fugir.

80. Cf. Aristóteles, Metafísica, Γ 3-8.

CIDADES NATAIS E SEDES DAS ESCOLAS FILOSÓFICAS TRATADAS NESTE VOLUME

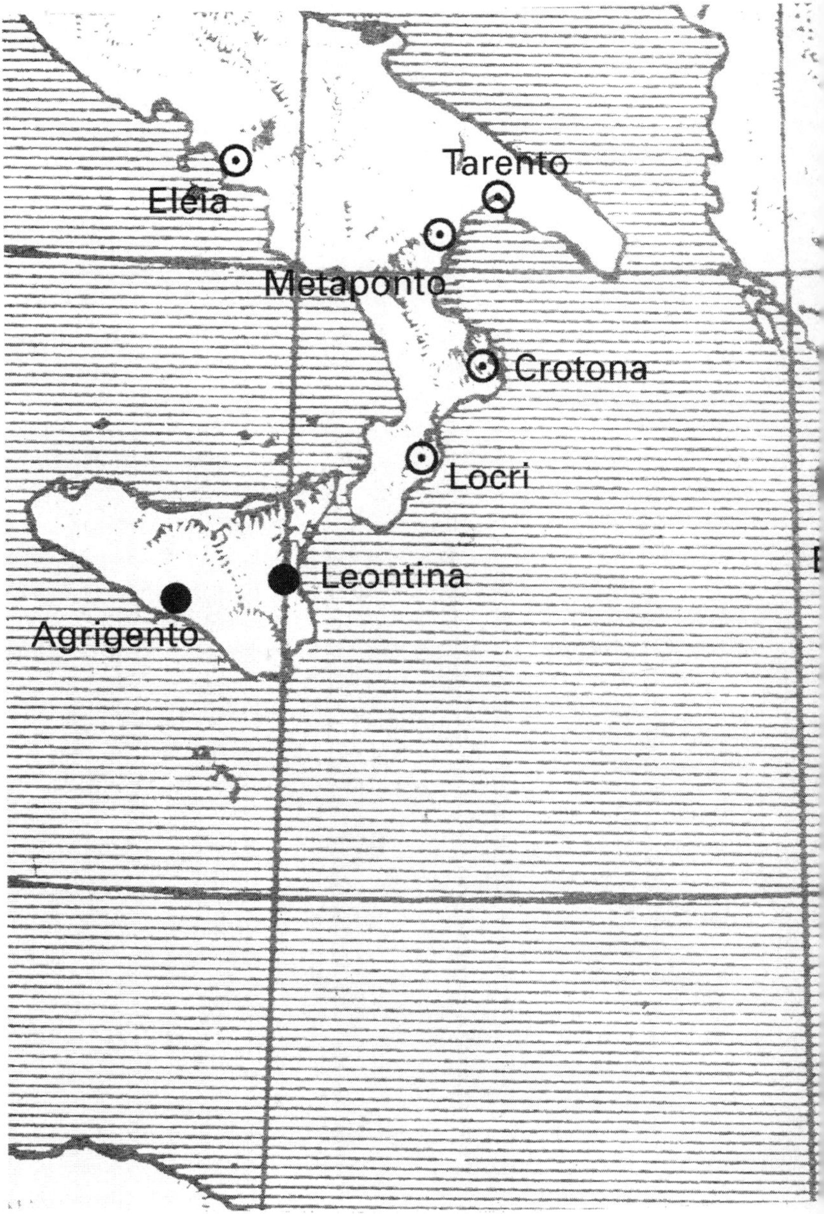

Com o sinal ● indicamos as cidades natais dos filósofos e com o sinal ⊙ indicamos as cidades que foram também sede de escolas filosóficas.

N.B. Estêvão de Bizâncio nos refere que a cidade de Apolônia, onde nasceu o naturalista Diógenes, localiza-se — entre as muitas — em Creta, mas não há certeza disso.

Edições Loyola

editoração impressão acabamento

rua 1822 n° 341
04216-000 são paulo sp
T 55 11 3385 8500/8501 • 2063 4275
www.loyola.com.br